高等法律职业教育系列教材
GAODENGFALUZHIYEJIAOYUXILIEJIAOCAI

婚姻家庭法原理与实务

HUNYIN JIATINGFA YUANLI YU SHIWU

主　编◎朱萍萍　袁志丽

暨南大学出版社
JINAN UNIVERSITY PRESS
中国·广州

《婚姻家庭法原理与实务》编委会

主　　编：朱萍萍　袁志丽

副 主 编：刘小鹏　梁瀚匀

参编人员：（按姓氏笔画排序）

朱萍萍　刘小鹏　袁志丽

梁瀚匀　潘雅宁

目 录
CONTENTS

总 序

高等法律职业化教育已成为社会的共识。2008 年，由中央政法委等 15 部委联合启动的全国政法干警招录体制改革试点工作，更成为中国法律职业化教育发展的里程碑。这也必将带来高等法律职业教育人才培养机制的深层次变革。顺应时代法治发展需要，培养高素质、技能型的法律职业人才，是高等法律职业教育亟待破解的重大实践课题。

目前，受高等职业教育大趋势的牵引、拉动，我国高等法律职业教育开始重塑教育观念和人才培养模式。改革传统的理论灌输型学科教学模式，吸收、内化“校企合作、工学结合”的高等职业教育办学理念，从办学“基因”——专业建设、课程设置上“颠覆”教学模式：“校警合作”办专业，以“工作过程导向”为基点，设计开发课程，探索出了富有成效的法律职业化教学之路。为积累教学经验、深化教学改革、凝塑教育成果，我们着手推出“基于工作过程导向系统化”的高等法律职业教育系列教材。

《国家中长期教育改革和发展规划纲要（2010—2020 年）》明确指出，高等教育要注重知行统一，坚持教育教学与生产劳动、社会实践相结合。该系列教材的一个重要出发点就是尝试为高等法律职业教育在“知”与“行”之间搭建平台，努力对“法律教育如何职业化”这一教育课题进行研究、破解。在编排形式上，打破了传统篇、章、节的体例，以司法行政工作的法律应用过程为学习单元设计体例，以职业岗位的真实任务为基础，突出职业核心技能的培养；在内容设计上，改变传统历史、原则、概念的理论性解读，采取“教、学、练、训”一体化的编写模式。以案例等导出问题，根据内容设计相应的情境训练，将相关原理与实操训练有机地结合起来，围绕关键知识点引入相关实例，归纳与总结理论、分析判断解决问题的途径，充分展现法律职业活动的演进过程和应用法律的流程。

法律的生命不在于逻辑，而在于实践。法律职业化教育之舟只有融入法律实践的海洋当中，才能激发出勃勃生机。在以高等职业教育实践性教学改革为平台而进行法律职业化教育改革的路径探索过程中，有一个不容忽视的现实问题：高等职业教育人才培养模式主要适用于机械工程制造等以“物”作为工作对象的职业领域，而法律职业教育主要针对的是司法机关、行政机关等以“人”作为工作对象的职业领域，这就要求在法律职业教育中，要对高等职业教育人才培养模式进行“辩证”的吸纳与深化，而不是简单、盲目地照搬照抄。我们所培养的人才不应是“无生命”的执法机器，而是有法律智慧、正义良知、训练有素的有生命的法律职业人员。但愿这套系列教材能为我国高等法律职业化教育改革作出有益的探索，为法律职业人才的培养提供宝贵的经验、借鉴。

2010年11月15日

前　言

婚姻家庭法是高职高专院校法律类专业课程的重要组成部分，是一门与人们的日常生活密切相关的应用性较强的法律课程。为了培养高职高专院校法律专业的应用型人才，为了能适应婚姻家庭法的最新发展，我们组织部分专业教师编写了本书。

本教材针对高职高专院校的需求，在理论知识的传授上比传统本科教材要简单，增加了实务性的内容，符合高职高专院校法律应用型人才的培养目标。我们在教材编写过程中，将最新的司法解释及相关内容融入教材之中，凸显了教材内容的时代性与完整性。通过学习本教材，学生不但能掌握基本的理论知识，更重要的是通过法律实务的训练，其分析问题、解决问题的能力将获得提高，真正成为应用型法律人才。本教材不仅适合高职高专院校法律类专业学生作为教材使用，同时也可以作为司法工作者及法律爱好者的参考书目。

本书编写分工如下（以姓氏笔画为序）：朱萍萍，单元一之项目二，单元二之项目一，单元三之项目二；刘小鹏（广东省广州市中级人民法院），单元二之项目二；袁志丽，单元一之项目一，单元三之项目一；梁瀚匀，单元三之项目三、四、五；潘雅宁，单元一之项目三，单元四。

本书在编写过程中，参阅并借鉴了许多专家学者的研究成果及文献资料，得到了本学院法律系、教务处等部门的领导及老师的帮助和指导，在此一并表示诚挚的谢意！

鉴于本书由多位老师及实践部门工作者合作完成，写作风格不尽一致，同时，由于编者水平所限，加之时间仓促，错谬之处在所难免，敬请各位读者谅解和指正。

编　者

2013 年 7 月

单元一
婚姻家庭法概论

【知识目标】

1. 掌握我国婚姻家庭法的概念、调整对象，认识婚姻家庭法的主要特点
2. 了解我国婚姻法的基本原则
3. 明确妨害婚姻家庭行为的法律责任

【能力目标】

1. 能从实际生活出发判断婚姻家庭法所调整的对象
2. 能运用我国婚姻家庭法的渊源处理一系列法律问题

项目一　婚姻家庭法概述

【案例导入】

家住广东省广州市天源路的张某和王某夫妇，经自由恋爱，于2009年登记结婚，婚后未生育子女。结婚初期，双方关系尚好，2011年7月因妻子不慎丢失结婚钻戒，丈夫与其发生争执，导致双方关系失和，以致妻子住回娘家，至今分居，闹到离婚的地步。2012年1月，妻子张某向广州市天河区人民法院提起诉讼，要求与丈夫王某离婚。天河区法院对这起离婚案件进行了审理，最终认定双方的感情尚未破裂，不构成离婚的理由，驳回了原告的离婚诉求，作出不予支持原告离婚诉讼请求的判决。

【问题】

张某和王某夫妇之间因婚戒发生的纠纷是否属于婚姻法的调整范围？张某的离婚诉求为什么没能得到法院的支持？本案应当适用婚姻法的哪一种渊源？

【基本原理】

一、婚姻家庭概述

婚姻和家庭，是人类社会中极其普遍的社会现象，是两性、血缘关系的社会形式。在法学领域，这两个概念有其特定的内涵。

（一）婚姻家庭的概念

所谓婚姻，是指为当时社会制度所确认的、男女两性共同生活互为配偶的结合；

而家庭则是指主要以婚姻关系、血缘关系为纽带而形成的、包含一定范围的亲属在内的社会生活单位。一般认为，婚姻关系是家庭关系的基础，而婚姻双方当事人是家庭的最基本成员，因此，广义上的家庭关系可涵盖婚姻关系。

（二）婚姻家庭的属性

探讨婚姻家庭的属性，主要着眼于考察和把握那些决定或影响婚姻家庭关系的因素或规律。当前，我国婚姻法学界已就此问题达成了一致的认识，即婚姻家庭关系兼具自然属性和社会属性。

1. 婚姻家庭的自然属性

这是婚姻家庭赖以形成的自然因素。作为人类社会的基本生活单位，婚姻家庭之所以历经数千年而一直保持稳定的存在，是因为它是满足人类自然需求所必需的社会组织形式，这正体现了婚姻家庭的自然属性，体现了生物学、生理学规律在人类婚姻家庭方面的作用。它具体表现为：

（1）男女两性的生理差别和人类固有的性的本能，是促成男女两性结合的生理学基础。

（2）通过生育而实现的种族繁衍则是促成两性结合的生物学基础。

（3）家庭成员间的血缘联系以及由此产生的亲属团体体现了其在生物学上的特征。

随着婚姻家庭制度的确立，婚姻家庭制度的自然属性由自发的作用逐步上升为自觉的把握，成为婚姻家庭立法的必要因素。人们在长期的生育和生活实践中发现，排除近亲结婚就能够造就体质和智力更加健全更具优势的人种，能够提高群体生存能力和生活水平，因此，他们有意识地确立了越来越多、越来越严格的婚姻禁忌。这正反映出，人们认识到了自然选择规律并顺应这一规律修正着自己的行为方式，从而发展出更加符合客观规律和生存需要的婚姻家庭形态。即使在当今文明时代，婚姻家庭制度包括婚姻家庭法仍须尊重婚姻家庭的自然属性，尊重相应的自然规律，如以达到一定年龄、没有禁止结婚的血亲关系或者疾病作为结婚的法定条件，否则便会受到自然规律的惩罚甚至危及社会秩序。凡此种种，都体现出婚姻家庭具有不可抹杀的自然属性。

2. 婚姻家庭的社会属性

婚姻家庭的社会属性，是指社会制度赋予婚姻家庭的本质属性，是决定婚姻家庭的社会力量以及婚姻家庭所包含的社会内容。它具体表现为：

（1）社会属性是婚姻家庭的本质属性。这与人的社会性本质是一致的。关于人的本质，马克思曾作过简洁而经典的概括：“人的本质并不是单个人所固有的抽象物，实际上，它是一切社会关系的总和。”① 关于婚姻家庭具有社会属性，一个有力的论据就是：数千年以来，人类在生理学和生物学方面的自然特征并无明显变化，而其婚姻家庭形态和婚姻家庭制度则因时空的不同、社会背景的不同而呈现出不同的形态和特点。所以说，婚姻家庭是社会的产物，它不可能脱离具体的社会背景而孤立存在。

（2）社会属性是人类婚姻家庭从低级向高级发展的根本动因。两性结合和血缘联系普遍存在于一切高等动物之中，但婚姻家庭却是人类专属的社会现象。社会学家称：

---

① 马克思，恩格斯．马克思恩格斯全集（第3卷）．中共中央马克思恩格斯列宁斯大林著作编译局译．北京：人民出版社，1972. 5.

“动物求偶，而人结婚。其意义不同是简单而明了的。求偶是生物性的，而婚姻是社会和文化的。通常学界在界定婚姻时，总是会强调婚姻必须是为当时社会制度所认可的两性结合：婚姻是指一种仪式，一种被社会认可的结合，一种一旦进入就要对社会承担某种认可责任的关系……”① 婚姻是人类的社会生产方式要求人类两性结合的行为采取社会形式的结果，而非人类性本能的要求。

（3）婚姻家庭制度是社会制度的重要组成部分。作为一定社会中占主导地位的婚姻家庭形态在上层建筑领域的集中反映，婚姻家庭制度的发展决定于社会物质资料生产，同时其具体内容又受到社会习俗、道德规范、宗教信仰、法律规范等上层建筑诸因素的影响和制约，其发展和演变是社会各种条件和各种因素综合影响的结果。

（三）婚姻家庭的职能

婚姻家庭顺应人类社会发展的客观需要而产生，从其产生之日起就承担起与特定社会环境相适应的社会职能。

1. 实现人口再生产的职能

人类自身的生产是人的本性使然，一定数量的人口和人口的再生产，是社会存在和可持续发展的必然要求，以两性结合和血缘联系为基础的婚姻家庭，是人口再生产的社会形式，人口再生产就是通过家庭来实现的。实行计划生育是我国的基本国策之一，其目的在于实现人口与经济、社会、环境、资源的协调发展。

2. 组织经济生活的职能

家庭的经济职能，包括生产职能和消费职能。这是家庭亘古不变的职能。在古代的农业和手工业相结合的小农经济中，家庭组织生产的功能十分强大。随着大工业的发展和生产组织形式的变化，近现代社会中家庭在组织生产方面的功能已经大为减弱，但部分家庭还继续承担着组织生产的职能。更为重要的是，家庭仍是组织消费的经济单位。家庭是社会分配和个人消费之间的中介。我国现正处于社会主义初级阶段，新中国成立以来，在一段相当长的时期内，城乡人民的家庭组织生产职能有所减弱。改革开放以来，这方面的功能又有所增强。实行承包经营的广大农民家庭和城乡个体工商户家庭，是组织生产经营的单位，它们是社会主义市场经济中活跃的细胞。随着社会生活的变化和广大人民物质以及文化水平的提高，家庭组织消费的功能更加强大。通过家庭消费来实现家庭的经济职能，对发展经济、养老育幼、保障家庭成员的生活等都起着重要作用。

3. 文化教育功能

家庭是教育单位，承担着教育家庭成员、培养下一代的职能。其文化教育功能是在长期的历史发展过程中形成的。作为人们基本生活单位的家庭，在文化教育方面有其特殊的功能。家庭是人的最初的生活环境和活动场所，家庭成员之间在血缘、感情、经济、生活等方面的密切联系，使家庭教育有着不同于学校教育和其他社会教育的种种特点。在教育事业不发达的古代，家庭教育即使不是唯一的也是最重要的教育方式。随着近现代学校教育和其他社会教育的发展，家庭教育在全社会的教育事业中仍然起着不可替代的作用。良好的家庭教育，对养成健全人格、培养思想品德、实现文化传承等都具有重要的意义，这一切都是在潜移默化中进行的。教育不仅是学校和其他教

① ［美］J. 罗斯·埃什尔曼．家庭导论．潘允康，张文宏等译．北京：中国社会科学出版社，1991.

育机构的职责，也是家庭的职责。家庭教育应当和学校教育、其他社会教育结合起来，进一步发挥家庭作为教育单位的作用，这对提高人口质量，促进人类的全面发展和社会的文明进步，具有十分重要的意义。

（四）婚姻家庭形态的历史类型

婚姻家庭作为一种社会现象，也会随着社会的发展而变化。婚姻家庭的历史类型的依次更替是与人类社会制度的更替相适应的，它的发展取决于生产力的提高和生产关系的变更。恩格斯在《家庭、私有制和国家的起源》中对婚姻家庭制度的演变作出了精辟的概括："群婚制是与蒙昧时代相适应的，对偶婚制是与野蛮时代相适应的，以通奸和卖淫为补充的一夫一妻制是与文明时代相适应的。"①

1．*原始社会时期的群婚制和对偶婚制*

群婚制是人类历史上最早出现的婚姻家庭形态，它是指原始社会中一定范围内的一群男子与一群女子互为夫妻的婚姻形式，也被称为集团婚。群婚制又可划分为两个阶段，即血缘群婚制与亚血缘群婚制。

（1）血缘群婚制。血缘群婚制是群婚制的低级阶段，这一阶段排除了不同辈分之间的两性关系，即只有同辈分的男女才可以结为夫妻。它是人类婚姻史上的第一个禁忌。这样，在聚居的人群中就出现了按照辈分来划分的若干个婚姻集团：所有的祖父和所有的祖母，都互为夫妻；他们的子女互为夫妻，在该群体中处于父亲或母亲的地位；父亲或母亲的后代，异性之间也互为夫妻。依此类推，整个群体由各同辈异性组成的若干婚姻集合构成。

（2）亚血缘群婚制。亚血缘群婚制是群婚制的高级阶段，又称为伙婚制或普那路亚家庭。在这一阶段，两性结合的禁忌进一步扩张，同辈旁系血亲间的通婚被禁止，也就是说，兄弟姐妹关系之外的同辈男女可结为夫妻。最初，这种婚姻形态只是排除同胞兄弟姐妹间的两性关系，后来又逐渐排除了血缘较远的兄弟姐妹间的两性关系。恩格斯认为，从最初的杂乱性交关系到建立血缘群婚制，是人类婚姻史上的第一个进步；而从血缘群婚制过渡到亚血缘群婚制，则是人类婚姻史上的第二个进步；而且，由于同辈分兄弟姐妹年龄相当，亚血缘群婚制的确立较之血缘群婚制的确立要困难得多，然而也重要得多。② 随着人类婚姻形态的变迁，人类社会的组织形式也从原始群体进化为氏族部落。

（3）对偶婚制。在原始社会晚期，群婚制下的婚姻禁忌越来越多，也越来越严格，成对配偶在一定期间内得以相对稳定地保持同居关系，至此，对偶婚制便成为主要的婚姻形态。它是指一男一女在一段期间内保持相对稳定的偶居关系的婚姻形态，具体表现为：在原来群婚制所形成的一群男子与一群女子互为夫妻的情形下，一个男子开始与众多女子中的一位保持较为稳定的两性关系，但同时也会与其他异性有短暂的或偶然的两性关系。这同样适用于女性。对偶婚制作为原始社会晚期的主要婚姻形态，是集团婚向个体婚过渡的中间环节。

---

① 马克思，恩格斯．马克思恩格斯全集（第21卷）．中共中央马克思恩格斯列宁斯大林著作编译局译．北京：人民出版社，88.

② 马克思，恩格斯．马克思恩格斯全集（第21卷）．中共中央马克思恩格斯列宁斯大林著作编译局译．北京：人民出版社，49.

对偶婚制与群婚制相比，婚姻的范围缩小，关系相对稳定；和个体婚相比，这种结合又极不牢固，它可以根据男女双方任何一方的意愿解除。对偶婚制既有群婚制的遗迹又有一夫一妻制的雏形，它是群婚制向一夫一妻制过渡的阶段。

2. 阶级社会时期的一夫一妻制

一夫一妻制又称个体婚制，是一男一女结为夫妻的婚姻制度。当原始社会走向崩溃、阶级社会逐渐形成之际，对偶婚制也慢慢演化为一夫一妻制。一夫一妻制是不以自然条件为基础，而以经济条件为基础，即以私有制对原始的自然形成的公有制的胜利为基础的第一种家庭形式。

在不同的历史阶段，一夫一妻制的表现形式也不尽相同。奴隶社会和封建社会的一夫一妻制，更确切的称谓是“一夫一妻多妾制”。《汉谟拉比法典》和《古兰经》都明确规定：丈夫可以公开迎娶数位女性，而妻子则必须忠实于丈夫。我国古代的媵嫁制度规定：女子出嫁时，要由新娘的妹妹或侄女（后为新娘的侍婢）随其出嫁，随嫁者为新郎的妾。一夫一妻多妾制的家庭具有典型的等级制特征，丈夫居于绝对主导地位，妻妾有序、嫡庶有别是家庭成员必须遵循的伦理纲常。

至资本主义社会，一夫一妻制开始在形式上趋向于两性平等，即婚姻关系中的夫妻双方是一一对应的，丈夫不得在妻子之外迎娶其他女性。但同时也应看到，至今为止，社会现实中仍充斥着通奸、卖淫等不良现象，这些现象对婚姻家庭的稳定产生了极大的破坏效应，也直接冲击到一夫一妻制所推崇的两性平等理念。

二、婚姻家庭法的历史发展

（一）古代诸法合体、刑民不分、重刑轻民的婚姻家庭法

古今中外，各国立法都经历了这个时期。由于当时法律关系简单，立法技术落后，因此诸法混合，有关调整婚姻家庭关系的法律规范在法律体系中并未取得独立地位，而是散见在混杂的统一法典中。古代社会的婚姻家庭法有三个特点：

（1）没有形式意义上的婚姻家庭法，而是与其他法律规定相混杂，存在于统一的法典之中。实质意义上的婚姻家庭法虽有所反映，但并不充分，也不完备，在法典中所占的比重也不大。

（2）对于违反婚姻家庭法的行为，采用刑罚的方法来处理。刑罚方法是处理婚姻方面违法行为的主要手段，婚姻家庭法的刑罚色彩较浓厚，这既反映出古代立法技术的不周密，也反映出其手段的简单化和严酷性。

（3）婚姻家庭法对其他社会规范的依赖性较大，宗教、道德、习惯等社会规范对婚姻的影响较大，其中一些规定内化为婚姻的基本内容。中世纪时期，欧洲各国的婚姻家庭法发展缓慢，且深受宗教教义的影响。当时，婚姻家庭法的渊源包括习惯法、寺院法和罗马法等。封建社会早期，欧洲各国即开始在编纂法典时对习惯法进行整理和汇编。在我国古代，关于婚姻家庭的社会规范，有重礼轻法的鲜明特点。维护宗法制度的礼教中有着许多要求人们必须遵守的行为规范，名为“婚礼”、“家礼”等。它们所起的作用比法律更重要，也更为人们所熟知和严格遵守。

（二）近代资本主义国家附属于民法的婚姻家庭法

随着近代资本主义制度的建立和发展，西方社会的婚姻家庭关系逐渐从寺院法浓重的影响中走出来，在立法技术和法律理念上都有了新的发展和突破。

（1）大陆法系国家以法国、德国、日本、瑞士等国为代表，颁布系统的统一成文民法典，将婚姻家庭的法律规范置于民法典之中，尤其是法国，它是承认“婚姻是民事契约”的先锋。1791 年法国宪法郑重宣称：“法律上承认婚姻是一种民事契约。”1804 年《法国民法典》将有关亲属和婚姻家庭的主要规定纳入第一编民法的内容之中，同时在第三编“取得所有权的各种方法”中规定了继承、赠与、遗嘱和夫妻财产制等，形成了完整的婚姻家庭法律体系，正式确立了资本主义婚姻家庭制度，对同时期其他国家的婚姻家庭立法产生了深远的影响。

（2）英美法系与大陆法系对称，主要指由英格兰法发展而来的法律制度体系，其中尤以英国和美国最为典型，也包括加拿大、澳大利亚、印度、尼日利亚等适用相似法律制度的国家。英美法系国家一方面以不成文的习惯和判例法作为婚姻家庭法的渊源；另一方面，通过一系列的单行法规组成婚姻家庭方面的成文法。这些单行的制定法形式上看似独立，实际上是针对婚姻家庭中的具体领域而作出的规定，但在法律分类和法学理论上仍被看作民法的组成部分，与大陆法系一样处于附属于民法的地位。

（三）现代社会主义国家独立的婚姻家庭法

俄国十月革命之后，世界历史上首度出现了一种全新意识形态的国家制度，即社会主义国家，这就使得婚姻家庭领域的观念和制度有了新的突破。社会主义国家婚姻家庭法登上历史舞台，并从一开始即以独立的法律部门出现。社会主义国家都非常重视通过法律制度对婚姻家庭领域进行革新，近些年，有些社会主义国家的婚姻家庭法也有回归民法典的趋势。

三、我国婚姻家庭立法的历史发展

（一）古代婚姻家庭立法

中国古代的婚姻家庭法有其自身的特点，成文法典出现较晚。调整婚姻家庭关系的规范，始见于礼，后入于律。在奴隶制时代，婚姻家庭关系是由礼制和为统治阶级认可的习惯调整的。到了封建制时代，婚姻家庭法规范被载入诸法合体、内容庞杂的统一法典；对婚姻家庭关系的调整是礼、律并用的。总的说来，以礼为主，以律为辅，婚姻家庭法规范详于礼而略于律，是中国古代婚姻家庭法的一大特色。有关婚姻家庭的礼制，特别是其中的实体性规范，实际上起着法的作用。这套礼、律体系的宗旨是尊崇夫权、父权、家长权，强力维护当时的宗法制度，使个人依附于家庭，家庭依附于宗族，宗族依附于国家，从而维护整个国家的统治秩序和统治利益。

从具体制度来说，婚姻嫁娶方面有“六礼”之制，婚姻离异方面有“七出三不去”之规，其他家事方面还有纳妾、立嫡、服制、宗祧继承等制度，这些制度发端于奴隶社会，绵延于整个漫长的封建社会。就典籍文献而言，《礼记》、《仪礼》可算是较早系统记载婚姻家庭制度的文本，此后《法经》和秦律中也出现了涉及婚姻家庭事项的规定，但这些并非严格意义上的法律规范。最早出现婚姻家庭法律规范的文本应为汉朝的《九章律》，其中的“户律”包含户籍、婚姻等规范，为其后各个朝代所承袭并充实和完善，在名称上总是谓之户律、婚律或户婚律等，实则大同小异。封建社会后期，随着法律体系的丰富和完备，出现了与律并行的例，其中也包含大量的婚姻家庭法律规范。

总体而言，封建时代，我国婚姻家庭立法体系具有以下几个方面的特征：①宗族势力对于婚姻的缔结具有非常大的影响，两性结合需有“父母之命，媒妁之言”方合乎社会规范；②男子虽只能迎娶一位正室，但还可迎娶其他女子作偏房，实行一夫一妻多妾制度；③在男女两性的地位上，男性占据绝对优势地位，家庭中奉行夫权至上、男尊女卑的观念；④婚姻的解体主要有一种形式，即男子休妻，也就是说，女性在婚姻中处于极为被动的地位，鲜有可能按照自己的意愿来解除婚姻关系的。

（二）近、现代婚姻家庭立法

到近代，清政府于1911年起草的《大清民律草案》中有专门的亲属一编，是中国第一部独立的民事法律草案。从其性质看，仍体现家族主义，贯穿宗法精神。清末修律改变了中国旧法律的传统体裁，打破了诸法合体、刑民不分的旧格局，使婚姻家庭法成为民法典的一部分。其后，北洋政府于1915年制定了《民律亲属编草案》，1926年又制定了《民律草案》，但都没有正式颁行。

1930年，国民党政府公布了《民法亲属编》，于1931年5月5日起施行。该法规定了通则、婚姻、父母子女、监护、扶养、家和亲属会议，共计7章171条。该法在我国台湾地区施行至今。

中国共产党成立之后，十分重视对旧的封建主义婚姻家庭制度的改革，婚姻家庭立法跨入了新的历史时期。1934年，中共政权在总结婚姻家庭改革经验的基础上颁布了《中华苏维埃共和国婚姻法》，全面确立了婚姻自由、男女平等、一夫一妻、保护妇女和子女利益的原则，对结婚和离婚的条件、程序以及离婚时子女的抚养及财产分割方面都进行了具体的规范。中共政权在抗日战争、解放战争期间对婚姻家庭条例的修正和完善，推动了我国婚姻家庭制度从半封建半殖民地的婚姻制度向现代社会的文明婚姻制度转变。

（三）新中国婚姻家庭立法

1. 1950年《婚姻法》

1950年5月1日，新中国成立后颁布的第一部法律就是《中华人民共和国婚姻法》，这部法律对于推翻封建婚姻家庭制度，建立男女平等的新型婚姻家庭关系起到了重要作用。该法以废旧立新为历史使命，既意味着社会主义婚姻家庭法的创建，又表现为从新民主主义婚姻家庭法向社会主义婚姻家庭法的过渡，具有双重性质，从而使婚姻家庭法作为一个基本部门法的格局大致形成。

2. 1980年《婚姻法》

1980年《婚姻法》是新中国颁布的第二部婚姻法，较之1950年的《婚姻法》，它们的不同之处主要体现在以下几个方面：

其一，增加了计划生育条款，推迟了结婚年龄。法定婚龄从原来的男20周岁、女18周岁变更为男22周岁、女20周岁。

其二，对结婚条件进行了多方面的修改。禁止结婚的规定由“兄弟姐妹之外的其他五代以内旁系血亲间禁婚问题”变更为“三代以内的旁系血亲间禁止结婚”。关于因病禁婚的情形，删除了“有生理缺陷不能发生性行为者禁止结婚”的条款，增加了“患麻风病未经治愈者禁止结婚或患其他医学上认为不应当结婚疾病者，禁止结婚”。

其三，增加了保护老人合法权益和女方利益的规定，将原有的保护妇女和儿童合法权益的原则修正为保护妇女、儿童和老人合法权益的原则。登记结婚后，根据男女双方约定，男方也可以成为女方的家庭成员。

其四，加强对家庭关系的调整。一方面，保留了既有的调整夫妻之间、父母子女之间权利与义务关系的法律规定，并对夫妻人身关系和财产关系、家庭成员的扶养关系以及继父母子女关系方面作出了更为具体的规定。另一方面，又在特定情形下增加了调整祖孙关系和兄弟姐妹关系的规定。

其五，对离婚制度进行了较大的修改和完善。如对于离婚程序、离婚条件、离婚中子女抚养及财产分割等方面，1980 年《婚姻法》都作了很多的修改和完善。

3. 2001 年《婚姻法》的修订

改革开放二十多年来，我国的社会生活和婚姻家庭生活经历了巨大的变化，婚姻家庭领域也出现了一些前所未有的新情况和新问题，1980 年的《婚姻法》已远远不能适应婚姻家庭关系的客观现实，社会各界迫切要求修改我国婚姻家庭立法。

从 1995 年 10 月 30 日将修改《婚姻法》列入第八届全国人大的立法规划，到 2001 年 4 月 28 日第九届全国人大常委会第二十一次会议通过《关于修改〈中华人民共和国婚姻法〉的决定》，这是我国自新中国成立后第二次修改《婚姻法》。这次修法的重点主要在以下几个方面：

（1）总则部分内容的变化。总则中增加了“禁止有配偶者与他人同居”、“禁止家庭暴力”的规定，增设了夫妻忠实和禁止婚外同居的内容，强化了对婚姻家庭主体人身权利的保护。在新增的第四条总则中规定了婚姻双方和家庭成员的共同责任，从而集中体现了我国婚姻家庭法的立法宗旨。

（2）结婚制度方面的变化。在结婚制度中增设了关于无效婚姻和可撤销婚姻的规定，进一步明确了事实婚姻的法律处理。其内容包括婚姻无效和撤销的原因，撤销请求权人、请求权行使的时间以及婚姻无效和撤销的法律后果等，从而为防治违法婚姻制定了必要的法律对策。

（3）家庭关系方面的变化。在夫妻关系中新《婚姻法》明确“禁止有配偶者与他人同居”的行为，从反面确立了夫妻间的同居权；同时还规定夫妻应当互相忠实、互相尊重。在夫妻财产关系方面改进了原有的法定夫妻财产制，界定了夫妻双方共有财产和一方所有财产的范围；同时还规范了夫妻财产约定，包括约定的内容、形式和效力；对有关亲子、祖孙、兄弟姐妹权利与义务等规定也作了适当的修改。

（4）离婚制度方面的变化。在离婚制度中，对准予离婚的法定理由增设了若干列举性、例示性的规定，从而增强了法律在实践中的可操作性，有利于保障离婚自由，防止轻率离婚。在离婚后子女的抚养教育和财产处理等问题上，增设了探望权、经济补偿和损害赔偿等规定。

（5）以专章规定救助措施和法律责任。对违反婚姻家庭法事件的受害人，规定了各种必要的救助措施，对婚姻家庭领域的行政违法行为、民事违法行为和刑事犯罪行为规定了相应的法律责任。

由上述内容可知，2001 年《婚姻法》主要对总则、结婚制度、家庭关系、离婚制度以及救助措施与法律责任五个方面进行了相应的调整和增补，但还有许多立法空白尚待完善。目前，起草民法典的工作已列入我国立法机关的议事日程。在民法典的婚姻家庭编（或亲属编）中确立全面、系统的婚姻家庭法规范体系，并辅之以必要的单行法和其他规范性文件，是完善我国婚姻家庭法制的最佳方案，也是我国法学界许多学者的共识。

四、婚姻家庭法的概念和调整对象

（一）婚姻家庭法的概念

婚姻家庭法是指调整婚姻家庭关系的发生和终止，以及由此所产生的特定范围的亲属之间的权利义务与关系的法律规范的总和。其含义如下：

（1）婚姻家庭法是一种法律规范。它是由国家立法机关制定或者确认的，并由国家强制力保障实施的法律规范。

（2）婚姻家庭法是以婚姻家庭关系为调整对象的法律规范。任何法律都必须以一定的社会关系作为调整对象，并由此构成自己与其他法律的区别，形成自己独立的内容和地位，婚姻家庭法也不例外。婚姻家庭法对婚姻家庭关系的发生和终止以及婚姻家庭主体之间的权利与义务具有规定以及调整的作用。

（3）婚姻家庭法是所有规定和调整婚姻家庭关系的法律规范的总和。即一切调整婚姻家庭关系的法律规范，均属于婚姻家庭法的范畴。它不仅包括婚姻家庭法典有关调整婚姻家庭关系的法律规范，也包括其他法律、法规以及司法解释中有关调整婚姻家庭关系的法律规范。

（二）婚姻家庭法的调整对象

婚姻家庭法的调整对象为婚姻家庭关系。具体可以从以下几个方面理解：

（1）从调整对象的范围来看，婚姻家庭法既调整婚姻关系，又调整家庭关系；既包括婚姻家庭关系的发生、变更和终止的动态运行的全过程，又包括横向的婚姻家庭关系中主体之间的权利与义务。

在我国，列入婚姻家庭法调整范围的主体有夫、妻、父、母、子、女、祖、孙（双系兼指，包括祖父母、外祖父母、孙子女、外孙子女）和兄弟姐妹等。在特定的情形下，还包括女婿和岳父母、儿媳和公婆，以及兄弟姐妹以外的其他三代以内旁系血亲。列入婚姻家庭法调整范围的事项，是那些需要由法律加以规定、具有法律意义与法律后果的问题。例如，结婚、离婚，收养关系的成立和解除，夫妻、亲子、祖孙和兄弟姐妹间的权利与义务等，都是由婚姻家庭法加以规定的。

（2）从婚姻家庭法调整对象的性质来看，具有很强的身份性和伦理性，但同时财产关系也占有相当的比重。婚姻家庭法的调整对象中，人身关系是主要的、起决定作用的方面。婚姻家庭领域的财产关系以人身关系为先决条件，居于从属依附地位。这种财产关系对人身关系的从属性，表现在发生、终止和内容等诸多方面。婚姻家庭法就其基本性质而言是身份法，而不是财产法，它调整的对象是婚姻家庭主体间、其他近亲属间的人身关系以及与此相联系的财产关系。

婚姻家庭法调整的人身关系存在于彼此具有特定亲属身份的自然人之间，其本身并不具有经济内容，也不是出于经济上的目的而创设的。但是，它是婚姻家庭领域的财产关系的发生根据。与其他法律中调整的人身关系不同，婚姻家庭法调整的人身关系是亲属身份关系。例如，著作权、发明权中的人身权是基于主体的创造性的劳动而取得的，生命健康权、名誉权等是基于人格而享有的，这些均与亲属身份无关。婚姻家庭领域的人身权则以主体间的特定亲属身份为其发生前提，如配偶权、亲属权等。

婚姻家庭领域的财产关系具有一定的经济内容，涉及有关主体之间的物质利益。但它是随着婚姻家庭领域的人身关系的发生而发生，随着上述人身关系的终止而终止的。财产关系的内容反映了相应的人身关系的要求。例如，夫妻的财产关系方面的权利与义务，因当事人结婚取得配偶身份而发生，又因当事人死亡或离婚丧失配偶身份而终止。扶养、抚养和赡养等关系，均以权利人和义务人的亲属身份为依据。

（三）婚姻家庭法的特征

婚姻家庭法在调整范围、调整对象和调整手段等方面都有其自身的特点。其特征可概括如下：

（1）婚姻家庭法在适用范围上具有极大的广泛性。婚姻家庭法的适用范围几乎可以说覆盖了全社会。每个人都来自于家庭，而每个家庭中的夫妻关系和家庭成员关系又都在婚姻家庭法的调整范围之内。也正因为如此，婚姻家庭法与每个社会成员的生活都息息相关，婚姻家庭法是适用于全体公民的普遍法，而不是只适用于个别公民的特别法。

（2）婚姻家庭法在调整对象上具有很强的身份性。婚姻家庭法的调整对象中，人身关系是主要的、起决定作用的方面。在婚姻家庭关系中，一个人一般是以多重法律关系的主体身份出现，同时处于多层次的权利与义务关系中，而且具有持久性或终身性。一个人从出生到死亡，往往是以不同的身份受到婚姻家庭法的调整。一个人出生后，以子女的身份与父母发生绝对的权利与义务关系，与兄弟姐妹、祖父母、外祖父母发生附条件的权利与义务关系；成年结婚后与配偶发生夫妻关系；生育子女后，又与子女发生亲子权利与义务关系。可见，由于婚姻家庭的固有特性，在婚姻家庭生活中，客观上必然会导致多层次的法律关系的存在。

（3）婚姻家庭法在内容上具有鲜明的伦理性。婚姻家庭法所规定的原则，既是法律的规定，也是伦理道德的要求。我国封建社会的伦理道德最基本的有五种关系，称为五伦关系："君臣、父子、夫妇、兄弟、朋友。"五伦中的父子、夫妇、兄弟实际上就是婚姻家庭关系。这种尊卑、长幼的关系被认为是不可变更的常道（又称伦常）。中国亲属法文化源远流长、博大广阔、内涵丰富，其源头来自于儒家的伦理思想。在亲属关系中，夫妻、父母子女相互之间的关系，伦理的色彩特别浓厚，具有强烈的伦理性。伦理道德与法律的一致性，在婚姻家庭领域中表现得尤其突出。例如，父母抚养教育子女、子女赡养扶助父母的义务，就是婚姻法以社会中的伦理道德为基础所作出的规定。

（4）婚姻家庭法在对行为的规定中大部分体现的是强制性。强制性是一切法律部门的共同特点，在婚姻家庭法上表现得尤为明显。关于亲属之间权利与义务的规范大多是强制性的，如夫妻之间的相互扶养义务、父母抚养子女的义务和子女赡养父母的义务都是由国家强制力来保障实施的，当事人不依法履行义务必会受到法律的制裁。再如，婚姻家庭法中关于结婚、离婚、成立收养和收养解除的程序性规定都是不可违反的，否则不能发生当事人所预期的法律效果。

五、婚姻家庭法的法律渊源及适用范围

（一）婚姻家庭法的法律渊源

法学中所说的法律渊源，专指法律规范借以表现的形式。婚姻家庭法的渊源，主要来自各种具有法律效力的规范性文件。我国婚姻家庭法的渊源有以下几种：

1. 宪法和其他法律

宪法在我国法律体系中居于母法的地位，是一切法律部门共有的法律渊源和立法基础。宪法中与婚姻家庭法有关的内容成为婚姻家庭法的渊源。宪法以外的有关法律（包括基本法和基本法以外的法律），是婚姻家庭法的重要渊源。《民法通则》是我国的民事基本法，该法中既有适用于婚姻家庭法的总则性规定，又对公民在婚姻家庭领域的民事权利作了重要的原则规定。《婚姻法》目前起着婚姻家庭基本法的作用。《收养法》中的规定，是婚姻家庭法规范体系的组成部分。全国人民代表大会及其常务委员会制定的其他法律中也多涉及婚姻家庭的内容，如《中华人民共和国老年人权益保障法》、《中华人民共和国人口与计划生育法》、《中华人民共和国母婴保健法》等。

2. 行政法规和国务院所属部门制定的规章

在国务院制定的行政法规、国务院所属各部门制定的行政规章中有许多涉及婚姻家庭关系的规范，这些规范在调整婚姻家庭关系、保护公民婚姻权益等方面对法律作了重要的补充。如《中华人民共和国婚姻登记条例》、《中国公民收养子女登记办法》等，它们同样是我国婚姻家庭法的渊源。

3. 地方性法规、规章和民族自治地方的变通规定

地方性法规、规章中也有若干婚姻家庭法规范，其内容涉及婚姻，收养，计划生育，保护妇女、儿童和老人的合法权益，防治家庭暴力等诸多方面。这些结合当地的实际情况所作的适用于本地区的规定，是保证全国性的婚姻家庭立法贯彻执行的必要措施。民族自治地方制定的有关执行《婚姻法》、《收养法》的变通规定等，也是本地区婚姻家庭法的渊源。

4. 最高人民法院的司法解释

最高人民法院发布的有关适用婚姻家庭法的司法解释，是人民法院审理婚姻家庭案件的经验总结，这些司法解释具有一般规范性和很强的可操作性，是我国婚姻家庭法的渊源之一。

5. 我国缔结或者参加的国际条约

按照我国《民法通则》的规定，处理涉外婚姻家庭关系时可以适用我国缔结或者参加的国际条约。在法定情形下，还可适用国际惯例。依照《民法通则》的有关规定，适用外国法律和国际惯例时，不得违背我国的社会公共利益。

除上述诸渊源外，我们认为，党和国家的婚姻家庭政策，以及为法律认可的、符合社会主义婚姻家庭道德的习惯，也是我国婚姻家庭法的渊源。

总之，我国婚姻家庭法的渊源不是单一的，而是复合的，各种渊源在法律体系中处于不同的位阶，具有不同的效力，在适用范围上也是有区别的。

（二）婚姻家庭法的适用范围

婚姻家庭法的适用范围，是指婚姻家庭法在何时、何地、对何人何事发生效力的问题。我们通常将其概括为以下三个方面：

1. 婚姻家庭法的时间效力

婚姻家庭法的时间效力，包括婚姻家庭法的生效、失效以及有无溯及力的问题。通常，婚姻家庭法的生效时间可通过两种方式来确定：一是由法律本身或由立法机关另行规定生效时间。如1980年《婚姻法》规定："本法自1981年1月1日起施行。"二是法律自公布之日起生效。有时，法律文件中也会直接规定该法自发布之日起施行。

婚姻家庭法的失效时间也可通过两种方式来确定：一是通过新法明确规定旧法的失效时间。如1980年《婚姻法》规定："1950年5月1日颁布的《中华人民共和国婚姻法》，自本法施行之日起废止。"二是在新法未作明确规定的情形下，待新法施行后，旧法即失去法律效力。

关于婚姻家庭法是否具有溯及力，要根据具体法律文件、具体法律问题来确定。就目前而言，我国婚姻家庭领域两大基本法即《婚姻法》和《收养法》都不溯及既往，即它们对其各自生效前的相关法律问题都不适用，也就是说，解决这些法律问题时还应适用当时的有关法律规范。

2. 婚姻家庭法的空间效力

婚姻家庭法的空间效力，是指婚姻家庭法规范在何地域范围有效的问题。一般来讲，婚姻家庭法的地域效力范围即于制定该婚姻家庭法律规范性文件的权力机关所管辖的地域范围。如全国性的婚姻家庭立法文件都适用于国家主权领域的一切地区，包括领陆、领水及其底土和上空，还包括延伸意义上的领土，即驻外使馆和领域外的本国交通工具。地方性的婚姻家庭立法文件则只具有地域性空间效力。如省、自治区、直辖市人民代表大会或其常委会制定的地方性法规仅在本省、自治区或直辖市的地域范围内有效，民族自治区权力机关制定的婚姻家庭法变通性规定，也只适用于相应的民族自治地区。

3. 婚姻家庭法对人的效力

婚姻家庭法对人的效力，即婚姻家庭法对哪些人具有效力的问题。我国婚姻家庭法适用于所有公民，即凡是我国公民之间的结婚、离婚、收养等婚姻家庭事宜，都必须适用我国婚姻家庭法。华侨与国内公民之间、港澳同胞与内地公民之间在我国境内办理结婚、离婚和收养等事宜，也应当适用我国婚姻家庭法。此外，居住在我国境内的外国人、无国籍人原则上亦应适用我国相关涉外法律法规。

【案例分析】

本案中，原、被告是自由恋爱，自主婚姻，婚姻基础较好，婚后也建立了一定的夫妻感情。尽管妻子张某遗失结婚钻戒是件不愉快的事，并发生一些口角，但没达到夫妻感情破裂的程度。鉴于被告不同意离婚，并有和好的打算，希望原告给予被告和好的机会，也希望被告积极与原告沟通、交流，并注意方式和方法，共建和睦幸福的家庭。

广州市天河区法院最终依据最高人民法院所作的《关于人民法院审理离婚案件如何认定夫妻感情确已破裂的若干具体意见》判定，原告坚持要求离婚的理由不充分，不予支持。

【拓展阅读】

1. 王明霞. 婚姻家庭法. 北京：中国政法大学出版社，2008.

2. 马忆南. 婚姻家庭法. 北京：北京大学出版社，2012.

3. 杨大文，曹诗权. 婚姻家庭法学（第三版）. 北京：中国人民大学出版社，2006.

4. 曹诗权. 婚姻家庭法. 北京：中国政法大学出版社，2005.

【思考与练习】

1. 从实际生活出发，举例说明婚姻家庭法所调整的对象。

2. 为什么说婚姻家庭法的本质属性是社会属性？试举例说明。

3. 我国婚姻家庭法的渊源有哪些？除了书中介绍的几种类型外，你认为是否存在其他的渊源？

项目二　婚姻家庭法的基本原则

【案例导入】

孙某和李某（女）婚后感情出现危机，为了维持婚姻，2006年12月，孙某在李某的要求下，订立了一份“忠诚协议”：“夫妻双方要互相忠实，厮守一生，白头到老。如果一方要求离婚，必须赔偿对方精神损失费100万元。”但是之后双方感情不但没有好转，李某反而变本加厉，经常到孙某单位无理取闹，致使双方感情破裂。孙某提起诉讼要求离婚。李某同意离婚，但是要求孙某按协议赔偿其精神损失费100万元。孙某不同意支付该费用。

【问题】

该协议是否具有法律效力？有没有违反我国婚姻法的基本原则？为什么？

【基本原理】

婚姻家庭法的基本原则贯穿婚姻家庭法的始终，集中体现了以婚姻家庭为主要内容的婚姻家庭制度的本质和特征。我国《婚姻法》第二条规定：“实行婚姻自由、一夫一妻、男女平等的婚姻制度。保护妇女、儿童和老人的合法权益。实行计划生育。”第三条规定：“禁止包办、买卖婚姻和其他干涉婚姻自由的行为，禁止借婚姻索取财物。禁止重婚。禁止有配偶者与他人同居。禁止家庭暴力。禁止家庭成员间的虐待和遗弃。”这两个条文从正反两个方面明确了我国婚姻家庭法的基本原则。《婚姻法》第四条规定：“夫妻应当互相忠实，互相尊重；家庭成员间应当敬老爱幼，互相帮助，维护平等、和睦、文明的婚姻家庭关系。”该条文提出了我国婚姻家庭法所倡导的夫妻关系及其他家庭关系。

一、婚姻自由原则

婚姻自由是指婚姻当事人有权按照法律的规定，自主地决定自己的婚姻问题，不受任何人的强制或非法干涉。要全面理解婚姻自由原则，既需要了解婚姻自由原则的内涵，也要禁止各种非法干涉婚姻自由的行为。

（一）婚姻自由原则的内涵

婚姻自由包括两个方面：结婚自由和离婚自由。结婚自由是指婚姻当事人有依法缔结婚姻关系的自由。只要当事人缔结婚姻的意愿没有违反法律的规定都应当得到尊重，当事人是否结婚、与谁结婚，是法律赋予的权利，任何人无权干涉。当然，自由从来都不是绝对的。在我国，婚姻当事人必须符合《婚姻法》关于结婚的条件，同时，也会受到经济条件、地域条件等的限制。离婚自由是指夫妻双方均有依法解除婚姻关系的自由。如果夫妻感情确已破裂，维系这种婚姻关系，于当事人、于社会都未必有好处，而离婚给那些名存实亡的婚姻，给那些无法共同生活的夫妻提供了最好的救济办法。但是离婚并不仅仅是夫妻双方的事，它还关系到家庭的稳定、子女的幸福，因此我们在保障离婚自由的同时，也反对轻率离婚。

结婚自由和离婚自由共同构成婚姻自由的完整内容，两者缺一不可。结婚自由是实现婚姻自由的先决条件，离婚自由是结婚自由的必要补充。没有离婚自由，结婚自由就不可能得到彻底实现。

（二）婚姻自由原则的贯彻落实

要贯彻落实婚姻自由原则，就要禁止各种干涉婚姻自由的行为。我国婚姻法明确禁止包办、买卖婚姻和其他干涉婚姻自由的行为，禁止借婚姻索取财物。包办婚姻是指第三方（包括父母）违反婚姻自由原则，无视婚姻当事人的意愿，强迫无感情基础的当事人缔结的婚姻。买卖婚姻是指第三方（包括父母）以索取大量财物为目的，包办、强迫他人缔结的婚姻。买卖婚姻将婚姻当事人等同于商品，剥夺了其在缔结婚姻上的自主权利。其他干涉婚姻自由的行为包括成年子女干涉丧偶、离婚的父母再婚的行为，也有前男友、前配偶干涉再婚的行为，还有以暴力方式干涉他人婚姻自由的行为等。借婚姻索取财物是指当事人自愿结婚但以索取一定的财物作为结婚必要条件的行为。这种婚姻基本上是婚姻当事人自主自愿的，但一方（通常是女方）以结婚为由往往要求对方给付大量财物（通常表现为彩礼），否则，家长不同意结婚。借婚姻索取财物的本质也是违反婚姻自由的，这使得双方当事人的婚姻受制于经济条件、家长的意愿。因此，对于违反婚姻自由的这些行为，婚姻法都明确予以禁止和反对。

随着社会的发展，我国目前严重背离婚姻自由原则的行为，如包办婚姻、买卖婚姻等越来越少，但是借婚姻索取财物的行为仍然大量存在。在农村，因结婚而向婚姻当事人一方索要彩礼的行为较普遍，如果没有顺利缔结婚姻或者双方离婚，则容易因彩礼引起财物纠纷，对于这些矛盾应当妥善处理，具体可以依据我国婚姻法的司法解释的规定。①

二、一夫一妻制原则

一夫一妻制，是指一男一女结为夫妻，互为配偶的婚姻形式。这一制度是当今世界普遍认可的婚姻家庭的基本原则。一夫一妻是男女两性结合的最文明的方式，是人类社会走向文明的标志，是符合客观规律的。一夫一妻制对于婚姻家庭的稳定、子女的抚养教育以及社会的发展都有着积极的作用。现今，世界上多数国家都实行一夫一妻制，我国也在婚姻法中明确规定实行一夫一妻的婚姻制度。

（一）一夫一妻制的内涵

一夫一妻制包含以下内容：第一，对于任何人，不论其地位高低、财产多少，只能有一个配偶，不能同时拥有两个或两个以上的配偶。第二，任何已经结婚的人，在

① 可参考单元二“婚姻制度”里项目一“结婚制度”中有关“婚约”的内容。

其配偶死亡之前或者离婚之前，都不得再结婚。第三，法律禁止一切公开的或者隐蔽的一夫多妻或一妻多夫的两性关系。

（二）一夫一妻制的贯彻落实

为了保障一夫一妻制的顺利实施，我国婚姻法明确规定禁止重婚；禁止有配偶者与他人同居及其他破坏一夫一妻制的行为。重婚是指有配偶者又与他人结婚的行为，即当事人在已存在合法婚姻关系的情况下又与第三方缔结婚姻关系的行为。两个婚姻关系中，先缔结的称为前婚，后缔结的称为后婚。重婚分为两种形式：法律重婚和事实重婚。法律重婚是指前婚尚未解除又与他人办理结婚登记的行为；事实重婚是指前婚尚未解除又公开与他人以夫妻名义同居生活，但未办理结婚登记的行为。这两种重婚行为都为法律所禁止，我国刑法也规定了重婚罪以保护一夫一妻制的实施。重婚不具有法律效力，后婚不受法律保护。重婚是婚姻无效的原因之一，也是当事人请求离婚的理由之一，还是无过错方请求离婚损害赔偿的法定情形之一。我国《刑法》规定："有配偶者重婚的，或者明知他人有配偶而与之结婚的"构成重婚罪，不管是有配偶者与他人进行结婚登记的法律重婚，还是有配偶者与他人以夫妻名义同居的事实重婚，都应当受到刑法制裁。与现役军人的配偶结婚的，构成破坏军婚罪，也应当受到刑罚处罚。

有配偶者与他人同居是指有配偶者与婚外异性，不以夫妻名义，持续、稳定地共同居住生活的行为。这种行为有别于重婚，重婚是有配偶者与婚外异性公开以夫妻名义共同生活，周围邻居也以为当事人是夫妻关系，而有配偶者与他人同居虽然也是有配偶者与婚外异性同居生活，但不以长期共同生活为目的，也不以夫妻名义同居，周围的邻居一般也不认为当事人是夫妻关系。两者在法律后果上也有所不同。重婚行为属于刑法范畴，应当追究刑事责任；有配偶者与他人同居只是一般的违法行为，我国《婚姻法》规定：如果配偶与他人同居可以诉请离婚，还可以请求离婚损害赔偿。现实生活中，重婚行为相对较少，但有配偶者与他人同居的行为则相对较多，譬如，目前社会上存在的"包二奶"现象大部分属于"有配偶者与他人同居"的情况，这些行为严重破坏了一夫一妻的婚姻制度。

三、男女平等原则

男女平等原则是指男女两性在婚姻家庭关系中享有平等的权利，履行平等的义务，禁止对女性有任何形式的歧视、虐待和压迫。我国《宪法》第四十八条第一款就男女平等问题明确指出："中华人民共和国妇女在政治的、经济的、文化的、社会的和家庭的生活等各方面享有同男子平等的权利。"由于受传统文化、重男轻女观念的影响，在我国，"男尊女卑"、漠视女性权利的思想一直在很大程度上影响着人们的生活，并渗透到社会的各个角落，渗透到各个家庭。因此，在我国现阶段要讲男女平等，一定要强调保护女性的权利，通过形式上的不平等以达到实质上平等的效果。

（一）男女平等原则的内涵

我国《婚姻法》规定我国实行的是婚姻自由、一夫一妻、男女平等的婚姻制度，因此，男女平等原则强调的是夫妻两性关系的平等，但又不限于两性关系。具体包括以下内容：①男女在婚姻方面的权利平等，双方都享有同等的结婚自由和离婚自由。在结婚问题上，男女双方必须完全自愿，不允许任何强迫他人结婚或干涉他人结婚自由的行为。男女双方都有提出离婚的权利。离婚时，男女双方都有抚养子女的权利和义务。②夫妻在家庭中地位平等。无论是人身方面还是财产方面，夫妻都享有平等的权利，承担平等的义务。③其他男女家庭成员在家庭中的地位平等。如子和女都享有同等的继承父母遗产的权利，也有同等的赡养父母的义务。兄弟与姐妹、(外)祖父与(外)祖母、(外)孙子与(外)孙女在家庭中的权利和义务都是平等的。

(二) 男女平等原则的贯彻落实

由于我国长期受夫权思想及男尊女卑的传统观念影响，因此，为了保证男女两性在婚姻家庭方面的平等，我国《婚姻法》作了一系列的规定：夫妻应当互相忠实，互相尊重；登记结婚后，根据男女双方的约定，女方可以成为男方家庭的成员，男方可以成为女方家庭的成员；夫妻双方都有各用自己姓名的权利；夫妻双方都有参加生产、工作、学习和社会活动的自由，一方不得对他方加以限制或干涉；夫妻双方都有实行计划生育的义务；夫妻在婚姻关系存续期间所得的工资、奖金等，没有另外约定的，归夫妻共同所有；对共有的财产，享有平等的处理权；夫妻有互相扶养的义务，有相互继承遗产的权利；子女可以随父姓，也可以随母姓等等。通过以上规定，可以更好地保证男女两性在婚姻家庭的各个方面包括地位、人身及财产等方面的平等。

四、保护妇女、儿童和老人的合法权益原则

保护妇女、儿童和老人的合法权益是指国家依法保护妇女、儿童和老人在婚姻家庭关系中基于特定的亲属关系和共同生活关系所享有的权利和利益，并给予特殊的重视和保护的原则。我国 1950 年《婚姻法》曾规定保护妇女、儿童的合法权益，1980 年修订《婚姻法》时增加了保护老人合法权益的内容，这一原则沿用至今。妇女、儿童和老人在社会上属于弱势群体，对这些群体进行特殊保护，体现了对社会公平正义理念的坚持，也有利于发扬良好的社会道德风尚。

(一) 保护妇女、儿童和老人的合法权益原则的内涵

对妇女的合法权益进行特殊保护主要是基于以下两方面的原因：其一，是为了改变妇女不平等的历史地位所造成的合法权益受到侵害的现象。我国有几千年的封建传统，其中重男轻女、男尊女卑、三从四德的封建残余思想在人们的意识中根深蒂固。要改变这种思想，要改变由于妇女地位低下而导致的权益受侵害的现象，我们只能依靠法律进行强有力的保护。其二，是基于妇女具有不同于男性的特殊生理机能的需要。恩格斯曾指出："劳动妇女，由于她们的特殊生理机能，需要特别的保护。"① 妇女承担着人类生产与再生产的任务，妇女的特殊生理机能，需要在特殊时期受到特殊保护，这也是人类社会发展和社会文明进步的标志之一。保护妇女的合法权益并不违背男女平等原则，两者具有一致的价值追求。为了更好地保护妇女的合法权益，我国在 1992 年颁布并于 2005 年修订的《中华人民共和国妇女权益保障法》全面地对妇女权益作出了规定。在婚姻家庭领域，对妇女合法权益的保护主要体现在以下两个方面：第一，照顾女方的特殊生理现象。如规定女方在怀孕期间和分娩后 1 年内或中止妊娠后 6 个月内，男方不得提出离婚；女方因实施绝育手术或者其他原因而丧失生育能力的，离

① 马克思，恩格斯．马克思恩格斯全集（第36卷）．中共中央马克思恩格斯列宁斯大林著作编译局译．北京：人民出版社，1972. 339.

婚时处理子女抚养问题，应在有利子女权益的条件下，照顾女方的合理要求；离婚时，哺乳期内的子女，以随哺乳的母亲抚养为原则。第二，离婚时对女方在财产方面进行了更有利的保护。如离婚时分割共同财产要照顾子女和女方权益；夫妻书面约定婚姻关系存续期间所得财产归各自所有，一方因抚养子女、照料老人、协助另一方工作等付出较多义务的，离婚时有权向另一方请求补偿，另一方应予以补偿；离婚时一方生活困难，另一方应从其住房等个人财产中给予适当的经济帮助等。

保护儿童的合法权益是指保护 18 周岁以下的未成年人的合法权益和利益。由于历史的原因，在几千年的封建制社会里，儿童被当作父母、家长的私有财产，没有独立的人格，子女的权益长期被漠视，直到今天很多子女仍然深受其害，因此，保护儿童的合法权益势在必行。1991 年颁布并于 2006 年修订的《中华人民共和国未成年人保护法》全面地规定了家庭、社会、学校应当如何保护未成年人的合法权益。在婚姻家庭领域对儿童的合法权益作出了如下规定：父母对子女有抚养教育的义务，且不因父母离婚而免除；在特殊情况下，有负担能力的祖父母、外祖父母或者兄、姐有义务抚养未成年的、没有独立生活能力的孙子女、外孙子女或者弟、妹；禁止溺婴、弃婴和其他残害婴儿的行为；子女享有继承遗产的权利；婚生子女、非婚生子女、养子女以及和继父母形成抚养关系的继子女的法律地位是一样的，享有同等的权利。

保护老人的合法权益是敬老、爱老的传统美德在法律上的体现。目前我国维护老人权益的主要手段是家庭赡养和社会保障。《中华人民共和国老年人权益保障法》推行老有所养、老有所医、老有所为、老有所学、老有所乐的养老制度，逐步改善老年人的生活条件，为老人创造更为有利的社会保障体系。但我国目前的家庭赡养仍然承担着最主要的、不可替代的作用。因此，保护老人在家庭中的合法权益仍是《婚姻法》的一项重要原则，主要体现为：明确规定子女对父母的赡养义务，且不因父母婚姻关系变化而终止；在特殊情况下，有负担能力的孙子女、外孙子女，对子女已经死亡或无力赡养的祖父母、外祖父母有赡养的义务；子女应当尊重父母的婚姻权利，不得干涉父母再婚以及婚后的生活。

（二）保护妇女、儿童和老人的合法权益原则的贯彻落实

我国《婚姻法》不但从正面规定了保护妇女、儿童和老人的合法权益，也从反面规定了“禁止家庭暴力，禁止家庭成员间的虐待和遗弃”，以此保证妇女、儿童和老人在家庭中不受歧视、虐待和危害。家庭暴力，是指行为人以殴打、捆绑、残害、强行限制人身自由或者其他手段，给其家庭成员的身体、精神等方面造成一定伤害后果的行为。实施家庭暴力往往会对受害者造成难以估量的损害，在家庭中处于弱势一方的妇女、儿童和老人很容易成为家庭暴力的侵害对象，因为这一群体普遍力量较小、经济地位低下或无经济收入，容易招致相对强势一方的迫害。发生家庭暴力，受害人可以向妇联求救，也可以向公安机关、司法机关求救，但不管向任何机关求救，都必须保留必要的证据。目前，我国法院针对家庭暴力行为发出“人身安全保护令”的做法，在预防和制止家庭暴力方面正发挥着越来越重要的作用。人身安全保护令，又称人身安全保护裁定，是指法院为了保护家庭暴力受害人及其子女和特定亲属的人身安全；确保民事诉讼程序的正常进行而作出的裁定。该保护令赋予了家庭暴力的受害人最直接、最及时的司法救济手段，能在一定程度上保证受害人的人身安全。如果家庭暴力行为情节恶劣，造成严重后果，如轻伤、重伤或死亡的，还需要追究施暴者的刑事责任。

虐待，是指以打骂、冻饿、有病不给治、强迫过度劳动或限制人身自由、凌辱人格等方式，故意歧视、折磨、摧残家庭成员，使其在精神上、肉体上遭受损害的违法行为。虐待行为与家庭暴力有一定的相似之处，最高人民法院《关于适用〈婚姻法〉若干问题的解释（一）》规定：持续性、经常性的家庭暴力，构成虐待。在实践中，不少虐待行为给家庭成员的精神造成极大的摧残，如凌辱人格、进行精神恐吓等。遗弃是指家庭成员中负有抚养、扶养、赡养义务的一方，拒不履行法定义务，致使需要抚养、扶养、赡养的一方合法权益受损的违法行为。通常表现为经济上不供养，生活上不照顾，使得被扶养人的生活难以为继，甚至连生命和健康都没有保障。更有甚者，由于扶养义务人拒不履行扶养义务而导致被扶养人死亡。遗弃只能以不作为的形式作出，如父母拒不抚养未成年子女；成年子女拒不赡养年迈、无劳动能力的父母；夫或妻拒不扶养患病或有其他特殊困难的配偶。为了更好地防止虐待及遗弃行为，我国刑法规定了虐待罪和遗弃罪。虐待和遗弃行为，情节恶劣构成犯罪的，应当受到刑事处罚。

五、计划生育原则

计划生育是指人类自身的生产应当有计划地进行，提高或降低人口增长率，使人口的增长同社会和经济的发展相适应，它包括节制生育和鼓励生育两个方面。从我国的人口现状来看，我国的计划生育是节制生育，需要有计划地降低人口的发展速度，控制人口数量，提高人口质量。

我国自20世纪70年代开始推行计划生育工作，1982年更把实行计划生育上升为一项基本国策。我国《宪法》也规定："国家推行计划生育，使人口的增长同经济和社会发展计划相适应。"2001年通过的《人口与计划生育法》则详细而全面地对计划生育工作进行了规范。中国一直是一个人口大国，但是过多的人口已经成为制约我国经济及社会发展的瓶颈，现阶段实行计划生育对国家、对社会而言都是利大于弊。

（一）计划生育原则的内涵

我国现行的计划生育政策主要包括以下内容：鼓励公民晚婚晚育，少生优生；提倡一对夫妻生育一个子女；符合法律、法规规定条件的，可以要求安排生育第二个子女；少数民族也要实行计划生育。在法定婚龄的基础上推迟3年以上结婚的即为晚婚，已婚妇女年满24周岁生育是为晚育。国家提倡晚婚晚育，并通过立法的方式确立晚婚晚育者可以获得延长婚假、生育假的奖励或者其他福利待遇。

（二）计划生育原则的贯彻落实

为了保障计划生育政策落到实处，既要对遵守计划生育的育龄夫妇予以奖励，也要对违反计划生育政策的公民，采取一定的措施。《人口与计划生育法》规定：不符合生育二胎的公民生育第二个子女，应当依法缴纳社会抚养费；未在规定的期限内足额缴纳应当缴纳的社会抚养费的，自欠缴之日起，按照国家有关规定加收滞纳金；仍不缴纳的，由作出征收决定的计划生育行政部门依法向人民法院申请强制执行。如果应当缴纳社会抚养费的人员是国家工作人员的，还应当依法给予行政处分；其他人员还应当由其所在单位或者组织给予纪律处分。拒绝、阻碍计划生育行政部门及其工作人员依法执行公务的，由计划生育行政部门给予批评教育并予以制止；构成违反治安管理行为的，依法给予治安管理处罚；构成犯罪的，依法追究刑事责任。

在现实生活中，计划生育政策的实施困难重重，最主要是受重男轻女、只有男子才能传宗接代的旧传统的影响，古语“不孝有三，无后为大”就反映了男子传宗接代的重要性。新中国成立后，旧的生育观被破除，但是其残余影响在广大农村地区仍然广泛存在，城市里也有不少人持有这种观点，这对于我国计划生育政策的推进起着极大的阻碍作用。因此，在生活中必须严格禁止歧视、虐待生育女儿的妇女的行为，也应当尊重不生育子女的妇女的意志。有关部门应当积极做好这方面的宣传工作，同时对于不配合实行计划生育的一方给予批评教育、行政处分或接受法律制裁。

六、倡导平等、和睦、文明的婚姻家庭关系

我国《婚姻法》在规定了以上五个原则之外，还规定：“夫妻应当互相忠实，互相尊重；家庭成员间应当敬老爱幼，互相帮助，维护平等、和睦、文明的婚姻家庭关系。”

（一）夫妻应当互相忠实、互相尊重

虽然《婚姻法》就夫妻关系的相处在法律上作了一个明确的规定，但是《关于适用〈婚姻法〉若干问题的解释（一）》第三条规定：“当事人仅以《婚姻法》第四条为依据提起诉讼的，人民法院不予受理；已经受理的，裁定驳回起诉。”因为夫妻之间的相处之道主要属于道德范畴的内容，法律过多的干预有可能会侵犯当事人的合法权利。但是，如果夫妻以《婚姻法》第四条为基础，签订夫妻忠诚协议，且不违背法律规定，没有危害家庭关系，没有侵害第三人的合法权益，法院可以支持当事人依据忠诚协议提出的要求。也就是说，法律在一定程度上认可了夫妻之间互负忠实的义务，这也是我国第一次将夫妻忠实义务写入法律。

（二）家庭成员间应当敬老爱幼，互相帮助，维护平等、和睦、文明的婚姻家庭关系

敬老爱幼是中华民族的优良传统，家庭成员间的互相帮助也是营造幸福家庭的必要条件，我们通过法律来提倡平等、和睦、文明的婚姻家庭关系。这本是属于道德范畴的内容，但是平等、和睦、文明的家庭关系于家于国都有利，我们不能把它上升为婚姻法的基本原则，但是我们可以在法律允许的范围内尽可能地维护这种道德准则，使我们的婚姻家庭关系朝着更有利于社会的一面发展。

【案例分析】

法院经审理后认为，孙某提出离婚，李某同意离婚，故对孙某要求与李某离婚的诉讼请求，予以支持。原、被告双方对赔偿精神损失费的约定限制了一方对婚姻自由权的行使，违反法律规定，为无效协议。据此，法院判决准予孙某与李某离婚；驳回李某要求孙某赔偿其精神损失费 100 万元的请求。

【拓展阅读】

夫妻忠诚协议是否有效?

关于夫妻忠诚协议，最具代表性的案例是上海市闵行区人民法院 2002 年的全国首例“忠诚协议”案：原告曾某（男方）离婚后通过征婚，与也曾离异的贾某（女方）相识。经过短暂的接触，几个月后双方登记结婚。由于两人均是再婚，为慎重起见，

2000年6月，夫妻俩经过“友好协商”，签署了一份“忠诚协议书”。协议约定：夫妻婚后应互敬互爱，对家庭、配偶、子女要有道德观和责任感。协议书中还特别强调了违约责任：若一方在婚期内由于道德品质的问题，出现背叛另一方的不道德行为（婚外情），要赔偿对方名誉损失及精神损失费30万元。协议签订后，在婚姻存续期间，贾某发现曾某与其他异性有不正当关系。2002年5月，曾某向法院提出离婚诉讼。贾某则以曾某违反“夫妻忠诚协议”为由提起反诉，要求法院判令曾某支付违约金30万元。法院经过审理，依据双方达成的忠诚协议，判决曾某支付对方违约金30万元。后曾某不服上诉，二审经法官调解，上诉人与被上诉人达成了调解协议，曾某向贾某支付25万元。[①] 由于该案影响较大，引起学界对“忠诚协议”效力的争议，后上海市高级人民法院出具的《上海市高级人民法院民一庭民事法律适用问答选登（二）》，实际上又否认了夫妻忠诚协议的效力。2007年北京市房山区人民法院的一个判例又认可了夫妻忠诚协议的效力。[②] 由此可见，实践部门对有关夫妻忠诚协议的看法也是意见不统一，而我国婚姻法的司法解释对此并没有涉及。所以，夫妻忠诚协议是否有效在我国并没有明确的法律依据。

2010年11月，中国法学会婚姻法学研究会2010年年会暨1950年《婚姻法》颁布60周年纪念会召开，与会专家就是否承认夫妻忠诚协议的效力问题上看法不一。有学者认为不应承认夫妻忠诚协议的效力，婚姻法中“夫妻应当忠诚”只是一种价值观念，属于道德的调整范畴，只能用道德来约束，婚姻关系不属于合同关系范畴，因此，法律不能允许通过人身协议来设定法律关系。也有学者认为，应有条件地承认夫妻忠诚协议的效力。[③] 婚姻家庭法学会副会长、北京大学法学院马忆南教授曾于海南大学发表关于“忠诚协议”的主题演讲。会后，马教授接受了《法治周末》记者专访，就忠诚协议及配偶权的相关法律问题作了详细阐释。马教授认为：“我国不会专门立法惩戒第三者，因为‘惩戒第三者’在国际上并不是立法趋势。”但是马教授认为夫妻签订“忠诚协议”追究过错方责任，是公民自我救济的有效方式，是对婚内侵害配偶权制度的填补。通过有限认可契约的效力，对受害方进行一定的补偿和慰藉，对违法者进行惩罚，体现了正义、公平的价值，并有助于逐步树立公民健康文明的婚姻价值观。因为在我国的离婚损害赔偿制度中，无过错方常常面临赔偿范围小、数额低、举证困难的现实尴尬，但如果离婚诉讼中夫妻一方基于契约的违约责任主张按忠诚协议得到损害赔偿金，它可以对法定赔偿进行扩张，赔偿数额、赔偿金支付方式等都可自行约定，对现行法定赔偿灵活补充，有利于受害人寻求法律救济，以弥补现行离婚损害赔偿制度的不足。但是夫妻忠诚协议不能违反法律的禁止性规定，不能违背公序良俗原则，不能危害家庭关系，不能侵害第三人的合法权益。有违性道德的契约一般也无效，如夫妻允许配偶性自由协议（比如包二奶协议），对婚外同居情人的赠与协议等。如果忠诚协议剥夺了配偶的人身自由权、婚姻自由权、通信自由权、人格尊严等公民法定权利，这样的忠诚协议也应认定是无效的。[④]

---

① http://www.lawtime.cn/article/lll3522903352799700813 60.

② http://www.9ask.cn/blog/user/zhangjinglaw/archives/2011/262786.html.

③ http://blog.sina.com.cn/s/blog_6c84cb99010007bz.html.

④ http://news.ifeng.com/mainland/detail_2010_11/10/3054042_0.shtml.

【思考与练习】

1. 婚姻自由的内涵是什么？
2. 简述事实重婚行为与婚外同居行为的区别。
3. “夫妻应当互相忠实”是不是法律义务？
4. 你认为应当如何防止家庭暴力？

实训一　家庭暴力的认定

【情景设计】

唐某是一家外企的女职员，经人介绍于2000年结识了独生子周某。经过两年多的相处、恋爱，双方于2003年2月结婚，并育有一女。婚后初期，周某对唐某百般呵护。但随着女儿的出生，周某也开始变脸，不仅常为生活琐碎事与唐某争吵，甚至对唐某动起了拳脚。2005年12月1日，在双方家长的主持下，周某向唐某写下保证书：保证在家不喝酒，不在外面玩，不再打唐某。此后在相当长的一段时间里，周某对唐某的言行有所收敛。2007年7月6日凌晨2点，周某在外喝酒回家后，突然将唐某从床上拖起，并施以拳脚，导致唐某身上多处皮肤青紫。唐某报警，公安机关以家庭纠纷为由口头教育了周某。当日，唐某搬回娘家居住。2008年3月22日上午，唐某离开娘家正欲骑车上班，遭等候在楼下的周某殴打，导致全身上下多处青紫，后经报警平息。2008年4月6日，唐某忍无可忍，终于诉至法院，以周某对其实施家庭暴力为由要求与周某离婚，并赔偿其损失1万元。诉讼中，周某拒不承认对唐某实施了家庭暴力。

【工作任务】

1. 周某的行为是否为家庭暴力？
2. 如何证明周某的家庭暴力行为？
3. 如果你是法官，会支持唐某的诉讼请求吗？为什么？

【训练方法】

1. 学生分组进行讨论，先在本组形成意见。重点为：准确认定何为“家庭暴力”；“家庭暴力”行为应当如何举证；查找相关法律依据。

2. 各小组进行交流，阐述本组意见，并共同分析得出结论。

【考核标准】

1. 能准确分析家庭暴力行为，并能举证证明该行为。
2. 通过查找法律条文，学会处理法律纠纷。
3. 根据相关法律规定，对该案作出准确判断。

项目三　婚姻家庭法的救助措施与法律责任

【案例导入】

郑某（男）与王某是同村邻居，1999 年 10 月 12 日，两人登记结婚。婚后感情融洽。2000 年 4 月，郑、王夫妻二人为了过上更好的生活，进城务工。经过几年奋斗，郑某开了一家餐厅，生意越做越好。在此期间，郑某认识了隔壁电子产品店的老板周某，两人于 2007 年一起租房，以夫妻名义共同生活，周围的邻居都认为郑某和周某是夫妻。

【问题】

郑某是否构成重婚罪，应当如何处罚？如果王某知道该情况后，能否直接向郑某提出损害赔偿请求？

【基本原理】

我国《婚姻法》专门列出了一个章节，用于规定对妨害婚姻家庭关系的救助措施和法律责任，这在世界各国亲属立法中是罕见的。一般来说，世界上大多数国家对妨害婚姻家庭行为的制裁，其他法律已有明确规定的，《婚姻法》可以不用专门对此进行规范。我国《婚姻法》专门增设此章，目的在于加强法律的可操作性，有利于贯彻执行婚姻家庭立法，保护婚姻家庭当事人的合法权益。

一、婚姻家庭法中的救助措施

（一）救助措施概述

1. 救助措施的概念

我国《婚姻法》中的救助措施，专指有关组织对实施家庭暴力、虐待、遗弃等妨害婚姻家庭行为的受害人提供的各种援助措施。这里的“有关组织”，包括居民委员会、村民委员会、当事人所在单位以及有关国家机关。

2. 救助措施的适用条件

由于家庭暴力、虐待和遗弃等妨害婚姻家庭的行为多发生在家庭内部，所以一般情况下外人难以发现。同时，也由于当事人间的特殊关系，外部人员不便盲目介入。所以，婚姻法规定，适用救助措施必须以当事人（受害人）提出救助要求为前提。也就是说，如果当事人不请求，救助机关就不能主动介入。法律并没有赋予救助机关主动介入的权力，这样做的目的，是出于对当事人隐私权的尊重和对当事人意愿的尊重。当然，这是针对未构成犯罪以及当事人告诉才处理的犯罪行为①而言的。但是对于重婚、实施家庭暴力、虐待、遗弃而构成犯罪的，被害人既可以直接向人民法院起诉，也可以向公安机关提出控告，对于符合立案要求的，公安机关应当立案侦查；对于虐

---

① 如虐待罪、暴力干涉婚姻自由罪等。

待、暴力干涉婚姻自由行为，致使被害人死亡的，公安机关应当依法侦查，人民检察院应当依法提起公诉，由人民法院追究行为人的刑事责任。

3. 实施救助措施的手段

根据《婚姻法》第四十三、四十四条规定，对婚姻家庭违法犯罪的救助手段，主要有行政救助措施、行政处罚措施以及司法救助措施三个种类：

(1) 行政救助措施。行政救助措施包括劝阻、调解和制止。

居民委员会、村民委员会及所在单位的救助措施，仅限于劝阻和调解。劝阻是指实施救助的有关组织，对正在实施家庭暴力、虐待、遗弃行为的当事人进行劝说，阻止其继续实施伤害或遗弃行为的措施。调解一般发生在有关组织成功劝阻之后，当双方当事人心平气和时由有关组织或单位安排，共同探讨双方争议的焦点，明白各自的利益和需要，以寻求共同接受的解决方案。调解的目的是为彻底解决婚姻家庭中的纠纷，以维护婚姻家庭秩序的稳定。

公安机关的救助措施可以是"制止"。即公安机关对正在实施家庭暴力的行为人，在使用口头劝阻无效的情况下，可以使用必要的器械来阻止加害人的侵害行为。但"制止"有严格的适用条件，只能针对正在实施的家庭暴力行为，对于遗弃行为则不能适用"制止"。

需要特别指出的是，以上措施的行使都须以受害人向有关组织提出请求为前提。

(2) 行政处罚措施。行政处罚措施也称治安处罚措施。根据《治安管理处罚法》第十条的规定，妨害婚姻家庭的行政处罚措施包括警告、罚款和行政拘留。《婚姻法》第四十三条第三款明确赋予了公安机关对于妨害婚姻家庭行为可以实施行政处罚的权力。公安机关实施行政处罚须同时具备两个条件：①接受处罚的加害者须是实施家庭暴力或虐待家庭成员的人，可以是正在实施家庭暴力或虐待行为的人，也可以是实施完家庭暴力或虐待行为的人；②须由受害人本人提出请求才能对其家庭成员予以行政处罚，受害人之外的任何其他人向公安机关提出行政处罚请求都是无效的。

法条链接

《中华人民共和国治安管理处罚法》第四十三条：殴打他人的，或者故意伤害他人身体的，处5日以上10日以下拘留，并处200元以上500元以下罚款；情节较轻的，处5日以下拘留或者500元以下罚款。

有下列情形之一的，处10日以上15日以下拘留，并处500元以上1 000元以下罚款：

（一）结伙殴打、伤害他人的；

（二）殴打、伤害残疾人、孕妇、不满14周岁的人或者60周岁以上的人的；

（三）多次殴打、伤害他人或者一次殴打、伤害多人的。

法条链接

《中华人民共和国治安管理处罚法》第四十五条：有下列行为之一的，处5日以下拘留或者警告：

（一）虐待家庭成员，被虐待人要求处理的；

（二）遗弃没有独立生活能力的被扶养人的。

（3）司法救助措施。司法救助措施是指司法机关对婚姻家庭中的受害人实施的救助手段。具体包括公安机关对涉嫌犯罪的危害婚姻家庭的行为进行侦查；人民检察院对涉嫌犯罪的危害婚姻家庭的行为提起公诉；人民法院对违法犯罪行为依法进行审判，追究行为人的刑事责任及民事责任。对于拒不执行有关扶养费、抚养费、赡养费、财产分割、遗产继承、探望子女等判决或裁定的，人民法院可以依法强制执行。

法条链接

《中华人民共和国婚姻法》第四十三条：实施家庭暴力或虐待家庭成员，受害人有权提出请求，居民委员会、村民委员会以及所在单位应当予以劝阻、调解。

对正在实施的家庭暴力，受害人有权提出请求，居民委员会、村民委员会应当予以劝阻；公安机关应当予以制止。

实施家庭暴力或虐待家庭成员，受害人提出请求的，公安机关应当依照治安管理处罚的法律规定予以行政处罚。

第四十四条：对遗弃家庭成员，受害人有权提出请求，居民委员会、村民委员会以及所在单位应当予以劝阻、调解。

对遗弃家庭成员，受害人提出请求的，人民法院应当依法作出支付扶养费、抚养费、赡养费的判决。

二、妨害婚姻家庭的法律责任

妨害婚姻家庭的法律责任，是指行为人对于其实施的违反婚姻家庭的行为所应承担的、带有否定性的法律后果。法律责任是对行为人的否定性评价，具有强制性的特点。不同的违法行为应当承担不同的法律责任，民事违法行为承担民事责任，行政违法行为承担行政责任，刑事违法行为承担刑事责任。

（一）妨害婚姻家庭的民事责任

这里的民事责任，主要是指过错方承担的物质损害赔偿责任。

1．侵害扶养权的民事责任

对于遗弃家庭成员的，受害人可以向人民法院起诉，要求依法负有抚养、扶养、赡养义务的人履行义务，给付抚养费、扶养费、赡养费。人民法院根据义务人的经济能力和受害人的生活消费情况确定合理的费用。费用的给付，可以采取货币的形式，也可以采取实物的形式。对于生活极为困难的受害人，人民法院还可以通过裁定先予执行以保障受害人的正常生活需要。

2. 离婚损害赔偿责任

我国《婚姻法》第四十六条第一次规定了过错方的损害赔偿责任。即因重大婚姻家庭违法行为导致离婚的，过错方应当承担损害赔偿责任。重大婚姻家庭违法行为主要是指以下行为：重婚的；有配偶者与他人同居的；实施家庭暴力的；虐待、遗弃家庭成员的。这些行为严重损害了婚姻当事人的合法权益，如果双方因此而离婚，无过错方理应获得相应的赔偿。至于离婚损害赔偿的具体内容，可参见单元二中“离婚制度”的相关内容。

3. 离婚时侵犯他方财产共有权的民事责任

我国《婚姻法》第四十七条规定：“离婚时，一方隐藏、转移、变卖、毁损夫妻共同财产，或伪造债务企图侵占另一方财产的，分割夫妻共同财产时，对隐藏、转移、变卖、毁损夫妻共同财产或伪造债务的一方，可以少分或不分。离婚时，另一方发现有上述行为的，可以向人民法院提起诉讼，请求再次分割夫妻共同财产。”实践中，当事人一方在离婚时妨害公平分割夫妻共同财产的行为较为常见，这种行为严重损害了另一方对财产的共有权，因此，法律规定由实施侵犯财产共有权的当事人承担不利的法律后果。即使离婚案件已审理终结，有关财产分割的调解书、判决书已经发生法律效力，又发现一方曾实施各种侵犯另一方财产共有权的行为，另一方在一定时间内，可以向人民法院起诉，请求对这一部分财产进行再次分割。详细内容可参见单元二的“离婚制度”。

4. 其他法律规定的妨碍婚姻家庭的民事责任

(1) 丧失继承权。《婚姻法》第二十四条规定：“夫妻有相互继承遗产的权利，父母和子女有相互继承遗产的权利。”继承权因特定人之间的身份而取得，但继承人也有可能丧失继承权。根据《继承法》的规定，继承人有下列行为之一的，丧失继承权：①故意杀害被继承人；②为争夺遗产而杀害其他继承人；③遗弃被继承人或者虐待被继承人情节严重；④伪造、篡改或者销毁遗嘱情节严重。

(2) 监护人责任。未成年人的父母是未成年人的监护人，未成年人的父母已经死亡或者没有监护能力的，其他人可以依法担任监护人。配偶、父母、成年子女、其他近亲属等应当依法担任精神病人的监护人。监护人应当认真履行监护职责。监护人不履行监护职责，给被监护人造成损害的，应承担赔偿责任；因管教不严，致使被监护人损害他人利益的，监护人应承担民事责任。同时，其他具有监护人资格的公民或者有关单位，可以请求人民法院撤销其监护人的资格。

(二) 妨害婚姻家庭的行政责任

对于妨碍婚姻家庭关系，情节较轻，尚未构成犯罪的行为，可以依法给予行政处罚。这类行为主要包括：

1. 实施家庭暴力或者虐待家庭成员

现行《婚姻法》第四十三条第二款规定：“对正在实施的家庭暴力，受害人可以向公安机关提出请求，公安机关应当予以制止。对于实施家庭暴力或虐待家庭成员的，经受害人提出请求，公安机关应当依照《治安管理处罚法》的规定予以行政处罚，即处以警告、罚款或拘留。”

2. 非暴力干涉婚姻自由

对于包办、买卖或者其他干涉婚姻自由的行为，尚未使用暴力的，应当对行为人进行严肃的批评教育，同时可以依据有关规定予以行政处罚。

3. 侵害公民接受义务教育的权利

根据《义务教育法》第五条的规定，凡年满六周岁的儿童，不分性别、民族、种族，应当入学接受规定年限的义务教育。条件不具备的地区，可以推迟到七周岁入学。

适龄儿童、少年的父母或者其他监护人未按规定送子女或者其他被监护人入学接受义务教育的，城市由市、市辖区人民政府或者其指定机构，农村由乡级人民政府，对其进行批评教育；经教育仍拒不送其子女或者被监护人入学的，可视具体情况处以罚款，并采取必要的措施使其子女或者被监护人入学。

4. 违反计划生育规定

违反计划生育法律、法规的，应当按照《人口与计划生育法》的规定依法缴纳社会抚养费。对于有违法行为的当事人，如果是国家工作人员的，其所在单位也应予以适当的行政处分，包括警告、记过、记大过、降职、降级、开除公职等；其他人员由所在单位或者组织给予纪律处分。

（三）妨害婚姻家庭的刑事责任

对于严重破坏婚姻家庭关系构成犯罪的行为，应当依法追究刑事责任。《婚姻法》第四十五条仅对重婚罪、虐待罪、遗弃罪以及因家庭暴力而构成的犯罪作了规定。依据第四十九条的规定，结合《刑法》的相关条文，妨害婚姻家庭的犯罪还包括：暴力干涉婚姻自由罪，破坏军婚罪，拐骗儿童罪，拐卖妇女、儿童罪，收买被拐卖的妇女、儿童罪。目前，我国《刑法》中尚未专设家庭暴力罪，对于实施家庭暴力，需要追究刑事责任的，可以按其情节后果，分别适用有关虐待罪、非法拘禁罪、故意杀人罪、过失致人死亡罪、故意伤害罪、过失致人重伤罪等的规定。

法条链接

《中华人民共和国婚姻法》第四十五条：对重婚的，对实施家庭暴力或虐待、遗弃家庭成员构成犯罪的，依法追究法律责任。受害人可以依照刑事诉讼法的有关规定，向人民法院自诉；公安机关应当依法侦查，人民检察院应当依法提起诉讼。

《中华人民共和国婚姻法》第四十九条：其他法律对有关婚姻家庭的违法行为和法律责任另有规定的，依照其规定。

1. 重婚罪

在客观方面，重婚罪表现为有配偶者在婚姻终止前又与他人结婚，或者明知他人有配偶而与之结婚的行为。重婚行为可以分为两种：一是有配偶的人在婚姻关系存续期间又与他人结婚的行为，包括法律重婚和事实重婚。二是无配偶者明知他人有配偶而与之结婚的行为，即相婚者的重婚行为，也构成重婚罪。重婚罪，在主观方面表现为故意，过失不构成本罪。相婚者与有配偶者结婚，如确实不知他人为有配偶者，不构成重婚罪。

2. 虐待罪

本罪主体为年满16周岁、具有刑事责任能力且与受害人在同一家庭中共同生活的家庭成员。主观方面表现为故意，即明知自己的行为会给受害人造成肉体和精神痛苦，并且希望这一结果发生。客观方面，表现为对家庭成员进行虐待，情节恶劣的行为。虐待行为的特点：一是残酷性，给受害人造成身体上、精神上的痛苦；二是长期性，行为人经常以打骂、冻饿等手段，对受害人进行摧残。父母偶尔对犯错误的子女进行打骂、体罚，不应当认定为虐待罪。长期性也是虐待罪和故意伤害罪的重要区别。根据《刑法》的规定，没有造成被害人重伤、死亡的虐待罪，属于刑事自诉案件。

3. 遗弃罪

本罪在主观方面表现为故意，即行为人明知自己应当承担扶养义务而拒不履行扶养义务的行为。在客观方面表现为扶养义务人拒绝扶养没有独立生活能力的扶养权利人并且情节恶劣的行为。遗弃是不作为犯罪，即行为人有扶养义务，并且有能力履行这一义务而拒不履行。如果行为人因确实没有负担能力而无法扶养的，不构成遗弃罪。仅有遗弃行为尚不足以定罪，情节恶劣的才能构成遗弃罪。一般来说，情节恶劣主要是指：给受害人造成严重后果的；经多次教育仍不悔改的；受害人因被遗弃导致生活无着落，多年流离失所的；造成不良社会影响的等。

4. 暴力干涉婚姻自由罪

本罪在客观方面表现为以暴力手段干涉他人婚姻自由的行为，即行为人采取了捆绑、殴打、关禁闭等方式对被害人的人身实施打击和强制，采取非暴力手段的不构成本罪。暴力干涉婚姻自由罪，在主观方面表现为故意，过失不构成本罪。《刑法》规定：以暴力干涉他人婚姻自由的，告诉的才处理。如果因暴力干涉婚姻自由“致使被害人死亡”，则不属于自诉案件，应当由检察院提起公诉。“致使被害人死亡”主要是指由于行为人的干涉行为导致被害人自杀死亡等情形，不包括故意杀害或者故意伤害致人死亡，否则，应按照《刑法》中的其他罪名定罪处罚。

5. 破坏军婚罪

破坏军婚罪是指明知是现役军人的配偶，而与其结婚或者同居的行为。现役军人，是指在中国人民解放军、人民武装警察部队中正在服役、具有军籍的人员。行为可以分为两类：一是与现役军人的配偶结婚，即重婚行为；二是与现役军人的配偶同居，即婚外同居的行为。之所以规定婚外同居的行为也构成破坏军婚罪，是考虑到现实生活中，军人与配偶常常处于两地分居的情况，为了更好地保护军人的合法权益，保护其合法的婚姻权利，法律作出了这样的规定。

6. 拐骗儿童罪

拐骗儿童罪，是指使用蒙骗、利诱或其他方法，拐骗不满14周岁的未成年人脱离家庭或者监护人的行为。行为人在主观方面表现为故意，一般是为了收养或役使等。如果以出卖为目的，则构成拐卖儿童罪。

7. 拐卖妇女、儿童罪

拐卖妇女、儿童罪是指以出卖为目的，拐骗、绑架、收买、贩卖、接送或者中转妇女、儿童的行为。本罪在主观方面表现为故意，同时具有出卖妇女、儿童的犯罪目的，无此目的者，不构成本罪。如果父母以营利为目的，出卖不满14周岁的子女，情节恶劣的，也以本罪论处。

8. 收买被拐卖的妇女、儿童罪

收买被拐卖的妇女、儿童罪是指不以出卖为目的，收买被拐卖的妇女、儿童的行为。本罪在主观方面表现为故意，即明知是被拐卖的妇女、儿童而收买，一般是为了收养或者与之结婚。在客观方面表现为行为人使用金钱、财物等收买被拐卖的妇女、儿童的行为。不论在收买时受害人是否表示同意，均不妨碍本罪的构成。收买被拐卖的妇女、儿童后，又有非法剥夺、限制受害人的人身自由或者伤害、侮辱等犯罪行为的，或者强行与之发生性关系的，依照数罪并罚的规定定罪处罚。收买被拐卖的妇女、儿童，按照被买妇女的意愿，不阻碍其返回原居住地的，对被买儿童没有虐待行为，不阻碍对其进行解救的，可以不追究刑事责任。

【案例分析】

郑某的行为构成重婚罪。重婚行为包括有配偶的人在婚姻关系存续期间又与他人结婚的行为。在司法实践中，对于有配偶的人与他人虽然没有登记结婚，但双方确实以夫妻名义共同生活的，也认定为重婚行为。所以，郑某的行为已构成重婚罪，根据《刑法》第二百五十八条的规定，犯重婚罪者，处2年以下有期徒刑或者拘役。

王某不能请求损害赔偿。根据我国《婚姻法》的规定，因重婚导致离婚的，无过错方有权请求损害赔偿。但法律对损害赔偿提出的时间有明确规定：一是无过错方作为原告，必须在离婚诉讼时同时提出；二是无过错方作为被告，不同意离婚也不提起损害赔偿请求的，可以在离婚后1年内就此单独提起诉讼。所以，王某如果知道该情况，不能直接向郑某提出损害赔偿请求。王某应当在离婚时或离婚后1年内提出。

【拓展阅读】

1. 陈爱萍，姬新江．婚姻家庭法学．北京：中国检察出版社，2006.

2. 李明舜．婚姻法中的救助措施与法律责任．北京：法律出版社，2001.

【思考与练习】

1. 根据我国《婚姻法》的规定，对婚姻家庭的违法犯罪受害人可以从哪些方面进行救助？

2. 简述妨碍婚姻家庭的民事责任和刑事责任。

单元二

婚姻制度

【知识目标】

1. 掌握结婚的实质要件和形式要件
2. 了解我国现行的法定夫妻财产制和约定财产制
3. 了解法院判决离婚的法定标准

【能力目标】

1. 能判断存在争议的婚姻是否有效或是否属于可撤销的婚姻
2. 能判断夫妻共有财产和夫妻个人特有的财产
3. 清楚离婚造成的一系列法律后果

项目一 结婚制度

【案例导入】

申请人蒋某向人民法院申请其与被申请人徐某的婚姻无效。蒋某与徐某，是经媒人介绍相识，因徐某婚前患大脑痴呆病，丧失部分自主生活能力，申请人曾以书信形式向被申请人父母保证婚后不歧视被申请人。2000 年 4 月 5 日，申请人与被申请人双方到婚姻登记机关进行结婚登记。2006 年 5 月 25 日抱养一女，取名蒋某玖，一直随申请人生活。2010 年一月，申请人外出打工，因被申请人无自主生活能力，被送回其娘家生活至今。2011 年 5 月 4 日，被申请人徐某在平顶山精神病医院进行诊断，认定为“病控性精神病”。蒋某在外地打工期间结识一女子，两人感情甚好，蒋某便想宣告与徐某的婚姻无效，遂向法院提出婚姻无效的申请。

【问题】

申请人蒋某在明知被申请人徐某患有疾病的情况下与其结婚，是否可以认定婚姻有效?

【基本原理】

结婚制度是婚姻家庭制度的重要组成部分，通过结婚可以在毫无关系的两个人之间确立夫妻关系。但是结婚不仅仅是男女当事人之间的大事，还关系到民族的健康、社会的稳定、经济的发展和人类自身的生存与发展。自阶级社会形成以来，通过法律的手段规范婚姻的成立，是大部分国家法律制度的一项重要内容。每个国家都应当从本国的实际情况出发，制定与本国的国情相对应的结婚制度。

一、结婚制度概述

（一）结婚的概念和特征

结婚，又称为婚姻的成立或婚姻的缔结，是指男女双方依照法律规定的条件和程序，确立夫妻关系的一种民事法律行为。结婚有广义和狭义之分。广义的结婚不仅包括夫妻关系的确立，也包括婚约的订立。狭义的结婚仅指男女双方按照法律的条件和程序确立夫妻关系的行为，不包括婚约的订立。古代社会多采用广义说，强调婚约的重要性，近现代社会多采用狭义说，婚约不具有法律上的约束力。我国现行《婚姻法》没有规定婚约，不承认婚约的效力。

结婚行为具有以下三个特征：第一，结婚行为的主体是男女两性。婚姻关系的产生，是以两性的生理差别为基础的，人类性的本能和自身的繁衍是婚姻之所以存在的意义。虽然有些国家承认了同性婚姻，但同性婚姻毕竟不具备婚姻的自然属性——繁衍后代的功能，因此，我国《婚姻法》只认可男女两性的婚姻。第二，结婚行为是一种民事法律行为。准备结婚的男女必须依照法律规定的条件和程序进行，否则不发生婚姻的效力。由于结婚是民事法律行为，因此，结婚的当事人还必须具备相应的民事行为能力。第三，结婚行为的后果是确立夫妻关系。男女双方因结婚而确立了夫妻身份，互为配偶，相互享有和承担法律规定的权利和义务。夫妻关系一旦确立后，未经法定程序，不得随意解除。

（二）结婚的要件

结婚是一种法律行为，必须具备法定的要件。在法律中规定结婚的要件，实质上是国家对婚姻的成立进行干预、审查和监督的一种方式。由于各个国家的国情、传统、政治制度、经济制度不同，对于结婚要件的规定也有很大的差别。根据各国的婚姻立法，可以将结婚要件分为以下三类：

1．实质要件和形式要件

实质要件是指法律规定的关于结婚当事人本身即双方之间关系所要符合的条件。例如，双方当事人须有结婚的合意；要达到法定结婚年龄；须无禁止结婚的疾病；须无禁止结婚的亲属关系等。各国法律对婚姻的成立也规定了相应的程序及方式，这种程序就是结婚的形式要件。不同国家确认的结婚程序及方式有所不同，大体可以分为仪式制、登记制和登记与仪式结合制三种类型。我国采用的是登记制。

2．必备要件和禁止要件

结婚的实质要件可以分为必备要件和禁止要件。必备要件又称积极要件，是指结婚当事人双方必须具备的不可或缺的条件。如需双方合意，须达到法定婚龄等。禁止要件又称消极要件或婚姻障碍，是指法律规定禁止结婚的情形。如一定范围内的亲属不得结婚；患有某种不适宜结婚的疾病者不得结婚等。

3．公益要件和私益要件

西方很多国家将结婚要件划分为公益要件和私益要件。公益要件是指结婚条件中与社会公共利益相关的要件，如当事人须达到法定婚龄、禁止重婚、禁止近亲属结婚等。私益要件是指仅与当事人及其亲属的私人利益相关的要件。如结婚须有当事人双方的合意；有些国家的未成年人结婚须取得法定代理人的同意等。

在我国婚姻家庭法学中，将结婚的实质要件称为结婚条件，包括必备要件和禁止要件；结婚的形式要件称为结婚程序。我国婚姻的成立实行的是登记制，只有办理了结婚登记的婚姻才是合法有效的婚姻。

（三）结婚制度的历史沿革

结婚制度始于个体婚制，是随着原始社会末期私有财产的出现而出现的，并随着社会的发展而呈现出不同的形式。以下将按照历史发展顺序对几种主要的结婚形式进行介绍。

（1）掠夺婚。即抢婚，是指男子以暴力掠夺女子为妻的婚姻。这种结婚形式出现于对偶婚制向一夫一妻制过渡的时期。它反映了人类婚姻由母权制向父权制过渡的历史。我国西南地区有些少数民族仍保留着抢婚的习俗，但抢婚仅是一种形式。通常，抢婚仪式之前男女双方已就结婚达成了合意。

（2）有偿婚。有偿婚是个体婚形成初期的结婚方式之一，是指以男方向女方或其父母支付某种代价作为结婚条件的婚姻。这种有偿婚是把女子当作货物，由男方用财物或劳力来换取的婚姻，因此，女子在婚姻中的地位较低。根据男方支付代价的不同，又可以分为三种形式：①买卖婚。买卖婚是指男方向女方支付一定的金钱或财产作为身价而成立的婚姻，其盛行于私有制的各个时代，是中国古代普遍通行的嫁娶方法。相传“伏羲制嫁娶，以俪皮①为礼”，实则开买卖婚之先河。②互易婚。互易婚也称交换婚或换亲，即双方父母各以其女交换为子妇或男子各以其姐妹交换为妻的婚姻。交换婚实质上是买卖婚的变相形式，其特点就是以人作为给付的代价，以人易人。③劳役婚。劳役婚是指男方向女方家庭提供一定量的劳役作为结婚条件而成立的婚姻。劳役婚的成因一般是男方家既无钱财又无姐妹，只能提供一定的劳动作为娶妻的交换条件。这种以力代财的方式，仍然带有有偿婚的性质。

（3）聘娶婚。是指男方家庭向女方家庭支付一定数量的聘财作为结婚条件而成立的婚姻，是一种世俗的仪式婚，有严格的礼仪程序。我国的聘娶婚源于西周时期的“六礼”，即纳采、问名、纳吉、纳征、请期、亲迎六个步骤。至唐朝时，更以律法的形式将“六礼”上升为法律规定。因此《礼记》有云：“六礼备，谓之聘；六礼不备，谓之奔。”六礼程序为：①纳采，取“纳其采择”之意，是指男方遣媒人向女方家提亲，女方经过斟酌应允之后，男方才能备礼贽见。②问名，即男方遣媒人到女方家问明女子的名字、生辰八字，以便“卜其吉凶”。③纳吉，即男方将女子的名字、生辰八字取回后，在宗庙进行占卜。卜得吉兆后，备礼通知女方家，决定缔结婚姻；如果不吉，则终止议亲。④纳征，又称纳币，即男方家给女方家送聘礼，女方家接受聘礼，“婚姻之事于是定”，产生人身约束力。纳征是最重要的一个步骤，也是“六礼”的核心所在。⑤请期，即男家择定婚期，备礼告知女方家，在形式上商请女方家同意。⑥亲迎，即新郎亲自到女方家迎娶新娘，履行一定仪式后，婚礼告成。亲迎是我国古代夫妻关系确立的基本依据。“庙见”之后，女方便成为男方宗族的正式成员。“六礼”程序后来有所变通，但仍为聘娶婚，是一种变相的买卖婚姻，但缔结婚姻有了严格的程序要求。

---

① 俪皮是指成对的鹿皮。

（4）宗教婚。在古代，大多数以宗教立国的国家都用宗教经典规范人们的结婚行为，并规定了一定的结婚仪式，这便是宗教婚。在欧洲中世纪，基督教的宗教婚盛行于欧洲各国，至今仍有极大的影响。中世纪，基督教的教会法在调整婚姻家庭关系方面具有很大的权威。当时的基督教认为婚姻是神作之合，结婚须向当地教会申请，婚事要经过教会公告，举行婚礼时必须由神职人员主持并当着神职人员的面举行宣誓仪式，否则婚姻不能有效成立。教会法除了为婚姻的成立规定了宗教仪式之外，也规定了婚姻成立应当具备的条件，如双方合意等。随着欧洲中世纪的结束以及宗教改革的进行，宗教婚逐渐被法律婚所取代，但宗教婚的影响力至今仍未消除。

（5）共诺婚。共诺婚又称为自由婚或契约婚，是指依照民事方式，经过男女双方意思表示一致而成立的婚姻。欧洲中世纪末期的宗教改革直接导致了婚姻还俗运动，欧洲各国相继肯定了法律婚的地位，只要男女双方达成合意，就可以依据法律成立婚姻，即共诺婚。共诺婚是以契约说作为其理论基础的，婚姻既然为契约，当然须以双方意思表示一致为成立条件。共诺婚的出现是婚姻发展史上的一个极大的进步，它还婚姻以世俗的面目，并使得婚姻的自主权由父母手中归还给了当事人，使当事人享有自主支配自己婚姻的权利。

二、婚约

婚约是指男女双方以将来结婚为目的所订立的事先约定。订立婚约的行为称为订婚，订立婚约的当事人双方具有未婚夫妻的身份。关于婚约的性质，西方法学界有两种见解。一种是契约说，认为婚约是作为本约的结婚契约的预约，虽然不得强制履行，但无正当理由而不履行者要承担违约责任；另一种是非契约说，婚约是民事行为，而不是独立的契约，婚约不是契约之债。因此，任何人不得凭借婚约提起结婚之诉，在婚约中约定不履行的违约金也归无效，违反婚约将产生侵权行为之债。德国民法典采用这种学说。社会主义国家的婚姻法，如苏联及东欧的社会主义国家，均未对婚约作出规定，我国《婚姻法》也没有规定婚约的内容。

（一）婚约的历史类型

婚约在历史上大致经历了两个发展阶段：早期型婚约和晚期型婚约。

1. 早期型婚约

有偿婚出现后，男方须向女方家支付一定的代价才能缔结婚姻，婚约由此开始。在奴隶社会和封建社会，婚约是结婚的必经程序，具有法律约束力。但早期型婚约的订立主体不是婚姻当事人，而是男女双方的父母，婚姻当事人在订立婚约上没有任何自由意志。婚约订立后双方不得反悔，无故毁约的，将受到法律制裁。在我国古代订婚后又毁约的性质很严重，如唐律中规定毁约的一方要追究刑事责任，可能处杖刑、徒刑。罗马法也规定，订婚后无故毁约的，须负赔偿责任。欧洲中世纪的教会法则规定，对违反婚约者应给予宗教上的处罚。

2. 晚期型婚约

进入近现代以后，婚约较早期有了很大的变化，无论法律对订立婚约是否有规定，婚约都不再具有法律效力。晚期型婚约具有以下特点：第一，订立婚约不再是结婚的必经程序。是否订立婚约，由当事人自主决定。有些国家在法律中规定了婚约，但并不要求当事人在结婚前必须订立婚约，婚约只是可供当事人自由选择的一个程序。有些国家则在立法上取消了关于婚约的规定，当事人可以订立婚约，但婚约不受法律保护。第二，订立婚约的主体由原来的家长变更为拟结婚的男女双方，只要经过男女双方合意即可订立婚约。但是当订立婚约的双方当事人是未成年人时，则须取得法定监护人的同意，其目的在于保护未成年人的合法权益。第三，婚约不再具有人身约束力，当事人一方或双方可随时解除婚约。婚约不得强制执行，不得基于婚约诉请结婚。但是，因解除婚约而引起的财产纠纷应予以妥善解决。双方解除婚约的，可能会因此而产生财产上或精神上的损害赔偿以及赠与物的处理问题。一般情况下，婚约解除之后，双方基于婚约而赠与对方的财物应当返还，至于因解除婚约而造成的实际财产损失，各国规定不尽相同。有的国家认为应当追究违约责任，有的国家认为过错方负有赔偿责任。某些国家对于因一方过错而解除婚约造成另一方精神损害的，在法律上也赋予无过错方请求赔偿的权利，如墨西哥、秘鲁、瑞士等国家。

（二）我国对婚约的态度及处理原则

我国《婚姻法》中对婚约的内容没有作出规定，订婚不再是婚姻成立的必经程序，法律既不提倡订婚，也不禁止，是否订立婚约由当事人双方自行决定。即使双方订立婚约，婚约也没有法律效力，法律对婚约不予保护，不强制履行。只有双方完全自愿才能履行婚约；如果一方要求解除婚约，只需向对方作出意思表示即可，无须征得对方的同意，也无须经过法定的诉讼程序。因一方过错导致婚约解除，无过错方无权要求过错方赔偿因不履行婚约所遭受的损失。但是解除婚约，往往会引起当事人之间的财物纠纷，该纠纷则属于民法调整的财产关系的范畴，当事人诉至法院的，人民法院应当受理。现实生活中因解除婚约而导致的财产纠纷有多种情况，应区别对待：

（1）对属于包办买卖性质的订婚所收受的财物，应依法没收或酌情返还。

（2）对以订婚为名诈骗钱财的，原则上财物应归还受害人；实施诈骗行为，构成犯罪的，依法追究其刑事责任。

（3）对双方或单方以结婚为目的的实施的财物赠与行为，应当与一般的以价值转移为目的的赠与行为不同。婚约期间的赠与行为是为了促使婚约的履行，保证结婚目的的实现而为之。因此，对于这种附条件的赠与行为，在目的不能实现时，赠与人有权要求受赠方返还赠与物。但是须返还的赠与物，一般以价值较大且属于非消耗品为前提，已消耗的赠与物，不得请求返还。

（4）当事人一方按照习俗将彩礼交付对方的行为，如果婚约解除，一方请求返还已给付的彩礼的；如果查明双方未办理结婚登记手续的，人民法院应当予以支持。婚前给付彩礼的行为在我国大部分地区仍盛行，尤其在农村地区盛行，彩礼已经成为男女双方确立恋爱关系的一种象征。因此，彩礼的给付往往是基于当地的风俗习惯，是以结婚为目的的给付行为。如果双方解除婚约，不能结婚，彩礼理所应当退还支付的一方。

法条链接

《关于适用〈婚姻法〉若干问题的解释（二）》第十条：当事人请求返还按照习俗给付的彩礼的，如果查明属于以下情形，人民法院应当予以支持：（一）双方未办理结婚登记手续的；（二）双方办理结婚登记手续但确未共同生活的；（三）婚前给付并导致给付人生活困难的。

适用前款第（二）、（三）项的规定，应当以双方离婚为条件。

三、结婚的条件

结婚的条件是指结婚要具备的实质要件，是国家要求公民为结婚行为所必须具备的条件，包括应当具备的条件和禁止结婚的条件。我国《婚姻法》第五、六、七条就结婚条件作了规定。

（一）结婚的必备条件

结婚的必备条件也称结婚的积极要件，是指当事人结婚时必须具备的法定条件。根据我国婚姻法的规定，结婚必须具备以下三个条件。

1．*必须男女双方完全自愿*

《婚姻法》第五条规定："结婚必须男女双方完全自愿，不许任何一方对他方加以强迫或任何第三者加以干涉。"这一规定是婚姻自由原则在结婚制度中的具体体现，它要求双方当事人在结婚问题上意思表示完全一致。具体而言，只要是在法律允许的范围内，当事人是否结婚，与谁结婚，是当事人自己的事情，只要双方达成合意即可。无论任何人，包括双方父母，都不得干涉他人结婚的行为。男女双方完全自愿包含以下内容：

（1）男女双方完全自愿的前提是男女双方都应当具备表达自愿的能力，也就是说，双方当事人应当具备结婚的行为能力。如果当事人一方或双方是无民事行为能力人，显然不可能作出结婚的真实意思表示，当然也无从做到男女双方完全自愿。譬如未达法定婚龄的人、因患有精神病而丧失行为能力的人作出的同意结婚的意思表示就是无效的，因为这一类人尚无法正确理解结婚的意义及后果。

（2）男女双方完全自愿，强调了三个方面的内容：首先，强调的是双方的自愿行为，如果是一方一厢情愿想与对方结婚，不属于双方完全自愿，任何一方不得强迫对方与其结婚；其次，男女双方完全自愿，强调的是男女双方本人自愿，而不是双方父母或其他人的自愿，因此，可以排除第三方对当事人的包办强迫行为；再次，双方完全自愿还强调了完全同意的含义，不是勉强同意，无须受外界的任何影响。

（3）男女双方完全自愿，这种自愿应当是男女双方真实的意思表示。现实生活中，可能由于某种客观上的和主观上的原因使得当事人不能真实地表达自己的意愿。譬如当事人遭到对方的恐吓、胁迫而被迫同意结婚的情况，这种作出同意结婚的意思表示就不真实，因而也不具有法律效力，受胁迫的一方当事人在一定时间内可以请求撤销该婚姻。

（4）男女双方完全自愿，是指双方当事人就结婚问题达成一致意见，而当事人的合意通常应当符合法定的方式，这是现代世界各国法律的共同要求。例如，有的国家规定，男女双方的合意须在主管结婚机关或官员面前作出意思表示；有的国家规定，除在主管结婚机关作出意思表示外，还必须有两个证人在场；有的国家则规定，须双方填写"结婚申请书"以表示同意。在我国，要求双方当事人应当亲自到婚姻登记机关申请结婚，由婚姻登记机关依法予以确认。除此之外的其他场所表示的结婚合意，都不具有法律效力。

2．*必须达到法定婚龄*

法定婚龄，又称适婚年龄，是指法律规定的最低结婚年龄，当事人双方的年龄只有在该年龄之上才能结婚，不达该年龄，不得结婚。男女双方结婚须有结婚的行为能力，而达到法定婚龄的才可能具备结婚能力。结婚是一种特殊的民事法律行为，将引起一系列的法律后果，也直接影响着人口的再生产。因此，当事人不但要具备相应的民事行为能力，还应当达到法定婚龄，具备结婚的行为能力才能结婚。结婚虽然是个人行为，但婚姻关系的自然属性和社会属性都要求行为人必须达到一定的年龄，古今中外的法律莫不对此作出规定。我国《婚姻法》第六条明确了结婚的年龄："结婚年龄，男不得早于22周岁，女不得早于20周岁。晚婚晚育应予鼓励。"

（1）法定婚龄的立法依据。确定法定婚龄的依据主要有两方面：自然因素和社会因素。自然因素，即人的生理、心理发育情况和智力成熟情况以及该国的地理、气候条件。只有当男女双方身心基本发育成熟时，才能履行结婚的义务。人类自身的身心发育往往会受到一个国家的地理、气候条件的影响。通常，热带地区的人较寒带地区的人发育要早，自然其法定婚龄也较低；而寒带地区的人因发育较晚，其法定婚龄也相对较高。社会因素也是影响法定婚龄的一个重要因素。社会因素即一个国家在一定时期的政治、经济发展状况、人口状况及其发展速度、历史传统以及民族的风俗习惯等。在不同的国家、不同的历史时期、不同的社会环境下，法定婚龄也有所不同。例如，在我国古代改朝换代之初，由于战事频仍，医疗水平也相对较低，建立新朝代后往往多鼓励早婚早育，以促进人口的发展。我国现阶段人口增长过快，因此，在确定法定婚龄时也要考虑我国人口的现状。

世界各国关于法定婚龄的立法情况都要符合本国的政治、经济、文化发展状况以及人口的发展情况，但总体来说，法定婚龄呈逐渐提高的趋势。有些国家的法定婚龄低于成年年龄，在这些国家，有些人虽达到法定婚龄但不具备完全民事行为能力，结婚时须征得其法定代理人的同意。

（2）我国现行的法定婚龄。我国现行的法定婚龄在1950年《婚姻法》的基础上，男女双方各提高了两岁。我国的法定婚龄与世界各国相比较，属于高法定婚龄，但是这种规定完全符合我国现阶段的实际情况。既考虑了男女双方的生理和心理发展状况，又考虑到我国人口基数大，人口增长速度快的现实情况，兼顾了公民个人利益和社会公共利益。当事人双方要求结婚，必须达到法定婚龄。如果有一方未达到法定婚龄，在登记时弄虚作假，如用他人户口簿骗取结婚证的，当事人或利害关系人有权向法院申请婚姻无效，但申请时当事人已达到法定婚龄的，则不予支持。

（3）提倡晚婚晚育。法定婚龄是结婚年龄的下限，而不是结婚的最佳年龄，也不是必须结婚的年龄。达到法定婚龄，只是具备了结婚的生理条件，但对于组建家庭、为人父母的心理准备未必充足，物质条件也不一定具备，加之我国的人口现状，我国在立法上提倡、鼓励晚婚晚育。所谓晚婚，是指男25周岁、女23周岁以上结婚。晚育，是指女方24周岁以后生育第一胎。从效力来看，法定婚龄是法律的强制性规定，本国公民都必须遵守，而晚婚年龄则是一种鼓励性的措施，不具有强制性。在实践中不能用晚婚年龄代替法定婚龄限制公民结婚，但同时也要大力提倡晚婚晚育。

3．必须符合一夫一妻制

现行《婚姻法》在"结婚"一章关于结婚的条件中并未规定要符合一夫一妻制，但是结合我国婚姻法的基本原则以及无效婚姻的规定，"必须符合一夫一妻制"的规定理所应当属于结婚的必备条件。一夫一妻制要求结婚的男女双方当事人必须单身，双方都是无配偶的人才可以结婚。如果一方已婚且没有解除该婚姻关系，则不得与他方结婚，否则构成重婚。重婚是婚姻无效的原因之一。

（二）结婚的禁止条件

结婚的禁止条件又称结婚的消极要件，也称婚姻的障碍，是指法律不允许结婚的情况。根据我国婚姻法的规定，两类人禁止结婚：一定范围内的血亲和患有一定疾病的人。

1. 禁止结婚的血亲关系

禁婚亲是指法律规定禁止结婚的亲属。从广义上说，不仅包括一定范围的血亲，有些国家还包括法律规定的姻亲。禁止一定范围的亲属结婚，是各国法律的通制。

（1）禁婚亲的立法依据。之所以要限制一定范围内的血亲结婚，主要是基于以下三个方面的考虑：一是自然规律的要求。在古代社会，科学技术不发达，遗传学、优生学尚未产生，但人们从长期的实践生活中发现血缘相近的人结婚，会影响种族的繁衍和后代的健康。《左传》中有言“男女同姓，其生不蕃”就包含了这个道理。二是伦理道德的要求。近亲结婚有碍于社会善良风俗，有悖于伦理教化，有碍于人类长期形成的婚姻家庭之伦理道德，容易造成亲属身份上的紊乱。有些国家禁止一定范围内的姻亲结婚，就是基于伦理道德的要求。三是优生学、遗传学的要求。随着科学的发展，遗传学和优生学的出现为禁婚亲提供了科学依据。根据优生学及遗传学的原理，夫妻如果血缘关系太近，容易将生理和精神上的缺陷遗传给下一代，贻害后代的健康，影响人口的素质及人类的发展。

（2）禁婚亲的范围。各国立法都禁止直系血亲通婚，但对于旁系血亲的禁婚范围则有所不同，关于姻亲的禁婚，各国规定也大相径庭。根据我国《婚姻法》第七条的规定，直系血亲和三代以内的旁系血亲禁止结婚。直系血亲，是指所有的直系血亲，不论代数，均不得通婚。三代以内的旁系血亲的范围包括以下三类：第一，兄弟姐妹之间，包括同父同母的全血缘的兄弟姐妹和同父异母或同母异父的半血缘的兄弟姐妹。他们是同源于父母的两代以内的旁系血亲。第二，堂兄弟姐妹、表兄弟姐妹之间，他们是同源于祖父母或外祖父母的同辈分的三代以内的旁系血亲。第三，叔伯与侄女、姑与侄子、舅与外甥女、姨与外甥之间，他们是同源于祖父母或外祖父母的不同辈分的三代以内的旁系血亲。我国《婚姻法》禁止三代以内的旁系血亲通婚，主要是禁止表兄弟姐妹之间的通婚。表兄弟姐妹之间的婚姻又叫中表婚①，我国长期盛行。由于当时的通婚圈范围较小，加之同姓不婚、亲上加亲的宗法观念，一些家庭便选择异姓近亲作为最佳的婚配对象。但是中表婚的男女双方容易携带相同的病态基因，后代再现该疾病的风险高，对后代的健康有着极大的影响。我国明清时期已经意识到这个问题，因此一度在法律上禁止中表婚，但后来终因“习俗已久，莫能更易”而解禁。我国1950年《婚姻法》也没有禁止中表婚，因中表婚的习俗由来已久，禁止中表婚的条件不够成熟，直至1980年《婚姻法》才增加了禁止三代以内旁系血亲结婚的规定，一直沿用至今。《婚姻登记条例》第六条规定：“属于直系血亲或者三代以内旁系血亲的”，

① 中国古代称父亲的姐妹（姑）的子女为外兄弟姐妹，称母亲的兄弟（舅）、姐妹（姨）的子女为内兄弟姐妹。外为表，内为中，故外兄弟姐妹与内兄弟姐妹又称“中表兄弟姐妹”。后称同姑、舅、姨的子女通婚者，为“中表婚”。

婚姻登记机关不予登记。即使利用欺骗手段取得结婚登记，禁婚亲也是婚姻无效的原因之一，并且不会随着时间而发生改变。

（3）拟制血亲间的通婚问题。有许多国家在立法中明文禁止法律拟制的直系血亲之间的通婚，但我国婚姻法对拟制血亲间的通婚问题未作规定。目前，实践中的做法是，禁止法律拟制的直系血亲之间通婚，否则不符合婚姻伦理道德的要求。此外，我国《婚姻法》第二十六、二十七条规定了养父母与养子女、继父母和受其抚养教育的继子女之间的权利和义务，适用本法对父母子女关系的规定。因此，尽管《婚姻法》没有明确禁止拟制的直系血亲之间的通婚，但是依照该规定，拟制的直系血亲等同于父母子女关系，因而也适用法律关于禁止结婚的规定。至于法律拟制的旁系血亲之间，只要不是三代以内的旁系血亲，无论辈分相同或不同，均不在禁止结婚的范围之内。

法条链接

《婚姻法》第二十六条：国家保护合法的收养关系。养父母和养子女间的权利和义务，适用本法对父母子女关系的有关规定。养子女和生父母间的权利和义务，因收养关系的成立而消除。

第二十七条：继父母与继子女间，不得虐待或歧视。继父或继母和受其抚养教育的继子女间的权利和义务，适用本法对父母子女关系的有关规定。

（4）姻亲间的通婚问题。有些国家禁止姻亲结婚，主要是受到婚姻家庭伦理道德的约束。有很多国家禁止直系姻亲之间通婚，如禁止公公和儿媳、岳母和女婿之间的通婚，因为这种结合不但有违人伦道德，而且还可能使辈分错位，引起亲属关系上的错乱。现实生活中，这类关系类似于父母子女关系，所以，虽然我国《婚姻法》中并没有明文禁止，但依据伦理道德的要求，以限制结婚为宜。至于旁系姻亲之间，只要没有法律禁止结婚的血缘关系，则可以通婚。

法条链接

最高人民法院中南分院于1953年7月14日作出的《关于“公公与媳妇”、“继母与儿子”等可否结婚问题的复函》规定：关于没有婚姻关系存在的公公与媳妇、继母与儿子、叔母与侄、子与父妾、女婿与岳母、养子与养母、养女与养父等可否结婚，婚姻法对于这些人之间虽然无禁止结婚的明文规定，为了照顾群众影响，以及防止群众思想不通，因而引起意外事件的发生，最好尽量说服他们之间不要结婚；但如果双方态度坚决，经说服无效时，为免发生意外，当地政府也可斟酌具体情况适当处理（如劝令他们迁居等）。

2. 禁止患一定疾病的人结婚

《婚姻法》第七条规定：“患有医学上认为不应当结婚的疾病”的，禁止结婚。该规定是为了防止和避免疾病的传染和遗传，一方面，患病一方可能会将传染病传染给对方，不利于对方的身心健康；另一方面，患有遗传性、传染性疾病的患者结婚生子，不符合优生法则，会给子女后代造成不幸，也不利于整个民族，乃至整个人类的发展。综观世界各国立法例，禁止结婚的疾病大都分为两类：一类是精神方面的疾病，包括精神病、痴呆症等。患有这一类疾病的人通常是无民事行为能力人，不能正确理解自己行为的性质及后果，不具有承担夫妻间权利和义务的能力，并有将精神上的疾病遗传给后代的可能。另一类是身体方面的疾病，主要是指那些足以危害到对方和下一代健康的重大不治的传染性疾病或遗传性疾病。

我国《婚姻法》对于哪些疾病属于禁止结婚的疾病只作了概括性规定。因为随着医学的进步，一些不宜结婚的疾病将会被治愈，但同时又会发现一些新的不宜结婚的疾病，因此，《婚姻法》没有具体列举患有哪些疾病的人应当禁止结婚。目前，实践中确定的禁止结婚的疾病主要是依据《中华人民共和国母婴保健法》和《中华人民共和国传染病防治法》的相关规定。我国《母婴保健法》第八条规定："婚前医学检查包括对下列疾病的检查：①严重遗传性疾病；②指定传染病；③有关精神病。经婚前医学检查，医疗保健机构应当出具婚前医学检查证明。"第三十八条规定："指定传染病，是指《中华人民共和国传染病防治法》中规定的艾滋病、淋病、梅毒、麻风病以及医学上认为影响结婚和生育的其他传染病。严重遗传性疾病，是指由于遗传因素先天形成，患者全部或者部分丧失自主生活能力，后代再现风险高，医学上认为不宜生育的遗传性疾病。有关精神病，是指精神分裂症、躁狂抑郁型精神病以及其他重型精神病。"据此，在我国医学上认为不应当结婚的疾病包括三类：严重遗传性疾病、指定传染病和有关精神病。另外，《母婴保健法》第九条规定："经婚前医学检查，对患指定传染病在传染期内或者有关精神病在发病期内的，医师应当提出医学意见；准备结婚的男女双方应当暂缓结婚。"

防止患有特定疾病的人结婚，最有效的办法是进行婚前健康检查。1994 年《婚姻登记管理条例》第九条规定："在实行婚前健康检查的地方，申请结婚登记的当事人，必须到指定的医疗保健机构进行婚前健康检查，向婚姻登记管理机关提交婚前健康检查证明。"按当时的规定，只要实施婚前医学检查的地区，就要进行强制婚检，即对男女双方进行常规体格检查和生殖器检查，以便发现疾病，保证婚后的婚姻幸福及下一代的身体健康。2003 年《婚姻登记条例》修改后，并不要求办理结婚登记的居民提供婚前健康检查证明。虽然不再实行强制婚检，但是由于婚检对于减少下一代的健康隐患有着极其重要的作用，很多地区仍大力推行婚前健康检查制度，甚至推出免费婚检制度，其目的是检查结婚当事人是否患有医学上认为不应当结婚的疾病，从而减少出生缺陷，提高人口健康素质。

对有生理缺陷而不能发生性行为的人，是否属于禁止结婚的情形呢？我国 1950 年《婚姻法》第五条规定："有生理缺陷不能发生性行为者禁止结婚。"现行《婚姻法》则无此规定，也就是说，现在的立法并没有禁止这类人结婚。在我国禁止结婚的疾病是指"医学上认为不应当结婚的疾病"，有生理缺陷不能发生性行为的，不属于禁止结婚的情形。因为这种缺陷既无传染性，也无遗传性，对当事人双方的健康并无影响。如果当事人双方互相知情而且自愿结合，则该行为对本人和社会均无危害，因此法律没有禁止其结婚的必要。但是，对于在结婚登记时一方隐瞒事实真相，另一方在婚后才发现，并据此要求离婚的，应认定夫妻感情破裂并准予离婚。

四、结婚的程序

（一）结婚程序的概念及类型

结婚的程序又称结婚的形式要件，是法律规定婚姻成立所必须采取的形式，是相对于实质要件而言的。大多数国家都规定婚姻的成立必须履行法定的程序才有效，但是仍有少数国家承认事实婚姻，也就是当事人只要有共同生活的意愿和事实即可成立婚姻，无须通过任何法律程序。在采取要式婚姻的国家中，对婚姻形式要件的规定也不尽相同，主要的类型有：

1. 登记制

登记制是指依法办理结婚登记的结婚制度。通常，缔结婚姻的当事人必须亲自到法律指定的国家机关申请结婚，接受婚姻登记机关的审查，并履行结婚登记手续，婚姻才告成立。登记制不像举行婚礼仪式那样烦琐，其简便易行的特点，有利于国家对婚姻行为进行管理和监督。因此，许多现代国家都采用了登记制。如我国、日本、德国等国家。

2. 仪式制

仪式制是指以举行结婚仪式作为婚姻成立的形式要件的结婚制度。仪式制主要有宗教仪式和世俗仪式，近代也出现了法律仪式。宗教仪式在有着政教合一历史的国家比较盛行，这是指结婚当事人必须按照其信仰的宗教的教规，在神职人员的主持下完成一定的宗教仪式，其婚姻才能成立。不同的宗教教规对婚姻的仪式有着不同的要求。如西班牙、希腊、伊朗等国家，宗教婚姻是唯一合法和有效的结婚方式。世俗仪式是指结婚当事人要按照民间习俗，在主婚人和证婚人的主持下举行结婚仪式，婚姻才告成立。我国古代的“六礼”程序是一种世俗仪式。法律仪式是指依据法律的规定，在政府官员的主持或参与下举行的结婚仪式，如瑞士。

3. 登记与仪式结合制

登记与仪式结合制既要求在婚姻登记机关办理结婚登记，又要求举行法定的结婚仪式，只有两个程序都完成后，婚姻才能成立的结婚制度。这种结婚制度既讲究结婚的严谨，又能兼顾国家对婚姻行为的管理和监督，但是程序较复杂，因此，采用这种制度的国家相对较少。如法国、罗马尼亚等国就是采取该制度。

另外，还有一些国家采取双轨制，结婚当事人可以在宗教仪式和民事登记方式中任选一种，都具有法律效力，如英国。

（二）我国的结婚登记制度

我国《婚姻法》第八条规定：“要求结婚的男女双方须亲自到婚姻登记机关进行结婚登记。符合本法规定的，予以登记，发给结婚证。取得结婚证，即确立夫妻关系。未办理结婚登记的，应当补办登记。”在我国，结婚登记是婚姻关系成立的唯一标准，不论当事人是否举行结婚仪式，双方是否同居生活，只要登记结婚，双方在法律上就互为配偶。

实行结婚登记，是国家对婚姻行为进行管理和监督的有效手段，也有利于保障婚姻自由、一夫一妻以及男女平等的婚姻制度的实施，可以更好地维护婚姻当事人的合法权益。通过男女双方亲自办理结婚登记可以有效防止包办、买卖婚姻以及重婚行为的出现。

1．我国的结婚登记机关

我国《婚姻登记条例》第二条规定："内地居民办理婚姻登记的机关是县级人民政府民政部门或者乡（镇）人民政府，省、自治区、直辖市人民政府可以按照便民原则确定农村居民办理婚姻登记的具体机关。"由此可知，在我国，办理结婚登记的机关主要是县级人民政府民政部门或乡（镇）人民政府。婚姻登记机关管辖的范围，原则上和当事人的户籍所在地相同。当事人双方户口在同一地区的，到共同的户口所在地的婚姻登记机关办理结婚登记；双方户口不在同一地区的，可以到任意一方的户口所在地的婚姻登记机关办理结婚登记。

法条链接

《婚姻登记条例》第四条规定："内地居民结婚，男女双方应当共同到一方当事人常住户口所在地的婚姻登记机关办理结婚登记。"

2．结婚登记的程序

依据我国《婚姻登记条例》的规定，结婚登记可以分为三个相关联的步骤：申请、审查和登记。

（1）申请。当事人自愿结婚的，双方都须亲自到其中一方户口所在地的婚姻登记机关申请结婚登记，办理结婚登记的当事人应当出具下列证件和证明材料：①本人的户口簿、身份证；②本人无配偶以及与对方当事人没有直系血亲和三代以内旁系血亲关系的签字声明。离过婚的申请再婚，还应当持相应的离婚证件，如离婚证、准予离婚的调解书或判决书。婚姻登记管理机关不得要求婚姻当事人提供《婚姻登记条例》规定以外的其他证件和证明材料，包括不得强迫婚姻当事人提供婚前健康检查证明。当事人应当如实提供以上证件及证明材料，不得弄虚作假。

（2）审查。婚姻登记机关对当事人提出结婚的申请，应当进行审核和检查。婚姻登记机关应当对当事人出具的证件、证明材料进行审查并询问相关情况，以确定当事人是否符合结婚的法定条件，了解双方当事人是否达到法定婚龄，是否具有结婚的意愿，是否有配偶，是否存在禁止结婚的亲属关系，是否有医学上认为不应当结婚的疾病，同时检查双方所带证件是否齐全。婚姻登记机关的登记员应当依法审查相关事项，恪尽职守。

（3）登记。婚姻登记机关对当事人双方请求结婚提供的证件和证明材料进行审查后，对于符合结婚条件的，应当当场予以登记，发给结婚证。对离过婚的，还应当同时注销其离婚证。如果双方当事人离婚后又打算复婚的，复婚登记适用结婚登记的规定。当事人办理结婚登记后，从取得结婚证起即确立夫妻关系，当事人互享并互负婚姻法所规定的权利和义务。至于当事人是否要按习俗举行婚礼，或者是否开始同居生活，并不影响双方在法律上的配偶关系。

经审查，发现办理结婚登记的当事人有下列情形之一的，婚姻登记机关不予登记：①未到法定结婚年龄的；②非双方自愿的；③一方或者双方已有配偶的；④属于直系血亲或者三代以内旁系血亲的；⑤患有医学上认为不应当结婚的疾病的。婚姻登记机关对当事人不符合结婚条件不予结婚登记的，应当向当事人说明理由。另外，我国

《婚姻登记条例》第九条规定："因胁迫结婚的，受胁迫的当事人依法向婚姻登记机关提供能够证明其受胁迫结婚的证明材料及身份证、结婚证，请求撤销其婚姻时，婚姻登记机关经审查认为受胁迫结婚的情况属实且不涉及子女抚养、财产及债务问题的，应当撤销该婚姻，宣告结婚证作废。"

婚姻登记机关颁发的结婚证是证明夫妻关系效力的证明书。在现实生活中，由于种种原因，会出现当事人遗失或损毁结婚证的情况。如果当事人需要继承配偶遗产或以夫妻身份申请出国探亲，需要证明夫妻关系的，当事人可以持户口簿、身份证向原办理婚姻登记的机关或者一方当事人常住户口所在地的婚姻登记机关申请补领。婚姻登记机关对当事人的婚姻登记档案进行查证，确认情况属实的，应当为当事人补发结婚证。

（三）事实婚姻

1. 事实婚姻的概念及其效力

事实婚姻是和法律婚姻相对应的，是指不符合婚姻成立的形式要件，但以夫妻名义同居生活的男女两性结合。事实婚姻与法律婚姻相比较，仅欠缺法律婚姻所要求的形式要件。一般来说，事实婚姻的当事人双方不但以夫妻名义同居生活，且以长期共同生活为目的，双方具有公开的夫妻身份，且为群众所公认。因此，事实婚姻有别于其他非婚同居的行为。

对于事实婚姻是否具有法律效力的问题，各国的态度不一。对于欠缺结婚的实质要件的事实婚姻，各国法律多认定为无效婚姻或可撤销婚姻，但是具备结婚的实质要件仅欠缺形式要件的事实婚姻，各国在其是否具有法律效力的问题上采取了不同的原则。[①] 这些原则主要有三种类型：一是不承认主义，即法律不承认事实婚姻的法律效力，双方当事人的关系等同于同居关系。二是承认主义，即法律承认符合结婚实质要件的事实婚姻具有法律效力，事实婚姻享有和法律婚姻相同的法律效力。三是相对承认主义，即法律为事实婚姻设定某些有效的条件，一旦条件具备，该事实婚姻即具有法律效力；不具备相应条件的，则不发生法律效力。通常法律设定的条件有：达到法定的同居年限；经过法院确认；补办法定手续等。

2. 我国对待事实婚姻的态度

在我国，由于受传统观念的影响，法制观念淡薄，人们对婚姻登记的重要性缺乏必要的认识，因而在某些地区，尤其是偏远的农村地区，认为只要依照习俗举办了婚礼，婚姻即告成立，致使事实婚姻长期、大量存在。而有些人因为不具备法定的结婚条件，也选择事实婚姻来规避法律的审查和监督。因此，事实婚姻对于我国推行婚姻自由、男女平等、一夫一妻制显然是一个障碍。但是鉴于新中国成立初期的实际情况，我们只能逐步地否定事实婚姻，否则对于婚姻当事人，尤其是妇女和子女的合法权益的保护将会极其不利。

新中国成立后，我国对待事实婚姻的态度经历了一个发展变化的过程，由最初的无条件承认到有条件承认再到不承认，最后到目前的相对承认，共经历了四个阶段。

第一个阶段：自新中国成立到1986年3月15日之间为无条件承认时期。在此期间，司法实践中承认符合结婚实质要件的事实婚姻的法律效力。新中国成立后，1953

① 我国所指的事实婚姻即指具备结婚的实质要件仅欠缺形式要件的事实婚姻。

年3月中央人民政府法制委员会在《有关婚姻问题的解答》中指出：1953年3月贯彻婚姻法运动以前的事实婚姻，仅欠缺结婚登记手续的，仍承认其夫妻关系的效力。1979年2月最高人民法院在《关于贯彻执行民事政策法律的意见》中规定："双方或一方不满婚姻法结婚年龄的婚姻纠纷，如未生育子女的，在做好工作的基础上应解除其非法的婚姻关系；对双方已满《婚姻法》结婚年龄的事实婚姻纠纷，应按一般的婚姻案件处理。"1989年11月21日最高人民法院在《关于人民法院审理未办理结婚登记而以夫妻名义同居生活案件的若干意见》中明确指出："1986年3月15日《婚姻登记办法》施行之前，未办结婚登记手续即以夫妻名义同居生活，群众也认为是夫妻关系的，一方向人民法院起诉"离婚"，如起诉时双方均符合结婚的法定条件，可认定为事实婚姻；如起诉时一方或双方不符合结婚的法定条件，应认定为非法同居关系。"据此来看，该时期对只缺欠结婚形式要件的事实婚姻是一律承认其效力的，与法律婚姻同等对待。

第二个阶段：1986年3月15日至1994年2月1日之间，是有条件承认时期。1989年11月21日最高人民法院在《关于人民法院审理未办理结婚登记而以夫妻名义同居生活案件的若干意见》中指出："人民法院对于未办结婚登记而以夫妻名义同居生活的，基于这类'婚姻'关系形成的原因和案件复杂的具体情况，为保护妇女和儿童的合法权益，有利于婚姻家庭关系的稳定，维护安定团结，在一定时期内，有条件地承认其事实婚姻关系，是符合实际的。"并对此类案件的审理提出了具体意见：1986年3月15日《婚姻登记办法》施行之后，未办结婚登记手续即以夫妻名义同居生活，群众也认为是夫妻关系的，一方向人民法院起诉"离婚"，如同居时双方均符合结婚的法定条件，可认定为事实婚姻关系；如同居时一方或双方不符合结婚的法定条件，应认定为非法同居关系。由此可见，这个时期承认事实婚姻的前提是双方在同居之初均符合结婚的法定条件，才可认定为事实婚姻关系。如果双方在同居时并没有符合结婚的实质要件，譬如未达到法定婚龄，则起诉离婚时双方即使已具备结婚的实质要件，譬如已满法定婚龄，也认为是非法同居关系。因此，这个阶段是有条件承认事实婚姻的阶段。

第三个阶段：1994年2月1日至2001年4月28日之间，是绝对不承认事实婚姻效力的时期。1994年2月1日民政部颁布的《婚姻登记管理条例》第二十四条规定："未到结婚年龄的公民以夫妻名义同居的，或符合结婚条件的当事人未经登记以夫妻名义同居的，其婚姻关系无效，不受法律保护。"最高人民法院在《关于适用新的〈婚姻登记管理条例〉的通知》中进一步明确指出："自1994年2月1日起，没有配偶的男女，未办结婚登记即以夫妻名义同居生活的，按非法同居关系处理。"此后一段时间，我国不再承认事实婚姻的法律效力，直到2001年《婚姻法》修正，明确未办理结婚登记的，应当补办登记为止。在此期间，所有事实婚姻均按照非法同居关系处理。虽然事实婚姻不再具有民事法律效力，但事实重婚行为仍然存在，依然危害着一夫一妻的婚姻制度。为了制裁这种行为，最高人民法院在1994年给四川省高级人民法院的批复中明确规定：有配偶的人与他人以夫妻名义同居生活的，或者明知他人有配偶而与之以夫妻名义同居生活的，仍应按重婚罪定罪处罚，即事实重婚的行为也认定为重婚罪。

第四个阶段：2001年4月28日以后是相对承认时期。2001年4月28日《婚姻法》修正后，其第八条规定："未办理结婚登记的，应当补办登记。"2001年12月27日施行的最高人民法院《关于适用〈婚姻法〉若干问题的解释（一）》第四条规定："男女双方根据婚姻法第八条规定补办结婚登记的，婚姻关系的效力从双方均符合婚姻法所规定的结婚的实质要件时起算。"从法理上分析，法律规定"补办"，显然认为其具有追溯力。因此，我国对待事实婚姻的态度取决于当事人自己的决定，只要符合结婚实质要件的事实婚姻的当事人补办结婚登记，其事实婚姻关系可以溯及既往合法化，得到承认与保护，从其具备结婚实质要件时就认为是合法有效的婚姻。当然，如果当事人没有补办结婚登记，则该事实婚姻仍按照同居关系来对待。

由此可见，我国对待事实婚姻的态度经历了一个曲折发展的过程，最终还是在具备一定的条件——补办登记的情况下接受了事实婚姻。《关于适用〈婚姻法〉若干问题的解释（一）》第五条细化了有关事实婚姻的规定："未按《婚姻法》第八条规定办理结婚登记而以夫妻名义共同生活的男女，起诉到人民法院要求离婚的，应当区别对待：1994 年 2 月 1 日民政部《婚姻登记管理条例》公布实施以前，男女双方已经符合结婚实质要件的，按事实婚姻处理；1994 年 2 月 1 日民政部《婚姻登记管理条例》公布实施以后，男女双方符合结婚实质要件的，人民法院应当告知其在案件受理前补办结婚登记；未补办结婚登记的，按解除同居关系处理。"

3．事实婚姻的法律后果

当事人双方属于事实婚姻关系且未补办结婚登记的，视为同居关系。当事人同居期间所得的财产，按照共同共有的原则处理；同居生活期间所生子女视为非婚生子女。根据我国《婚姻法》第二十五条"非婚生子女享有与婚生子女同等的权利，任何人不得加以危害和歧视"的规定，双方解除同居关系时，其子女抚养问题按照《婚姻法》关于婚生子女的相关规定办理。

五、无效婚姻和可撤销婚姻

2001 年修正的《婚姻法》第十、十一、十二条新增了关于无效婚姻和可撤销婚姻的规定，至此，我国婚姻法正式确立了婚姻无效制度。婚姻无效制度是结婚制度的重要组成部分，能够保护合法婚姻，预防和制裁违法婚姻，保障法律规定的结婚条件和程序的实施，保护善意当事人及其子女的合法利益。

（一）婚姻无效制度设立的必要性

婚姻无效制度自古以来就有。自人类社会出现婚姻制度后，合法性就成为婚姻的本质属性。不论哪个国家，不论在哪个年代都要通过立法手段为婚姻的成立设定各种要件，包括实质要件和形式要件，只有符合这些要件的男女两性结合，才为当时的社会制度所认可，才具有婚姻的法律效力。发展到今天，婚姻无效制度越来越完善，大多数国家除了规定无效婚姻之外，还规定了可撤销婚姻。我国的立法即是如此。

中外历史都不乏无效婚姻的规定。我国古代的礼和法对违法结合的婚姻效力也是予以否定的，律法中将违法结合的婚姻认定为违律嫁娶。《礼记》曰："六礼备，谓之聘；六礼不备，谓之奔。"在某些朝代甚至还要给予当事人刑事处罚。古巴比伦王国的《汉谟拉比法典》也有相关规定："倘自由民娶妻而未订婚约，则此妇非其妻"，即把事先未订立婚约的结合视为无效婚姻。在欧洲中世纪教会法时代，由于基督教教义禁止离婚，教会把无法共同生活的男女双方的婚姻基于一定理由宣告为无效婚姻，作为对禁止离婚的救济手段，由此也创立了近代的无效婚姻制度。近现代的西方国家大多采纳了教会法关于婚姻无效与撤销的理论，设立了婚姻无效制度。

我国当代的婚姻无效制度发展相对滞后。1950年和1980年的《婚姻法》都没有对婚姻的无效作出规定。1994年2月1日民政部发布的《婚姻登记管理条例》确立了我国婚姻无效制度的雏形，简单地规定了对无效婚姻的处理意见。直至2001年《婚姻法》修正后，才用三个条款确立了我国婚姻无效制度的基本内容，这是我国婚姻立法的一大进步。

我国设立婚姻无效制度主要是基于以下理由：

（1）完善结婚制度的内在要求。以婚姻为基础的家庭是社会的细胞，承担着多方面的社会职能。婚姻状况如何，不仅关系到当事人的利益，而且关系到子女、家庭和社会的利益。因此，婚姻法用法定的结婚条件和程序来规范人们的结婚行为，只有符合结婚的实质要件和形式要件的婚姻才具有法律效力。但是，对于欠缺婚姻成立要件的男女两性的结合，却没有明确其法律后果，这就使结婚制度处于不完整状态。婚姻法制度不完善，不利于对合法婚姻的保护和对违法婚姻的制裁。婚姻无效制度作为保障合法婚姻的有效手段，是结婚制度中不可或缺的内容，也是婚姻法中必不可少的部分。

（2）预防和制裁无效婚姻的有力手段。在现实生活当中，违法婚姻屡禁不止，虽然规定了结婚的条件和程序，但是，在没有婚姻无效制度的情形下，一些人对结婚的法律效力缺乏认识，造成早婚、近亲结婚、包办、买卖婚姻等违法婚姻大量存在，特别是在偏远的农村地区，这种情况更为普遍。如果确立了婚姻无效制度，司法机关在处理违法婚姻的时候便有了明确的法律依据，对于无效的婚姻人民法院应当宣告无效；对于可撤销的婚姻，当事人可以请求撤销。通过对违法婚姻的制裁，可以促使人们更好地遵守法律的规定。

（3）维护婚姻法的权威性和统一性的需要。设立该制度之前，人民法院对于本应宣布无效的婚姻都按离婚处理，以致违法婚姻解除的后果与合法婚姻解除的后果完全相同，违法婚姻与合法婚姻从法律上来说似乎没有区别。一些群众也认为“婚姻法遵守不遵守，后果都一样”，这显然不利于结婚法定条件和程序的贯彻执行。此外，在2001年《婚姻法》修改之前，人民法院对于申请结婚的当事人弄虚作假、骗取婚姻登记的案件按照离婚程序处理，但婚姻登记机关则根据1994年《婚姻登记管理条例》的规定撤销婚姻登记，并对当事人宣布婚姻关系无效。行政程序和诉讼程序的不统一，导致了我国婚姻法的不统一。因此，现实状况迫切要求增设无效婚姻制度，从而维护婚姻法的权威性和统一性。

我国现行《婚姻法》关于婚姻无效制度采取了无效婚姻与可撤销婚姻并行的双轨制，这比一律采取自始无效的单轨制有更大的优势。单轨制重视对违法婚姻及当事人的制裁，但难免忽视对无过错方和弱势一方的必要保护；而双轨制对违法婚姻实施区别对待，对那些违法性质严重，有悖于公序良俗或对现行婚姻制度造成重大冲击的，按照自始无效处理；对那些违法性质较轻的，则归可撤销婚姻的范畴。因此，双轨制更利于对相关当事人及其子女利益的保护。正是基于以上原因，我国的婚姻无效制度选择了无效婚姻与可撤销婚姻并行的双轨制。

（二）无效婚姻

无效婚姻是指不具备特定的结婚实质要件的男女结合，在法律上是不具有婚姻效力的。

1．婚姻无效的原因

根据我国《婚姻法》第十条的规定，婚姻无效的原因有：

（1）重婚的。重婚即有配偶者又与他人登记结婚或者与他人以夫妻名义同居生活的违法行为；

（2）有禁止结婚的亲属关系的。即婚姻当事人双方属于直系血亲或三代以内的旁系血亲；

（3）婚前患有医学上认为不应当结婚的疾病，婚后尚未治愈的。如果婚后该疾病已治愈，或者婚后才患上不适合结婚的疾病的，不属于无效婚姻的范畴；

（4）未达法定婚龄的。当事人申请宣告婚姻无效时，婚姻当事人的一方或双方仍未达到法定婚龄的，人民法院应当宣告婚姻无效。

当事人以上述事由之外的情形申请宣告婚姻无效的，人民法院应当判决驳回当事人的申请。当事人依据上述事由向人民法院申请宣告婚姻无效的，应以法定的无效原因存在为前提。申请时或起诉时，法定的无效婚姻的原因已经消失的，人民法院将不予支持。例如，结婚时，一方或双方未达法定婚龄，提出申请时，双方已达法定婚龄的；结婚时，一方患有禁止结婚的疾病，婚后已经治愈的；重婚的，其前一婚姻关系已依法解除，目前不存在重婚事实的；诸如此类，不能认定为无效婚姻。无效婚姻存在的原因消失后，再宣告婚姻无效，不但毫无意义，而且也不利于对婚姻当事人及其子女利益的保护。

2．宣告婚姻无效的请求权人

根据我国有关司法解释的规定，有权依据《婚姻法》第十条规定向人民法院就已办理结婚登记的婚姻申请宣告婚姻无效的主体，也就是宣告婚姻无效的请求权人，包括婚姻当事人及利害关系人。其中，利害关系人包括：①以重婚为由申请宣告无效的，为当事人的近亲属及基层组织。②以未到法定婚龄为由申请婚姻无效的，为未达到法定婚龄者的近亲属。③以有禁止结婚的亲属关系为由申请宣告婚姻无效的，为当事人的近亲属。④以婚前患有医学上认为不应当结婚的疾病，婚后尚未治愈为由申请宣告无效的，为与患病者共同生活的近亲属。

3．宣告婚姻无效的程序

我国宣告婚姻无效的机关仅限于人民法院，得依诉讼程序确认并宣告无效。根据《婚姻法》及相关司法解释，宣告婚姻无效时应注意以下几个问题：

（1）宣告婚姻无效，须由婚姻当事人或利害关系人向人民法院提出申请，或由婚姻当事人向人民法院起诉离婚，否则，宣告婚姻无效的程序无法启动。利害关系人申请人民法院宣告婚姻无效的，该利害关系人为申请人，婚姻关系当事人双方均为被申请人。夫妻一方死亡的，生存一方为被申请人。夫妻双方均已死亡的，不列被申请人。夫妻一方或者双方死亡后1年内，生存一方或者利害关系人依据《婚姻法》第十条的规定申请宣告婚姻无效的，人民法院应当受理。

（2）有关婚姻无效的规定属于强制性规范，不以婚姻当事人的意志为转移，因此，即使婚姻当事人起诉离婚，人民法院受理案件后，经审查确属于无效婚姻的，应当依法作出宣告婚姻无效的判决。人民法院审理当事人及利害关系人申请宣告婚姻无效的案件，对婚姻效力的审理不适用调解，经审查确属无效婚姻的，应当依法作出宣告婚姻无效的判决。原告如申请撤诉的，不予准许。有关婚姻无效的判决一经作出，即产生法律效力，不允许当事人上诉。

(3) 人民法院在审理无效婚姻案件时，涉及财产分割和子女抚养的，应当对婚姻效力的认定和其他纠纷的处理分别制作裁判文书。关于财产分割及子女抚养问题，可以调解。调解达成协议的，另行制作调解书。对财产问题和子女抚养问题的判决不服的，当事人可以上诉。

(4) 申请宣告婚姻无效的案件与离婚案件有所区别。人民法院就同一婚姻关系分别受理了离婚和申请宣告婚姻无效案件的，对于离婚案件的审理，应当待申请宣告婚姻无效案件作出判决后再进行。如果婚姻关系被确认为有效的，才可以继续审理离婚案件；如果婚姻关系被宣告无效后，涉及财产分割和子女抚养的问题，应当继续审理。

(5) 属于无效婚姻的，人民法院依法宣告婚姻无效并收缴双方的结婚证书。人民法院根据当事人的申请，依法宣告婚姻无效的，应当收缴双方的结婚证书并将生效的判决书寄送当地婚姻登记管理机关。婚姻登记机关收到人民法院宣告婚姻无效或者撤销婚姻的判决书副本后，应当将该判决书副本收入当事人的婚姻登记档案。

(6) 当事人以结婚登记程序存在瑕疵为由申请婚姻无效的，人民法院不予受理。当事人在履行结婚登记程序时存在瑕疵，譬如一方当事人未亲自到场办理结婚登记，借用或冒用他人身份证进行登记，当事人以此为由主张撤销结婚登记的，告知其可以依法申请行政复议或者提起行政诉讼。如果当事人向法院提出申请的婚姻不但在登记程序上存在瑕疵，而且同时具备《婚姻法》第十条所列婚姻无效的事由之一的，人民法院可以因其不具备婚姻的实质要件而宣布婚姻无效。

(三) 可撤销婚姻

可撤销婚姻是指男女双方或者一方不具备结婚的合意，因受对方或第三方的胁迫而结婚的违法婚姻。受胁迫的一方在一定时期内可以向婚姻登记机关或者人民法院请求撤销该婚姻。

1. 婚姻撤销的原因

我国《婚姻法》第十一条规定："因胁迫而结婚的，受胁迫的一方可以向婚姻登记机关或人民法院请求撤销该婚姻。受胁迫的一方撤销婚姻的请求，应当自结婚登记之日起1年内提出。被非法限制人身自由的当事人请求撤销婚姻的，应当自恢复人身自由之日起1年内提出。"最高人民法院《关于适用〈婚姻法〉若干问题的解释（一）》第十条明确了胁迫的含义："'胁迫'，是指行为人以给另一方当事人或者其近亲属的生命、身体健康、名誉、财产等方面造成损害为要挟，迫使另一方当事人违背真实意愿结婚的情况。"被胁迫而结婚的当事人之间显然欠缺结婚的合意，违背男女双方完全自愿的规定，违背婚姻自由原则。但考虑到没有达成结婚的合意，仅为结婚的私益要件。因此，由受胁迫的当事人自己决定是否撤销该婚姻，是更合理的规定。

2. 婚姻撤销的请求权人

根据我国《婚姻法》的规定，婚姻撤销的请求权仅属于受胁迫的一方，其他任何人及单位均无此权利。受胁迫方是否行使撤销请求权，取决于自己的意愿，而受胁迫方的意愿也可能在婚后发生变化。如果受胁迫方婚后有意保持婚姻关系，则无须行使撤销请求权。受胁迫方行使撤销请求权，应当自结婚登记之日起1年内提出。如果其被非法限制人身自由，上述期限自恢复人身自由之日起计算。并且该期限不适用诉讼时效中止、中断或延长的规定，也就是说，这里的 1 年是不变期间。超过 1 年的申请时效的，婚姻登记机关和人民法院不予支持，当事人只能按离婚程序来解除婚姻关系。

3. 婚姻撤销的程序

依据《婚姻法》的规定，受胁迫的一方既可以向婚姻登记机关请求撤销，也可以向人民法院请求撤销其婚姻，行政程序或者诉讼程序都可以提出撤销婚姻的请求，由当事人自己决定适用哪种程序。

我国《婚姻登记条例》第九条规定："因胁迫结婚的，受胁迫的当事人依据婚姻法第十一条的规定向婚姻登记机关请求撤销其婚姻的，应当出具下列证明材料：①本人的身份证、结婚证；②能够证明受胁迫结婚的证明材料。"婚姻登记机关经审查认为受胁迫结婚的情况属实且不涉及子女抚养、财产及债务问题的，应当撤销该婚姻，宣告结婚证作废。人民法院审理婚姻当事人因受胁迫而请求撤销婚姻的案件，应当适用简易程序或者普通程序审理。

（四）婚姻无效或被撤销的法律后果

我国《婚姻法》第十二条规定："无效或被撤销的婚姻，自始无效。当事人不具有夫妻的权利和义务。同居期间所得的财产，由当事人协议处理；协议不成时，由人民法院根据照顾无过错方的原则判决。对重婚导致的婚姻无效的财产处理，不得侵害合法婚姻当事人的财产权益。当事人所生的子女，适用本法有关父母子女的规定。"

由此可知，婚姻被宣告无效或被撤销后将产生以下法律后果：

1. 无效婚姻或可撤销婚姻的溯及力

我国《婚姻法》第十二条规定："无效或被撤销的婚姻，自始无效。"这里所称的"自始无效"，是指无效婚姻或可撤销婚姻在依法被宣告无效或被撤销时，才确定该婚姻自始不受法律保护，也就是说，被宣告无效或被撤销的婚姻具有溯及力，可以回溯至婚姻关系成立之初，从违法结合之时起就不发生法律效力，当事人之间自始不产生配偶身份，也不产生婚姻法上的权利和义务关系。

2. 当事人不具有夫妻关系

由于被宣告无效或被撤销的婚姻自始无效，因此，当事人自始不具有配偶身份，不具有婚姻法上基于夫妻身份而享有的权利和义务，不适用婚姻法中有关夫妻人身关系和财产关系的各项规定。

3. 当事人之间的财产关系

根据《婚姻法》第十二条的规定，无效或被撤销的婚姻当事人不适用法定夫妻财产制的规定，同居期间所得财产由当事人协议处理，协议不成时依法判决。司法解释还规定：被宣告无效或被撤销的婚姻，当事人同居期间所得的财产，按共同共有处理。但有证据证明为当事人一方所有的除外。法院对于有关财产的争议，应依据照顾无过错方的原则来判决。所谓无过错方，是指对无效婚姻、被撤销婚姻的发生并无过错的当事人。因重婚而导致婚姻无效的，在处理财产问题时应注意保护合法婚姻当事人的财产权益，使其免受侵害。《关于适用〈婚姻法〉若干问题的解释（一）》第十六条规定："人民法院审理重婚导致的无效婚姻案件时，涉及财产处理的，应当准许合法婚姻当事人作为有独立请求权的第三人参加诉讼。"在程序上，如此规定对合法婚姻当事人维护其财产权益提供了有力的保障。

4. 父母子女关系

无效婚姻或可撤销婚姻中子女的法律地位在《婚姻法》中是这样规定的："当事人所生的子女，适用本法有关父母子女的规定。"被宣告无效的婚姻和被撤销的婚姻既然自始无效，那么自始无效的婚姻中所生子女无疑是非婚生子女，但这并不等于不保护非婚生子女的合法权益。虽然婚姻无效，但子女与父母之间的天然血缘关系不会因婚姻无效而解除，因此，无效婚姻中当事人所生子女，适用婚姻法有关父母子女关系的规定：子女如何抚养，可先由双方协商，协商不成时，由人民法院判决；子女无论由父亲或母亲抚养，都是双方的子女，父母都有义务负担子女必要的抚养费和教育费；不抚养子女的一方则享有探望子女的权利。

（五）无效婚姻和可撤销婚姻的区别

无效婚姻和可撤销婚姻有很多相似的地方，如婚姻被宣布无效或者被撤销，均是自登记之日起无效，双方当事人均不具有夫妻的权利和义务。对同居期间所得财产的处理原则也相同，同居期间生育的子女，都适用婚姻法有关父母子女的规定。但两者仍存在一定的区别：

1. 结婚时欠缺的条件不同

无效婚姻的当事人违反了结婚的禁止性规定，登记结婚时欠缺的是结婚的公益要件；可撤销婚姻欠缺的是婚姻当事人"结婚必须男女双方完全自愿"的条件，违反了结婚的私益要件。

2. 时效不同

宣告无效婚姻是绝对无效，只要符合宣告无效婚姻的四种情形即可。不因时间的经过而消灭，除非当事人或利害关系人申请时，法定的无效婚姻情形已经消失。而可撤销婚姻是相对无效，它有时间限制，因时间的经过而消灭。即受胁迫的一方撤销婚姻的请求，应当自结婚登记之日起1年内提出；被非法限制人身自由的当事人请求撤销婚姻的，应当自恢复人身自由之日起1年内提出。

3. 请求权人不同

有权对已办理结婚登记的婚姻申请宣告婚姻无效的主体，包括婚姻当事人及利害关系人；而请求撤销婚姻的主体只能是受胁迫一方的婚姻关系当事人本人。

【案例分析】

我国婚姻法规定，男、女双方结婚，必须符合法定结婚条件。婚姻有效的条件之一是男女双方完全自愿，不许任何一方对另一方加以强迫或任何第三者加以干涉。本案的申请人为保证结婚而作出的约定自然证明其是完全自愿的，但是被申请人因为自幼先天性智力发育不全，症状表现痴呆，丧失部分自主生活能力，属于限制民事行为能力人，因此不具备完全自愿的能力，所以徐某不具备双方完全自愿的条件。我国婚姻法同时规定了婚姻的禁止性条件，其中之一是禁止患有一定疾病的人结婚，这些疾病分为三类：一类是精神方面的疾病，包括精神病、痴呆症等。患有这一类疾病的人通常是无民事行为能力人，不能正确理解自己行为的性质及后果，不具有承担夫妻间权利和义务的能力，并有将精神上的疾病遗传给后代的可能。另两类均为身体方面的疾病，包括那些足以危害到对方和下一代健康的重大不治的传染性疾病以及遗传性疾病，患者结婚会严重危害对方和后代的健康。本案的被申请人徐某患有的疾病就是先天性智力发育不全，丧失部分自主生活能力，属于法律规定的禁止结婚主体，所以，双方当事人最初的结婚无论是从法律规定的结婚积极要件上，还是禁止结婚的消极要件上看都是不合法的。所以，申请人蒋某有权向法院申请宣告婚姻无效，法院应当宣告申请人蒋某与被申请人徐某的婚姻无效。

本案容易引起争议的地方，是本案的申请人在结婚时就已经知道被申请人是禁止结婚的主体，患有法定不适合结婚的精神疾病，但是还是与其结婚，且作出书面保证不歧视被申请人的承诺。那么，在约定与法律的强制性规定发生冲突的时候，该约定是否有效？答案是否定的。因为，法律的强制性规定不允许当事人自由约定，更不能因为当事人的约定而否定法律的效力。因此，申请人蒋某与对方父母的约定无效，不能改变其婚姻无效的现状。

【拓展阅读】

婚检制度

2003年10月1日，新《婚姻登记条例》实施，全国推行自愿婚检，取消了强制婚检制度。强制婚检取消后，各地相继出现了一些问题：自愿婚检率低，同时出现新生儿缺陷率较高的问题。而全国人大常委会1994年10月27日颁布的《母婴保健法》第十二条规定："男女双方在结婚登记时，应当持有婚前医学检查证明或者医学鉴定证明。"自愿婚检制度与《母婴保健法》的规定存在矛盾。

2005年6月24日，黑龙江省人大常委会对《黑龙江省母婴保健条例》进行了修正，保留"准备结婚的男女双方应当接受婚前医学检查和婚前健康教育，凭婚前医学检查证明，到婚姻登记机关办理婚姻登记"等内容。这是自2003年10月1日实行自愿婚检以来，第一个恢复强制婚检制度的省份。①

有些地方则开始推行免费婚检制度。如广州市从2007年率先实施免费自愿婚检制度，以提高婚检率。据广州市2011年公开发布的信息显示，取消强制婚检之前，广州的婚检率约为93%，取消之后仅有7%，部分地区甚至只有4%。同时，新生婴儿中地贫儿（患有地中海贫血的儿童）的比例最高的时候超过了17%。推行免费婚检制度后婚检率逐年回升，2010年达到45.3%。②

人们对强制婚检的态度褒贬不一，但即使是赞同强制婚检的人，也认为婚前检查应做一些改变，譬如可以采取一些灵活的方式，不应该由一个部门统一婚检；申请结婚者只要是在正规的医院进行了相应检查，都应该予以承认。同时，婚检项目的设定也需要进行科学的论证，保留必须要检查的项目，去除不必要的检查项目，而且要对婚检者的信息严格保密，以打消婚检者的顾虑。此外，强制婚检还应该是免费的。因为出发点是为提高整个国家、民族的人口素质，所以财政理应埋单。③

我们还可以了解一下国外的婚检制度。

俄罗斯实施的是自愿婚检。俄罗斯宪法规定："俄所有公民都享有维护健康和接受医疗服务的权利。"依据这一宗旨，1995年制定的《俄罗斯联邦家庭法典》对婚前健

---

① http://news.sina.com.cn/c/2005-08-03/02096594078s.shtml.

② http://health.sohu.com/20120224/n335737408.shtml.

③ http://baike.soso.com/v50005482.htm.

康检查作出了具体的规定：第一，申请结婚者享有接受免费婚检的权利。他或她只需到户籍部门开一张介绍信，就可以到医疗机构进行免费体检。第二，检查结果为医疗秘密，只有经被检查人的同意，才可以将结果告知打算与之结婚的另一方。第三，如有一方向另一方隐瞒性病或艾滋病，后者有权请求法院认定婚姻无效。该法律还规定，即使当事人被查出患有危险性传染病，有关部门也无权阻止其进行结婚登记。不过，如果夫妻一方隐瞒艾滋病并传染给对方，当事人将被追究刑事责任，最高可判处5年监禁。不过，俄罗斯的婚检制度多年来一直遭受冷遇。很多人甚至不知道有这个制度，他们也没有很强的婚检观念。

法国认为婚检是一项义务。法国没有“强制性婚前体检”的说法，不过婚前体检是公民必须履行的义务。也就是说，婚检是法国人办理结婚手续中不可或缺的一个步骤。在法国，去市政府登记结婚，必须提供检查日期不早于登记日期两个月的“婚前健康证明”，否则就没法成为法律认可的夫妻。法国的婚检制度比较合理：婚前检查项目明确；检查场所可以自由选择；检查结果完全保密；检查费用根据个人医疗保险的规定，大部分都可以报销。对大多数准备结婚的法国人来说，他们平常在哪家诊所看病，就找哪位医生做婚前体检。医生通常要求双方同时到场，并将结果同时告诉两个人，负责任的医生还会提醒他们应注意哪些事项。也有些人去政府特别开设的母婴保健中心做婚检。法国出具的“婚前健康证明”只有一页纸，具体措辞由1992年通过的一项法律严格规定，医生只需盖章、签名。健康证明的用语专业、“含蓄”，是为了让医生和新人共同明确婚前体检的法定项目，同时为被检查人的健康隐私严格保密。体检的结果只有医生和被检查者知道，婚姻登记部门只核准“检查已做”的事实，无法获得具体的检查结果，更无权依据结果对新人成婚的意愿作任何裁决。而医生对新人婚检是履行职责，并无额外的利润可图。

日本不强制进行婚检，但大部分人都愿意做婚前体检。在日本，婚前健康检查完全是出于自愿。但是在日本人看来，结婚前交换健康诊断书是常识，特别是在眼下艾滋病呈蔓延之势的情况下，人们更觉得婚前健康检查很重要。为了表示对对方负责，他们会很主动地交换健康诊断书，这是他们建立夫妻关系的一个重要的内容。日本的婚前检查，很注意保护个人隐私，如果医生泄漏个人隐私，不仅有违职业道德，而且要受到有关法律的制裁。一般医院、诊所、保健所都可以做婚前检查，检查费用因医院而异，保健所则免费检查艾滋病毒。婚前检查的内容也比较尊重个人隐私，如不记载父母和兄弟姐妹的健康状况和病历，家族病史不在检查之列。检查内容有两项：化验血液和化验尿液。男女共查的疾病有乙肝、丙肝、依原体、淋病、梅毒、疱疹、艾滋病毒；女性还要检查念珠菌、滴虫、弓形体、宫颈癌四项。有些人生育子女之前，还会再做一次检查，检查项目和婚前检查内容相同，主要是为后代的健康考虑。总体而言，日本人普遍重视健康，加上有很好的保护隐私措施，他们很乐意做婚前健康检查。①

【思考与练习】

1. 我国的结婚条件和程序是什么？
2. 为什么要禁止患有一定疾病的人结婚？

---

① http://www.xywy.com/baby/jthl/hunjian/20081225_452181.html.

3. 如果表兄弟姐妹之间承诺不生育后代，是否可以结婚?
4. 无效婚姻和可撤销婚姻有什么区别?
5. 无效婚姻的后果是什么?

项目二　离婚制度

【案例导入1】

原告王某某与被告邱某某于1999年12月20日登记结婚，2000年6月生育一女邱某曼。2007年9月，被告邱某某购买了一辆东风自卸卡车，并以自己的名义与该县公路局签订了借户协议，该车借（入）户是该局，但由被告使用该车在公路局的工程施工中从事运输。2010年9月12日，原、被告协议离婚，双方达成如下协议：①邱某曼由原告抚养，被告支付抚养费100 000元，2010年12月31日支付60 000元，2011年12月31日支付40 000元，邱某曼自上初中至能自理生活期间的费用由被告承担；②共同财产东风汽车一辆，三室一厅住房归被告所有；③共同债权债务全部归被告。

2011年1月16日，邱某曼向被告提起追索抚养费诉讼，并提出财产保全申请。某县人民法院裁定对被告在某县公路局的运费款61 000元给予冻结后，作出了民事判决。该判决生效后执行，被告在公路局打借款单领款，支付了判决确定的抚养费。2010年10月30日，争议卡车在公路局的被告名下应付款账与往来账分别入账185 816.08元与179 203.08元，扣去税款及其他，余额分别为168 669.38元与134 656.98元。2011年4月1日，该两笔款项转入被告的账户，合计303 326.36元。

原告王某某向法院起诉称：2010年9月12日，双方协议离婚。2011年，邱某曼起诉被告追索抚育费，原告才发现被告离婚时隐藏债权数额巨大，要求分得债权200 000元。被告邱某某答辩称：原、被告离婚时协议约定“共同债权债务全部归男方”，被告并不存在隐藏共同财产的事实，要求驳回原告的诉讼请求。

【问题】

请问夫妻一方在离婚时隐瞒对外债权，另一方能否再次要求分割共同财产?法院会支持原告王某某的诉讼请求吗?

【案例导入2】

原告叶某某与被告陈某于2010年1月协议离婚。婚生儿子随母亲被告陈某生活。原、被告在离婚时约定，原告享有探望权，每月探望小孩不少于4次。离婚后，原告曾于2010年1月、2月、4月、6月、8月、10月、11月、12月及2011年1月共计11次探望过小孩。原、被告双方在探望小孩的方式、时间上意见不一致，经常为此发生纠纷与争吵。

原告叶某某于2011年2月向法院起诉称：原、被告自2010年离婚后，婚生子随被告生活。双方约定原告每月有不少于4次的探望权。但被告以种种理由阻挠原告行使探望权，使原告的权利受到严重影响。双方为此经常发生摩擦，原告遂诉至法院，要求将探望时间定为每月两次，每次 1 至 2 天，且探望的方式也应做相应调整。

【问题】

夫妻双方离婚后当事人就探望权单独提起诉讼的，法院是否应当支持？

【基本原理】

离婚是夫妻双方在法律上终止合法有效婚姻关系的行为。离婚自由是婚姻自由的重要组成部分，它与结婚自由共同构成婚姻自由这一婚姻法的基本原则，同时也是婚姻自由的保障。离婚不仅影响当事人的法律地位，同时还涉及子女的抚养、夫妻共同财产的分割等问题。离婚制度在婚姻家庭法中占有重要地位，对于正确处理离婚纠纷，改善我国的婚姻家庭关系有重要意义。

一、离婚制度概述

（一）婚姻终止的概念和原因

婚姻终止，又称婚姻关系的消灭，是指合法有效的婚姻关系因为发生一定的法律事实而归于消灭。引起婚姻关系终止有两种法律事实：一是配偶一方死亡；二是夫妻双方离婚。这两种法律事实尽管条件和特征不同，但是，无论出现哪种事实，其法律后果都是使原有的婚姻关系终止。

1. 婚姻因配偶一方死亡而终止

死亡有两种情况：一种是自然死亡；一种是宣告死亡。以自然死亡和宣告死亡为婚姻关系终止的原因，是世界各国立法的通则。

（1）婚姻关系因配偶一方自然死亡而终止。婚姻关系的自然属性决定了只要夫妻一方死亡，婚姻关系即自然终止。对此，一般法律无须另行明文规定。

（2）婚姻关系因配偶一方被宣告死亡而终止。宣告死亡是法律上推定被宣告死亡人已经死亡。法律上推定死亡与自然死亡有相同的法律效果。根据我国《民法通则》第二十三条规定，公民有下落不明满 4 年的，或因意外事故下落不明，从事故发生之日起满 2 年的，利害关系人可以向人民法院申请宣告他死亡。当然，宣告死亡只是一种法律上的推定，这种推定可能会不正确，即被宣告死亡人并未真正死亡。一旦被宣告死亡人重新出现，或者以后确定其未死亡的，经本人或利害关系人申请，人民法院应当撤销对其宣告死亡的判决。对此，《最高人民法院关于贯彻执行〈中华人民共和国民法通则〉若干问题的意见（试行）》第三十七条规定："被宣告死亡的人与配偶的婚姻关系，自死亡宣告之日起消灭。死亡宣告被人民法院撤销，如果其配偶尚未再婚的，夫妻关系从撤销死亡宣告之日起自行恢复；如果其配偶再婚后又离婚或者再婚后配偶又死亡的，则不得认定夫妻关系自行恢复。"

2. 婚姻因离婚而终止

（1）离婚的概念及特征。离婚是指夫妻双方按照法律规定的条件和程序解除婚姻关系的民事法律行为。它与婚姻成立相对立，因此又称婚姻解除，是终止婚姻的重要形式。婚姻关系自离婚发生法律效力之日起解除。离婚不仅直接影响夫妻双方的人身关系，而且关系到子女的抚养与夫妻共同财产的分割。离婚具有以下特点：

第一，离婚的主体是具有婚姻关系的男女双方。离婚只能发生在具有合法夫妻关系的男女双方之间，对于未办理结婚登记即以夫妻名义同居生活的，其婚姻关系无效，不受法律保护。如果起诉到人民法院的，应当按照非法同居关系处理。另外，离婚必须由双方亲自进行，任何人无权代替，也不能对他人的婚姻关系提出离婚，离婚必须由夫妻双方或一方提起，离婚过程一般必须由夫妻双方亲自参与；离婚的后果也必须由夫妻双方承受。

第二，离婚双方当事人法律地位平等。双方当事人无论采取哪种方式要求离婚，无论哪一方提出离婚，双方的法律地位都是平等的，任何人不能将自己的意志强加给对方。

第三，离婚必须符合法律规定的条件和程序。离婚虽然是以解除夫妻关系为目的的行为，但因为离婚可能会涉及子女的抚养与夫妻共同财产的分割，因此，各国法律都规定了离婚的条件。同时，夫妻双方离婚必须按照法律规定的程序办理，得到国家法律的认可之后，才能产生婚姻解除的法律效果。当事人未经法定程序的协议或者未经对方同意擅自解除婚姻的行为都不具有法律效力。

第四，离婚会产生一定的法律效果。离婚作为一种重要的民事法律行为，会产生一定的法律后果，如夫妻人身关系的消灭、夫妻共同财产的分割、子女抚养关系的变更等。因此，离婚不仅关系到双方当事人的利益，还关系到子女与社会的利益。因离婚而终止婚姻关系的法律后果与因配偶一方死亡而终止婚姻关系的法律后果不同。配偶一方死亡的，只是终止婚姻关系的对内效力，即因婚姻关系主体不存在而终止，但婚姻关系的对外效力并不随之消灭，如生存一方与死亡配偶亲属之间的姻亲关系并不随之消灭。而离婚终止夫妻之间的一切权利义务关系，具有对内对外的效力，终止后，与对方姻亲关系也随之消灭。

（2）离婚与相关概念的区别。离婚与婚姻无效、婚姻撤销从形式上看都是使已经成立的婚姻关系归于消灭，有某些相似之处。但是，它们属于性质不同的法律制度，婚姻无效与婚姻撤销都是处理违法婚姻的法律制度。

①离婚与婚姻无效的区别。第一，离婚是在双方自愿或一方要求的情况下，对现存合法有效婚姻关系的解除；而婚姻无效是对因欠缺婚姻成立的法定要件而被宣告不具有婚姻的法律效力的制度。

第二，离婚自发生法律效力之日起即解除婚姻关系，没有溯及既往的效力；而婚姻无效自始无效。

第三，离婚只能由夫妻双方提起，而婚姻无效之诉不受此限制，除可由无过错一方当事人提出，也可以由第三人或有关机关提出。

第四，离婚的法律后果在于解除合法有效的婚姻关系，分割夫妻共同财产，子女权利义务不受影响。而婚姻无效是解除违法婚姻，不存在夫妻共同财产分割问题；如果有财产也按一般共有财产处理。当然，无效婚姻所生子女为非婚生子女，在被宣布婚姻无效或撤销后，与婚生子女享有同等的权利义务。

②离婚与婚姻被撤销的区别。第一，离婚是对合法有效婚姻的解除，而婚姻撤销是对有瑕疵婚姻的纠正。

第二，离婚的原因多发生在婚姻成立之后，而婚姻撤销的原因多发生在婚姻成立之时。

第三，离婚的请求权由夫妻双方行使，而撤销婚姻的请求权仅限于受胁迫一方的婚姻关系当事人。

第四，离婚在程序上既可以依诉讼程序进行，也可不依诉讼程序进行，且无时效限制；而婚姻撤销虽然可依行政程序也可依诉讼程序进行，但有时效限制。

③离婚与别居的区别。别居是国外立法中的一项制度，是指夫妻双方免除同居义务，但婚姻关系仍然存续的法律制度。别居是欧洲中世纪基督教实行禁止离婚主义的社会背景下产生的，为不能忍受共同生活的夫妻所设，用以补救禁止离婚之不足，以缓和与改善夫妻关系。别居须由当事人申请，法院裁决，配偶双方暂时或永久地解除同居义务，但仍保留其婚姻关系的行为。它不能由当事人自行协议，更不是日常生活中因主观或客观原因造成的简单分居。别居根据不同的标准可分为：永久别居和暂时别居；司法别居和协议别居。在有些国家，别居是离婚的主要理由，但是，这两种法律制度仍有区别：

第一，别居期间，婚姻关系仍然存续，双方只是解除同居义务，夫妻身份关系仍然存在，双方不得另行结婚，否则就构成重婚罪；离婚则完全解除婚姻关系，离婚后双方均有再婚的权利。

第二，别居期间夫妻仍负贞操义务，离婚后双方无此法律义务。

第三，别居期间夫妻之间的权利义务仍然存在，如相互扶养、财产继承等；而离婚后夫妻之间的人身、财产权利义务完全消灭。

（3）离婚的种类。离婚从不同的角度可以进行不同的划分，一般可分为以下几类：

①根据夫妻双方对离婚的态度，可分为双方自愿离婚和一方要求离婚。

②根据处理离婚的程序，可以分为依行政程序办理的离婚和依诉讼程序办理的离婚。

③根据婚姻解除的方式，可以分为协议离婚和判决离婚。

当然，以上分类并不是绝对的，有时候会有交叉。如在我国双方自愿离婚即协议离婚应依行政程序处理，一方要求离婚可以依诉讼程序办理。在诉讼过程中经调解达成离婚协议的，其性质仍属于协议离婚；调解不成时，法院依法判决。在有些国家，即使双方自愿离婚也要经过诉讼程序。

（二）离婚的立法原则

离婚的立法原则反映离婚制度的基本价值取向和立法者对离婚的态度。离婚立法原则的确立不是立法者的任意行为，而是由社会的经济基础决定的，并受到政治、文化、道德、宗教等因素的影响和制约，因而在不同的社会条件下，离婚立法原则是不同的。综合中外各国的历史与现实离婚制度，其立法原则可归为两种：禁止离婚主义和许可离婚主义。

1. 禁止离婚主义

禁止离婚主义就是禁止任何夫妻解除婚姻关系，即在夫妻双方生存期间，不论出于何种原因和理由，都不准离婚。这种原则源于基督教的教义，盛行于欧洲中世纪。在公元10世纪至15世纪，基督教的鼎盛时期，欧洲各国普遍实行禁止离婚的制度。当时，统治阶级利用人们对宗教教义的信奉，由教会对人们的婚姻家庭进行直接干预。教会视婚姻为神作之合，男女应融为一体，不能违背神的意志而离异。禁止离婚主义违背了婚姻关系的本质。现实社会的夫妻之间的矛盾和冲突不可避免，为了克服夫妻关系恶化到不能共同生活的程度，许多国家迫不得已通过“别居”制度予以补救。15、

16 世纪欧洲兴起宗教改革与文艺复兴运动，禁止离婚原则逐渐被淘汰，绝大多数国家慢慢实行许可离婚主义原则。但是，现在仍有爱尔兰、圣马力诺、巴拉圭等少数国家实行禁止离婚的制度。

2．许可离婚主义

许可离婚主义就是允许解除婚姻关系。该原则的基本特点就是：婚姻是男女两性为共同生活而自愿结成，不是自然而成，当夫妻关系难以为继时，应当允许解除，这是由婚姻的本质所决定的。由于历史条件不同，许可离婚主义原则也经历了不同的历史发展阶段。

（1）专权主义离婚。专权离婚主义原则也称“夫权离婚主义原则”，它是只允许丈夫离婚而不允许妻子离婚的立法原则。离婚是丈夫的特权，离婚与否完全取决于丈夫的意志。只要符合法定的条件，丈夫可以单方面决定解除婚姻关系。专权离婚原则是奴隶制社会和封建社会普遍通行的原则。在古代法律中，如《汉谟拉比法典》、《古兰经》及古罗马法中都有此规定。中国古代规定的丈夫对妻子的“七出”行为提出离婚也是专权离婚主义的表现。

（2）限制离婚主义。限制离婚主义是指只有具备离婚所需法定理由时，才能请求离婚的立法原则。其本质在于对当事人离婚权的限制。只有在夫妻一方发生法定的事由时，另一方才有权提出离婚请求，而发生离婚法定理由事实的一方无权提出离婚，为此，该原则又称“有因离婚原则”、“过错离婚原则”或“有责离婚原则”。由于此类离婚须经过诉讼解决，因而亦被称为诉讼离婚或裁判离婚。近代各资本主义国家的离婚立法都采用限制离婚主义原则。早期的离婚法定理由，主要强调一方过错，诸如重婚、通奸、遗弃、虐待、谋害配偶、吸毒、嗜赌等。后来各国又扩大了离婚的法定理由，将那些不能归责一方的过错，又客观存在影响婚姻的目的实现的事实列为可诉诸的理由，如一方生理缺陷、患严重疾病、生死不明、夫妻一定期限分居等。由此，离婚逐步由过错主义原则向目的主义原则发展。也有不少国家采取破裂主义离婚原则，不再具体列举各种理由，只要有夫妻双方婚姻关系破裂、无法维持共同生活的理由，夫妻双方或一方均可要求离婚。离婚作为制裁手段的作用逐渐退去，变成了只是对婚姻已经破裂的事实的确认。

（3）自由离婚主义。自由离婚主义是依当事人一方或双方意愿而离婚的原则。自由离婚主义赋予当事人自行决定是否解除婚姻关系的自由，无疑是相对先进的立法思想。但是，目前自由离婚主义在有些国家只在协议离婚制度中有体现，单意离婚上自由离婚主义只是程序意义上的，即当事人均享有离婚请求权，实体方面并未能贯彻，仍然实行限制主义原则。离婚的权利能否实现有赖于法院的裁判，而不取决于当事人的自由意志。

（三）我国离婚制度的历史发展

1．我国古代社会的离婚制度

在我国古代，由于结婚是“合两姓之好”，离婚就是“绝两姓之好”，因此，离婚也称作绝婚。我国古代离婚制度是与宗法制度以及封建伦理观念相适应的，以维护父权家族为核心，男尊女卑，女子完全处于夫权、家长权的绝对支配之下，丈夫享有离婚的特权，妻子却只能“从一而终”，即使丈夫死后，也要守节，不得再嫁。所以，古代离婚又叫做弃妻、出妻、放妻、遣妻、休妻等。在妇女没有离婚权利的社会里，所谓离婚制度只能说是弃妻制度。我国古代离婚制度主要有以下四种方式：

（1）出妻，即法定弃妻。出妻是我国古代最主要的离婚方式。所谓出妻，又称休妻，是指妻子有法律规定的过错时，丈夫可依法将妻子休弃，终止婚姻关系的行为。其中，“七出”或“七去”是允许男子休妻的七种法定理由。“七出”最早见于《戴礼记·本命》，它说：“妇有七去：不顺父母，去；无子，去；淫，去；妒，去；有疾，去；多言，去；盗窃，去。”我国古代的礼制不仅是一般行为规范，更是法的渊源和灵魂。正是“法本于礼”、“法出于礼”，礼制规范成为立法之依据。自汉代以后，唐、宋、元、明、清的法律都将“七出”纳入法律中，基本内容一致。妇女只要犯有“七出”中的一种情形，不需经过官府，丈夫写成休书就可弃去。名义弃妻要有一定理由，实际上这些理由可随意解释，丈夫根据自己的意愿可以随意将妻弃去。

作为例外情况，封建礼制也以“三不去”对“七出”加以限制。《大戴礼》说：“有三不去：有所娶无所归，不去；与更三年丧，不去；前贫贱后富贵，不去。”“七出”和“三不去”，虽然是丈夫离弃妻子的离婚条件，但是其基本精神是从家庭利益出发，去维护“上以事宗庙，下以继后世”的婚姻意义。

（2）和离，即协议弃妻。古代的协议弃妻，不同于现代意义的协议离婚，是我国古代一种通过协议允许夫妻离婚的法律制度。《唐律·户婚》规定：“若夫妻不相和谐而离者，不坐。”这种方式也称“和离”。自唐律之后，各朝代律例也沿此制。“夫妻不相和谐而离者”，即在不具备“七出”条件的情况下，男方发起离婚提议，女方也同意，法律即允许离婚，但不能作现代意义理解。在男尊女卑的社会里，妻只能终身屈从于夫，鲜有“不相和谐”之说。所谓不相和谐，只能是丈夫单方面的好恶，不可能是双方的合意，所以和离的前提必须是由男方做出决定，不一定要取得女方同意。

（3）义绝，即强制离异。义绝是指夫妻之间因一方与他方一定亲属之间或双方亲属之间发生某种事情而情义断绝，法律规定这种婚姻关系应当解除。如果不自动解除，国家就要强迫解除，并给予惩罚。《唐律·户婚》规定：“诸犯义绝者，离之，违者徒一年。”明、清律规定一样：“若犯义绝应离而不离者，亦杖八十。”据《唐律疏议》中记载，有下列五种义绝情形：①夫殴妻之祖父母、父母，及杀妻之外祖父母、伯叔父母、兄弟、姑、姐妹；②夫妻之祖父母、外祖父母、伯叔父母、兄弟、姑、姐妹自相残杀；③妻殴詈夫之祖父母，杀伤夫之外祖父母、伯叔父母、兄弟、姑、姐妹；④妻与夫之缌麻以上亲奸，或夫与妻母奸；⑤妻欲害夫。从义绝构成的条件看，都是亲属之间的互相侵犯行为。因此，“义绝”的规定仍然是以家族为中心，是为维护封建观念和封建家庭秩序所设的。

（4）呈诉离婚，即官府断离，指由夫妻双方中一方基于特定缘由向官府提起离婚诉讼，由官府判令离异。不同朝代的法律都明确规定如某些特定原因出现，夫妻一方可呈诉官府断离。男方呈诉离婚的法定理由有：“妻背夫在逃”、“男妇虚执翁奸”、“妻杀妾子”、“妻魇魅其未”等。女方呈诉理由是：“夫抑勒或纵容其妻妾与人通奸”、“夫逃亡三年以上不归”、“夫典雇其妻”、“翁欺奸男妇”、“夫强奸前夫男妇或前夫女”等。

2. 国民党政府的离婚制度

1929～1930年间国民党政府颁布了《中华民国民法》，其亲属编中关于离婚的规定集中反映了我国半殖民地半封建社会的离婚制度。根据该法的规定，离婚制度分为两愿离婚和判决离婚。

两愿离婚，是双方当事人合意而解除婚姻，但未成年人应得法定代理人的同意。该法第一千零四十九条规定："夫妻两愿离婚者，得自行离婚。但未成年人应得法定代理人之同意。"第一千零五十一条规定："两愿离婚后，关于子女监护，由夫任之。但另有约定者，从约定。"

判决离婚，是夫妻双方达不成一致意见或夫妻一方违反法定理由时，另一方向法院提请离婚，法院依法判决解除其婚姻关系，也称裁判离婚。该法第一千零五十二条列举离婚的十条理由："①重婚者；②与人通奸者；③夫妻之一方，受他方不堪同居之虐待者；④妻对夫之直系尊亲属为虐待，或受夫之直系尊亲属之虐待，致不堪为共同生活者；⑤夫妻一方以恶意遗弃他方在继续状态中者；⑥夫妻一方意图杀害他方者；⑦有不治恶疾者；⑧有重大不治之精神病者；⑨生死不明已逾三年者；⑩被处三年以上之徒刑，或因犯不名誉之罪被处徒刑者。"若构成上述十条理由中一条的，另一方可以诉至法院请求判决离婚。

3. 新中国的离婚制度

新中国的离婚制度，源于解放前革命根据地的离婚立法。1950 年《婚姻法》奠定了新中国离婚制度的法律基础，对废除封建社会的婚姻制度，改造旧中国遗留下来的婚姻关系，起了很大的推动作用。该法对双方自愿离婚和一方要求离婚都作了明确规定："对于男女双方自愿离婚的，准予离婚；男女一方坚决要求离婚的，经区人民政府和司法机关调解无效时，亦准予离婚。"该法确立了"保障离婚自由，反对轻率离婚"的指导思想，保障了夫妻双方享有平等自由离婚的权利。该法创设了离婚行政程序和诉讼程序，但是没有规定判决离婚的条件。1980 年《婚姻法》在此基础上第一次确立了准予离婚的法定条件，并修改补充了离婚的程序。它首次明确将"夫妻感情破裂，调解无效"作为准予离婚的概括性原则，确立了抽象的破裂离婚主义，并完善了离婚的法律后果。2001 年修改了该部《婚姻法》，对感情确已破裂的认定作了进一步规定，并增设了离婚损害赔偿等制度，使离婚制度得到进一步完善。

我国现行离婚制度是由《婚姻法》以及涉及离婚问题的法律法规和司法解释等构成的法律体系。其基本精神体现如下：

（1）保障离婚自由，反对轻率离婚。新中国成立后的两部《婚姻法》以及 2001 年修正后的《婚姻法》，都贯穿着"保障离婚自由，反对轻率离婚"的指导思想，同时这也是在司法实践中处理离婚问题的基本原则。保障离婚自由，就是保障当事人决定解除婚姻关系的合法权利，就能保障婚姻自由原则的贯彻落实。婚姻关系应以爱情或感情为基础，夫妻之间的感情可能因为各种矛盾和冲突而彻底破裂，致使其婚姻名存实亡。如果夫妻双方感情确已破裂，又无恢复的可能，勉强维持这种婚姻关系，对夫妻双方、孩子、家庭与社会都不利，也与婚姻的内在要求不相吻合。因此，法律应当为当事人及时从这种婚姻的困境中解脱出来提供明确的途径，准予其离婚，以使他们能够重新建立新的美满婚姻。

当然，保障离婚自由，并不等于当事人在离婚问题上可以为所欲为。我国《婚姻法》在保障离婚自由的同时，坚决反对对离婚持不严肃的态度及滥用离婚自由权利的行为。婚姻关系作为一种重要的伦理关系和法律关系，是社会关系的重要组成部分。一个婚姻的解体意味着一个家庭的破裂，它不仅关系到夫妻双方的利益，而且还对子女、双方的亲属在物质上和精神上产生重大的影响。因此，夫妻双方相互承担着明确的道德责任和法律义务。这种责任和义务不能随意抛弃。因此，任何轻率的离婚都有悖于社会道德和法律义务。反对轻率离婚，既是婚姻关系的内在要求，也是维护婚姻当事人利益和社会利益的必然要求。我国《婚姻法》关于离婚的条件、程序和法律后果等的规定，既是对离婚自由的保障，又是对轻率离婚的限制与约束。

（2）诉讼离婚实行破裂离婚主义，但在离婚后果上兼采过错离婚主义。在判决离婚认定的标准上，我国《婚姻法》坚持破裂离婚主义，即如果夫妻感情确已破裂，经调解无效，应准予离婚。值得注意的是，《婚姻法》第三十二条所列举的过错形态是法院用来确定夫妻感情是否确已破裂的具体标准和依据，而不是为了限制或约束过错方的离婚请求权。但是在离婚的法律后果上，我国《婚姻法》将夫妻一方的过错行为作为分割夫妻共有财产的因素，而法定的过错行为则可产生损害赔偿。因而，从某个角度来看，我国的诉讼离婚也兼有一定的过错离婚主义的色彩。

（3）保护妇女和未成年子女的合法权益。保护妇女和未成年子女的合法权益是我国《婚姻法》所坚持的基本原则之一。《婚姻法》规定，女方在怀孕期间和分娩后1年内或中止妊娠后6个月内，男方的离婚请求权受到必要限制；对于夫妻共有财产的分割、债务的清偿、经济帮助等方面，都注重保护妇女的合法权益；在离婚子女的抚养问题上，明确以子女的利益为优先考虑因素，在确定子女的抚养归属、抚养费的给付、抚养关系的变更以及父母的探视等方面，均以有利于子女健康成长为原则。

二、协议离婚

（一）协议离婚概述

协议离婚，又称登记离婚、两愿离婚，是指夫妻双方就自愿离婚达成合意，同时在离婚后果上达成一致意见，经婚姻登记机关认可即可解除婚姻关系的一种离婚方式。协议离婚是一种相对自由的离婚方式，能使不愿意继续保留夫妻关系的当事人和平、理智地分手，减少彼此进一步的伤害，防止个人隐私扩散，在没有外力干扰的情况下双方当事人就子女的抚养和财产的分割达成便于执行的解决方案。这种离婚方式手续简便易行，多数人愿意接受。协议离婚作为一种法律制度已被很多国家采纳，如日本、比利时、卢森堡、泰国等国家都建立了这一制度，并与判决离婚共同发挥作用。我国《婚姻法》第三十一条规定："男女双方自愿离婚的，准予离婚。双方必须到婚姻登记机关申请离婚。婚姻登记机关查明双方确实是自愿并对子女和财产问题已有适当处理时，发给离婚证。"可见，协议离婚也是我国离婚制度的一个重要组成部分，能够最大限度地保护离婚自由，充分体现了私法自治原则。目前，越来越多的离异夫妻选择使用这种方式，体现了我国离婚发展的新趋向。

（二）我国协议离婚的条件

根据我国《婚姻法》和《婚姻登记条例》的规定，协议离婚必须符合以下条件：

1. 双方当事人必须具有合法的夫妻身份

离婚是解除合法婚姻关系的行为，具有很强的人身属性，只能由具有夫妻身份的当事人本人行使，任何第三人都不得代替一方或双方去登记离婚。婚姻登记机关在办理登记离婚时，应当首先查明双方的夫妻身份。无婚姻关系的同居等关系，婚姻登记机关不予受理。

2. 双方当事人应当是完全民事行为能力人

离婚是重要的民事法律行为，只有双方当事人具有完全民事行为能力，才能独立自主地处理自己的婚姻问题，才能进行登记离婚。根据《婚姻登记条例》第十二条规定，当事人属于无民事行为能力人或限制民事行为能力人的，婚姻登记机关不予受理。对于夫妻一方是无民事行为能力人或限制民事行为能力人的离婚，只能依诉讼离婚程序离婚，并由其法定代理人代理诉讼。

3. 双方当事人须有离婚的合意

协议离婚应当是夫妻双方意思表示一致的结果，这种意思表示应当是自愿的、真实的，而不是受对方或他人的欺诈、胁迫或重大误解作出的。虚假的、受胁迫或受欺诈的协议离婚，或者是双方为追求各自的或共同的利益而恶意串通的"假离婚"无效。

4. 双方当事人必须就子女抚养和财产分割等问题作出适当的处理

离婚不仅仅是夫妻双方婚姻关系的解除，而且还涉及子女的抚养、夫妻共有财产的分割、夫妻共同债务的清偿、经济帮助等法律问题。因此，协议离婚夫妻双方不但要有离婚的合意，还要就未成年子女的抚养、夫妻共有财产的分割等问题作出适当的安排。《婚姻登记条例》第十一条规定："离婚协议书应当载明双方当事人自愿离婚的意思表示以及对子女抚养、财产及债务处理等事项协商一致的意见。"该条例第十二条又规定："未达成离婚协议的，婚姻登记机关不予受理。"

（三）我国协议离婚的程序

1. 办理协议离婚登记的机关

根据我国《婚姻法》与《婚姻登记管理条例》的规定，离婚登记与结婚登记一样，都要到婚姻登记管理机关去办理登记手续。具体来说，婚姻登记管理机关在城市是街道办事处或者市辖区、不设区的市人民政府的民政部门；在农村是乡、镇人民政府。婚姻登记机关的管辖范围是以地域管辖原则来确定的。当事人协议离婚，双方户口在同一地的，到当地婚姻登记机关申请离婚登记；双方户口不在一地的，到任何一方户籍所在地的婚姻登记机关申请离婚登记。

2. 协议离婚登记的程序

根据《婚姻登记条例》的规定，协议离婚在程序上必须经过申请、审查和登记三步。

（1）申请。《婚姻登记条例》第十条第一款规定："内地居民自愿离婚的，男女双方应当共同到一方当事人常住户口所在地的婚姻登记机关办理离婚登记。"第十一条第1款规定："办理离婚登记的内地居民应当出具下列证件和证明材料：①本人的户口簿、身份证；②本人的结婚证；③双方当事人共同签署的离婚协议书。"离婚协议书应当写明双方当事人离婚的意思表示、子女由何方抚养、抚养费数额及给付方式、夫妻共同财产的分配、夫妻共同债务的清偿方案等内容。

（2）审查。婚姻登记机关对于当事人的离婚申请，应当根据《婚姻法》和《婚姻登记条例》的规定进行严格的审查。首先，应审查当事人的证明和证件是否真实有效。其次，查明当事人是否符合登记离婚的条件，当事人是否具有民事行为能力，是否确系双方自愿离婚。再次，审查离婚协议的内容，对子女的安排和财产的处理是否约定清楚、合理，有无规避法律或者侵害第三人的利益等。登记机关在审查过程中当事人应如实提供情况，不得隐瞒或欺骗。如果登记机关发现那些违反婚姻法骗取离婚或虚假离婚的，应给予批评教育，不予登记。

（3）登记。婚姻登记机关经过审查以后，对符合《婚姻法》和《婚姻登记条例》规定的申请，应准予离婚。《婚姻登记条例》第十三条规定："当事人确属自愿离婚，并已对子女的抚养、财产、债务等问题达成一致意见的，应当当场予以登记，发给离婚证。"离婚证与人民法院的离婚判决书、离婚调解书具有同等的法律效力，是证明婚姻关系已经解除的法律文件。经审查，对于不符合《婚姻登记条例》规定的，婚姻登记机关则不予登记，并应向当事人说明理由。

（四）在实践中协议离婚常见的问题

1．离婚登记后，双方就子女抚养、财产分割引起的纠纷，要求人民法院重新处理

根据最高人民法院《关于适用〈婚姻法〉若干问题的解释（二）》第八、九条的规定，离婚协议中关于财产分割的条款或者当事人因离婚就财产分割达成的协议，对男女双方具有法律约束力。当事人因履行上述财产分割协议发生纠纷提起诉讼的，人民法院应当受理。男女双方协议离婚后1年内就财产分割问题反悔，请求变更或者撤销财产分割协议的，人民法院应当受理。人民法院审理后，未发现订立财产分割协议时存在欺诈、胁迫等情形的，应当依法驳回当事人的诉讼请求。

2．以协议离婚为条件的财产分割协议的效力

离婚财产分割协议是指夫妻双方在婚姻关系存续期间达成的以离婚法律事实出现为条件的财产分割协议。这种协议可以表现为单纯的以财产分割为内容，也可以与子女抚养混合在一起。这种财产分割协议一般以协议离婚为条件，且都在离婚诉讼前订立，在社会生活与司法实践中普遍存在。夫妻在婚姻关系存续期间达成财产分割协议，但是，由于种种原因，一方或双方反悔，未能到婚姻登记机关办理协议离婚手续，而到人民法院起诉离婚。在这种情况下，往往一方当事人主张原来达成的离婚协议合法有效，要求人民法院按照该协议的约定判决解除婚姻关系并对财产分割和子女抚养问题作出处理；而另一方则否认该协议的效力，要求人民法院根据实际情况依法作出处理。对于这种争议，最高人民法院《关于适用〈婚姻法〉若干问题的解释（三）》第十四条规定："当事人达成的以登记离婚或者到人民法院协议离婚为条件的财产分割协议，如果双方协议离婚未成，一方在离婚诉讼中反悔的，人民法院应当认定该财产分割协议没有生效，并根据实际情况依法对夫妻共同财产进行分割。"

3．关于假离婚、骗离婚的处理

假离婚，是指婚姻当事人双方为了共同或各自的目的，约定暂时离婚，待目的达到后再复婚的行为。在实践中，假离婚有两种情形：一种是向婚姻登记机关进行登记；另一种则是在人民法院达成假离婚的调解协议。在实践中，假离婚中的预谋都是夫妻共同策划的。当事人夫妻离异时，夫妻感情正常或者尚未完全破裂，离婚并非他们的真实意思。双方暂时离婚是为了实现其他目的，如为了多生子女，逃避计划生育；为了逃避夫妻共同债务等。因为假离婚一般是通过婚姻登记机关或人民法院办理的，所以原则上应当认定其发生离婚的法律效力。根据最高人民法院（民）复〔1985〕35号《关于男女登记离婚后一方反悔，向人民法院提起诉讼，人民法院是否应当受理问题的批复》的精神，对于在婚姻登记机关进行假离婚登记而发生的纠纷，人民法院不予受理，应由当事人向原登记机关申请解决。

骗离婚，是指当事人一方出于某种不可告人的目的，捏造虚假的事实或隐瞒真实

情况，向对方许诺先离婚再复婚，从而骗取对方同意离婚的行为。这类纠纷在现实生活中往往是婚姻当事人一方欺骗对方，通过假离婚而达到真离婚的目的。在骗离婚中，提出离婚是一方当事人的真实意思，但又用欺骗的手段蒙骗对方，使其确信离婚不过是实现某一目的的手段而同意离婚。受骗一方在办理离婚手续后，期待所谓的目的实现后再恢复夫妻关系。骗离婚既是当事人单方的欺骗行为，又是基于欺骗而产生的合意离婚行为。根据《民法通则》第五十八条的规定，一方以欺诈、胁迫等手段或者乘人之危，使对方在违背真实意思的情况下所为的民事行为无效。骗离婚实际上是一种无效的民事行为。这种无效离婚，当事人可以向婚姻登记机关或人民法院提出。婚姻登记机关或人民法院受理后，对于能够和好的夫妻，应做调解工作，宣布离婚无效，收回离婚证或判决离婚无效。如果调解后不能恢复夫妻关系，经调查确实是骗离婚的，应当宣布其离婚无效，维持原婚姻关系。但是，在司法实践中，受骗一方比较难以举证证明对方是以欺骗手段达到真离婚的目的的，因而相应的请求难以得到法律的支持。

4. 关于托人代办或冒名顶替领取离婚证的处理

离婚是与身份紧密相关的民事法律行为，只能由具有夫妻身份的当事人在有完全民事行为能力时进行，法律禁止托人代办或冒名顶替申请办理离婚登记。因此，婚姻登记机关在审查离婚申请的过程中，一旦发现有人代办或冒名顶替申请办理离婚登记的情形，应驳回离婚申请，不予登记。即使是托人代办或冒名顶替而蒙混过关，骗取离婚证，登记机关一经发现，应立即宣布其离婚行为无效，收回离婚证。

三、诉讼离婚

（一）诉讼离婚概述

诉讼离婚，又称裁判离婚，是指夫妻一方向人民法院提起离婚诉讼，人民法院依法通过调解或判决解除当事人婚姻关系的一种离婚方式。诉讼离婚是世界各国普遍采用的离婚方式。在有的国家，诉讼离婚是唯一的离婚方式。在外国立法中，诉讼离婚采用不同的立法例：有责主义、无责主义和破裂主义。有责主义是指夫妻一方得以对方有违背婚姻义务或者其他足以导致婚姻关系解除的过错为由而诉请离婚。无责主义是指夫妻一方得以婚姻共同生活中发生违背婚姻目的的事由（如精神病久治不愈、婚后出现无法治愈的性功能障碍、失踪达一定期限等）而诉请离婚。破裂主义是指夫妻一方或双方认为婚姻关系破裂，夫妻不能继续共同生活为由而诉请离婚。我国实行破裂主义的立法原则。

与协议离婚相比，诉讼离婚具有以下特点：

（1）诉讼离婚适用范围广泛。如夫妻一方要求离婚而另一方不同意离婚的；夫妻双方都同意离婚但就子女的抚养、财产的分割等问题没能达成协议的；未依法办理结婚登记而以夫妻名义共同生活且为法律承认的事实婚姻；尽管双方符合协议离婚的条件，但是基于某种特殊原因而不愿进行离婚登记，要求诉讼离婚的。在实践中，夫妻一方不在我国境内居住，或者一方下落不明或被宣告失踪，或者一方正在被劳动教养或被监禁期间不能亲自去婚姻登记机关申请离婚的案件，也适用诉讼离婚。随着我国经济的发展，人口流动性越来越大，离开自己户籍所在地的人口日益增多，要求离婚但回户籍所在地办理离婚有困难的，一方向被告经常居住地人民法院提起离婚诉讼，人民法院也应该受理。

（2）诉讼离婚中，人民法院对离婚的真实性、合法性审查较为严格。相对于协议离婚，诉讼离婚要求当事人必须提出请求及其事实与理由，法院通过行使审判权来解决离婚争端。离婚之诉不仅要解决是否准予离婚的问题，还要在准予离婚的同时解决离婚的诸多法律后果，如子女的抚养、夫妻共有财产的分割、债务的清偿、经济帮助、探望权的行使和离婚损害赔偿等。因此，对上述事实人民法院的审查更为严格。严格审查诉讼案件，可以防止借离婚逃避债务等不合法的情形。在审理程序上，法院对离婚诉讼更多的是采取职权主义，依职权主持调解。

（3）离婚判决具有强制性。离婚协议只是夫妻就双方婚姻关系、子女抚养以及财产问题达成的一种民事契约，双方按照协议的约定履行自己的义务并享有自己的权利，但是，如果一方不按照协议履行义务时，对方不能凭双方达成的离婚协议直接申请人民法院执行，还需要向人民法院提起民事诉讼，请求人民法院确认该离婚协议并予以强制执行。而离婚判决赋予一方当事人直接向人民法院申请执行的法律效力。

（二）诉讼外调解

我国《婚姻法》第三十二条规定："男女一方要求离婚的，可由有关部门进行调解或直接向人民法院提出离婚诉讼。"对于离婚纠纷，既可以在诉讼前由有关部门进行调解，也可以不经调解而直接向人民法院提起离婚诉讼。诉讼外调解，也即非诉讼离婚调解，是夫妻一方要求离婚的，在当事人所在单位、群众团体、基层组织和行政主管部门等人民法院以外的有关部门主持下进行调解的程序。诉讼外调解并非当事人离婚的必经程序，不具有法律强制性，应当遵守自愿、合法原则。任何人、任何部门都不得强制或变相强制当事人达成某项协议，也不得阻止或妨碍当事人就离婚问题向人民法院提出诉讼。诉讼外调解是离婚诉讼前解决纠纷的一种措施，并不影响当事人提起诉讼。

我国确立诉讼外调解原则具有重要意义：①我国民间自古就有调解处理婚姻纠纷的传统，以这种方式处理婚姻纠纷，可以避免当事人情绪对立，易于为当事人所接受。②有关部门对双方当事人与双方纠纷情况比较熟悉，容易抓住矛盾的重点进行说服教育和疏导工作，使纠纷容易得到妥善解决。③可以充分发挥各级组织与群众团体的作用，及时消解纠纷，有利于当事人生活和谐和社会秩序安定，也能减少法院的诉讼案件，减轻人民法院的工作负担。

离婚当事人经过有关组织与部门的调解，可能会出现三种不同的结果：①调解和好，消除矛盾，继续保持婚姻关系。②通过调解双方达成离婚协议，并就子女的抚养、财产的分割等问题达成一致意见。由一方要求离婚转化为双方自愿离婚。此时，双方应到婚姻登记机关办理离婚登记。③调解无效，一方仍然坚持要求离婚，另一方坚持不离婚或双方虽然同意离婚，但对离婚后果仍存在争议的，则由夫妻一方向人民法院提起离婚诉讼。

（三）诉讼离婚程序

诉讼离婚程序是以夫妻一方为原告，另一方为被告，以解除婚姻关系为目的而提起诉讼，由人民法院受理和进行审理，作出准许或不准许解除婚姻关系以及子女抚养和夫妻共同财产分割的裁判所适用的法定程序。

1. 起诉和受理

依照我国《民事诉讼法》和《最高人民法院关于适用〈中华人民共和国民事诉讼

法〉若干问题的意见》的规定，公民提起离婚诉讼的，原则上应由被告住所地人民法院管辖；但被告离开住所地超过1年，由原告住所地人民法院管辖；夫妻双方离开住所地超过1年，由被告经常居住地人民法院管辖，没有经常居住地的，由原告起诉时居住地的人民法院管辖；被告不在中华人民共和国领域内居住、下落不明或宣告失踪、被劳动教养或者被监禁的，由原告住所地或经常居住地人民法院管辖；非军人对非文职军人提起离婚诉讼的，由原告住所地人民法院管辖；双方当事人都是军人的，由被告住所地或者被告所在的团级以上驻地的人民法院管辖；中国公民双方在国外但未定居，一方向人民法院起诉离婚的，应由原告或者被告原住所地的人民法院管辖。

起诉时，原告须向法院递交起诉状和副本，写明原告、被告的一般情况，起诉的理由和要求，依据的事实和证据。符合上述规定的，人民法院应当立案受理，但对人民法院已经判决不准离婚的案件，或经人民法院调解和好，原告自动撤诉的离婚案件，如没有新情况、新理由，6个月之内不得再起诉，即使起诉，人民法院也不予受理。

2. 调解

我国《婚姻法》第三十二条第二款规定："人民法院审理离婚案件，应当进行调解；如感情确已破裂，调解无效，应准予离婚。"这里规定的调解是诉讼内调解，是指在人民法院主持下双方当事人自愿协商，达成协议，解决纠纷。这是人民法院审理离婚案件的必经程序，是人民法院行使审判职能的重要方式。诉讼调解贯穿人民法院审理离婚案件的整个过程，在一审、二审程序和审判监督程序中均可以进行。诉讼内调解与诉讼外调解不同，诉讼内调解有以下两个特点：①它既是人民法院行使国家审判权的一种方式，与审判结合进行，又是人民法院在审理离婚案件的整个过程中必须贯彻的原则。②是在诉讼中的调解，重在发挥人民法院的主导作用，在整个案件审理的过程中，人民法院都可以依职权主动进行调解，以促使当事人达成协议。双方当事人达成的离婚协议必须得到人民法院的认可与批准，发给离婚调解书后方可发生法律效力。

离婚诉讼中的调解，也可能会有三种结果：①双方达成和好协议，原告撤诉，将调解协议记录在卷。②双方达成离婚协议，人民法院审判人员根据调解协议，制作离婚调解书，调解书与判决书具有同等的法律效力。双方领取了离婚调解书，婚姻关系即告解除。③调解无效，夫妻双方既不同意和好，又不能达成调解协议，由人民法院依法作出判决。

3. 判决

人民法院对离婚诉讼调解无效时，应依法对当事人争议的诉讼标的作出强制性判决。人民法院根据不同的案情，可能有两种判决结果：一是判决不准离婚；二是判决离婚。是否判决离婚，是以夫妻感情是否破裂作为判断标准的。人民法院判决准予离婚时，应对子女的抚养、夫妻共有财产等问题一并作出处理。如果人民法院认为夫妻感情尚未破裂，判决不准离婚，就会驳回原告的离婚诉讼请求。无论是准予离婚还是不准离婚的一审判决，当事人都有15天的上诉期，未在上诉期内依法上诉的，一审判决发生法律效力。一审判决准予离婚的，人民法院在宣告判决时必须告知当事人在判决发生法律效力前不得另行结婚。在上诉期内依法上诉的，案件进入二审程序。二审人民法院审理离婚上诉案件时，也可以调解。如经调解双方达成协议的，调解书生效后一审判决即视为撤销。二审判决属于终审判决，一经送达即发生法律效力。另根据我国《民事诉讼法》第二百零二条的规定，当事人对已经发生法律效力的解除婚姻关系的判决，不得申请再审，但是，对于涉及财产分割的，可以申请再审。《关于适用〈婚姻法〉若干问题的解释（三）》第十八条还规定：“离婚后，一方以尚有夫妻共同财产未处理为由向人民法院起诉请求分割的，经审查该财产确属离婚时未涉及的夫妻共同财产，人民法院应当依法予以分割。”

（四）我国《婚姻法》对诉讼离婚的特殊规定

1. 对现役军人配偶离婚权的特殊规定

我国《婚姻法》第三十三条规定：“现役军人的配偶要求离婚，须得军人同意，但军人一方有重大过错的除外。”这是《婚姻法》对现役军人配偶的离婚权利的限制。这条规定是出于对军人的特殊保护，属于特别规定，应当优先适用。本条限制的是军人配偶的实体离婚权利，而不是其离婚请求权。即军人的配偶起诉要求离婚的，人民法院应当受理，只是当现役军人不同意离婚而无重大过错时，人民法院一般应当判决不准离婚。根据本条规定，并不能得出军人不同意离婚的，就绝对不能判决离婚的结论，也不能以此来否定夫妻感情确已破裂这一所有诉讼离婚判决的法定理由。根据最高人民法院的相关司法解释和司法实践经验，在适用本条款时，应当注意以下几个方面的问题：

（1）明确本条规定的现役军人范围。现役军人是指具有军籍，正在中国人民解放军或者武装警察部队服役的男女军人。已经退伍、转业的军人，或者在军事单位工作但没有取得军籍的职工不属于现役军人。另外，正在被劳动教养或正在服刑的军人，不享受现役军人的待遇。

（2）本条仅适用于非军人一方向现役军人一方提出离婚的情形。如果是现役军人一方向非军人一方提出离婚，或者双方都是现役军人的离婚纠纷，则应按婚姻法一般规定处理，不适用本条的规定。这条规定也不适用于双方协议离婚的情形。

（3）关于“重大过错”的认定标准。对于如何界定“重大过错”，我国《婚姻法》并未作出明确规定。根据最高人民法院《关于适用〈婚姻法〉若干问题的解释（一）》第二十三条的规定，如果军人一方有下列情形之一的，可以认定为军人有重大过错：重婚或与他人同居的；实施家庭暴力或虐待、遗弃家庭成员的；有赌博、吸毒等恶习屡教不改的。如果军人有其他违背社会公德并对夫妻感情造成严重伤害的行为，如强奸妇女、嫖娼等违法犯罪行为的，也可以认定为军人有重大过错。

（4）对破坏军婚的刑事处罚。现役军人的配偶提出离婚，如系因第三者插足破坏军人婚姻家庭且构成犯罪的，依照我国《刑法》的规定以破坏军婚罪追究第三者的刑事责任；军人不同意离婚的，判决不准离婚。

2. 在特定时期对男方离婚请求权的限制

《婚姻法》第三十四条规定：“女方在怀孕期间、分娩后1年内或中止妊娠后6个月内，男方不得提出离婚。女方提出离婚的，或人民法院认为确有必要受理男方离婚请求的，不在此限。”这是保护妇女、儿童合法权益的原则在离婚制度上的具体体现。因为女方在怀孕期间和分娩、堕胎后的一定期间内，身体与精神上均有一定的负担，或者是有胎儿、婴儿需要护理照料。如果男方在此时提出离婚，必然会给女方带来强烈的精神刺激和沉重的心理负担。因此，在上述期间，限制男方的离婚请求权是必要的，是保护孕妇、产妇的身心健康，以及胎儿、婴儿的健康发育与成长的需要，也是社会主义道德的必然要求。

在具体适用这一规定时，应注意以下几个方面的问题：

（1）这一特殊规定，仅仅是在特殊时期对男方离婚请求权的限制，而并非对男方离婚请求权的剥夺。这是一种程序性的规定，并不涉及是否准予离婚等实体问题。在上述特定时期期满后，男方仍可依法行使其离婚请求权。

（2）女方在此期间提出离婚，不受这一特殊规定的限制。因为这一特殊规定的设立，其目的就在于保护妇女、儿童的权益。如果在这期间女方提出离婚，往往是因为自身或胎儿、婴儿受到损害而迫不得已提出，这表明她对离婚及其后果已有思想准备，如不及时受理，可能更加不利于对孕妇、产妇和胎儿、婴儿利益的保护。当然，如果男女双方在此期间自愿离婚，法院也应受理。

（3）人民法院认为确有必要受理男方离婚请求的，也不受这一规定的限制。在实践中，"确有必要"一般指女方有重大过错的行为，包括：①女方婚后与他人发生性关系而怀孕，男方提出离婚；②在此期间双方确实存在不能继续共同生活的重大而紧迫的事由，如女方对男方有危及生命、人身安全的威胁；③女方有虐待、遗弃婴儿的行为。在上述情形出现时，人民法院可以受理男方的离婚请求，至于是否准许离婚，仍应根据具体案情和法律作出判断。

（4）人民法院在未发现女方怀孕时判决离婚，宣判后，女方发现怀孕提起上诉的，查明事实后，第二审法院应立即撤销原判决，驳回原告的离婚请求，不必发回原审法院重新审判。女方分娩后1年内，婴儿死亡的，原则上仍适用上述规定。

3. 对判决不准离婚和调解和好的再次起诉离婚的限制

我国《民事诉讼法》第一百二十四条第七项规定："判决不准离婚和调解和好的离婚案件，如没有新情况、新理由，原告在6个月内又起诉的，不予受理。"这既可以防止当事人缠诉现象的发生，又可以给当事人一个冷静的机会，让他们重新审视自己的婚姻，以挽救那些感情尚未破裂的婚姻。在适用这一规定时，应当注意：

（1）这项限制仅适用于原离婚诉讼的原告，原离婚诉讼的被告则不受此限。因此，原离婚诉讼的被告在6个月内作为原告提起离婚诉讼的，即使没有新情况、新理由，人民法院也应当受理。

（2）原告在判决不准离婚或者调解和好后6个月内不得提出离婚诉讼，其限制条件是没有新情况、新理由，即原告新提出的事实、理由与其在原离婚诉讼中所提出的事实与理由没有变化或没有本质的变化。但如果出现了诸如感情确已破裂的新情况、新理由，也可在6个月内提起诉讼，经审查确属新情况、新理由的，人民法院应当依法受理。

四、判决离婚的法定标准

（一）我国判决离婚法定标准概述

人民法院对调解无效的离婚案件必须作出判决，判决不准离婚或者准予离婚。判决离婚的法定标准，又称为判决离婚的法定理由，是指法律规定的是否准予离婚的标准或依据。我国《婚姻法》对判决准予离婚的标准，经过新中国30多年立法和司法实践的不断发展和完善，在1980年《婚姻法》中明确将"夫妻感情确已破裂，调解无效"作为判决准予离婚的法定标准。现行《婚姻法》第三十二条也规定："夫妻感情确已破裂，调解无效，应准予离婚。"由此可见，夫妻感情确已破裂，就是我国离婚制度中判决准予离婚的法定标准，也是人民法院处理离婚案件的基本原则。这一判决离婚的法定标准，包含了两个方面的内容：一方面是夫妻感情确已破裂。夫妻感情确已破裂是指夫妻感情已不复存在，不能继续夫妻共同生活并且不能期待夫妻双方有和好的可能。夫妻感情虽然属于人的心理、情感的精神活动范畴，并具有个性化的主观色彩和深层的隐蔽性，但是，这种主观意识总会通过一些客观状况如行为表现出来。《婚姻法》继而明确将夫妻一方或双方严重妨碍婚姻共同生活的过错行为或2年以上分居的客观事实及其他情形作为夫妻感情破裂的客观判断标准。另一方面又以调解无效来推定夫妻感情已经破裂，并以此来作为夫妻感情破裂的主观标准。其中，感情确已破裂是法院判决准或不准离婚的实质要件，而调解无效是程序要件。二者互为表里，形成了不可分割的有机整体。人民法院判决是否准予离婚，其核心问题是审查夫妻感情是否确已破裂。因此，我国在裁判离婚的条件上采用了破裂主义的立法原则。

（二）夫妻感情确已破裂的具体认定

1. 认定夫妻感情确已破裂的法定具体标准

1989年，最高人民法院为了规范离婚行为，在《关于人民法院审理离婚案件如何认定夫妻感情确已破裂的若干具体意见》中列举了14种夫妻感情确已破裂的具体情形，为人民法院审理离婚案件提供了具有可操作性的规定，凡符合其中之一的，即视为夫妻感情确已破裂。这14种具体情形为：①一方患有法定禁止结婚疾病的，或一方有生理缺陷及其他原因不能发生性行为，且难以治愈的。②婚前缺乏了解，草率结婚，婚后未建立起夫妻感情，难以共同生活的。③婚前隐瞒了精神病，婚后经治不愈，或者婚前知道对方患有精神病而与其结婚，或一方在夫妻共同生活期间患精神病，久治不愈的。④一方欺骗对方，或者在结婚登记时弄虚作假，骗取结婚证的。⑤双方办理结婚登记后，未同居生活，无和好可能的。⑥包办婚姻、买卖婚姻、婚后一方随即提出离婚，或者虽共同生活多年，但确未建立起夫妻感情的。⑦因感情不和分居已满3年，确无和好可能的，或者经人民法院判决不准离婚后又分居满1年，互不履行夫妻义务的。⑧一方与他人通奸、非法同居，经教育仍无悔改表现，无过错一方起诉离婚，或者过错方起诉离婚，对方不同意离婚，经批评教育、处分，或在人民法院判决不准离婚后，过错方又起诉离婚，确无和好可能的。⑨一方重婚，对方提出离婚的。⑩一方好逸恶劳、有赌博等恶习，不履行家庭义务、屡教不改，夫妻难以共同生活的。⑪一方被依法判处长期徒刑，或其违法、犯罪行为严重伤害夫妻感情的。⑫一方下落不明满2年，对方起诉离婚，经公告查找确无下落的。⑬受对方的虐待、遗弃，或者受对方亲属虐待，或虐待对方亲属，经教育不改，另一方不谅解的。⑭因其他原因导致夫妻感情确已破裂的。

现行《婚姻法》肯定了上述司法解释中所列举的常见性、多发性的离婚原因，但关于婚姻无效的原因则不再认定为离婚原因。根据现行《婚姻法》的规定，以下情形作为认定夫妻感情确已破裂的具体依据：

（1）重婚或有配偶者与他人同居的。重婚，是指有配偶又与他人结婚的行为，包括法律重婚和事实重婚。在司法实践中，重婚行为主要有以下几种：一是已经与配偶登记结婚，又与他人登记结婚的；二是与配偶登记结婚，与他人没有登记结婚而以夫妻名义同居生活的；三是与配偶和他人都未登记结婚，但与配偶在1994年2月1日前即以夫妻名义共同生活，形成事实婚姻，法律认可该婚姻的效力，双方当事人互为配偶，一方又与他人以夫妻名义同居的；四是没有配偶，但明知对方有配偶而与之登记结婚或以夫妻关系同居。所谓有配偶者与他人同居，是指有配偶者与婚外异性，不以夫妻的名义，持续、稳定地共同居住。其特征是双方有较为固定的同居住所，但对外不以夫妻名义共同生活。这两种行为既违反了《婚姻法》一夫一妻的原则，也违反了夫妻互相忠实的义务，属于破坏婚姻秩序的重大过错行为，不仅伤害了夫妻感情，而且也损害了对方对婚姻的合理期待，导致夫妻正常的共同生活无法继续维持。因此，夫妻一方重婚或与他人同居的，经调解无效，应认定为夫妻感情确已破裂，准予离婚。

（2）实施家庭暴力或虐待、遗弃家庭成员的。家庭暴力、虐待、遗弃都是发生在家庭中的，对其他家庭成员造成一定损害的行为。关于家庭暴力、虐待和遗弃，在单元一中有详细说明，不再赘述。在适用本条款时，应注意以下三点：第一，《婚姻法》第三十二条第三款第（二）项所指的家庭暴力、虐待和遗弃行为是夫妻感情破裂的情形之一，因此，实施家庭暴力、虐待、遗弃家庭成员的行为人应为夫妻一方，但是受害人可以不限于其配偶，也包括其他家庭成员在内。第二，适用该条款时应就具体事件衡量夫妻一方所受侵害的严重性。在我国司法实践中，如果夫妻一方所实施的家庭暴力、虐待行为，已逾越夫妻通常所能忍受的程度，使对方无法与其继续共同生活的，应认定为夫妻感情确已破裂。第三，对于“遗弃”的认定，应当认真了解夫妻之间、家庭成员之间平时的感情状况和遗弃的具体事实与情节。如果夫妻之间、家庭成员之间平时感情较好，遗弃行为的情节也不严重，应当以批评教育为主，着重调解和好；如果夫妻之间、家庭成员之间感情一直不好，遗弃行为是经常的、一贯的，已严重伤害了夫妻感情，经调解无效，应认定为夫妻感情确已破裂。

（3）配偶一方有赌博、吸毒等恶习屡教不改的。所谓赌博，是指用财物、金钱等作赌注，以一定的方式比输赢的行为。所谓吸毒，是指采取吸闻、食用、注射等方式将毒品纳入体内的行为。本条款并非指一般的赌博、吸毒等行为，而是须达到已成恶习并屡教不改的程度，即在一定时期内逐渐养成，并经过教育仍不悔改的赌博、吸毒等不良行为。本条款是例示性规范，除了明确规定的赌博、吸毒等恶习之外，还应包括其他严重危害夫妻感情的行为，如酗酒、嫖娼、卖淫、淫乱等。近几年来，因终日沉溺于上述某种恶习而导致离婚的案件有呈上升的趋势，其中以妻子提出离婚的占大多数。人民法院在处理这类案件时，应当查明具体事实和有不良恶习一方的一贯表现。如果当事人情节严重，已构成犯罪，或屡教不改，一贯不履行家庭义务，对方对其已丧失信心，夫妻难以共同生活，确无和好可能的，应认定为夫妻感情确已破裂。

（4）因感情不和分居满 2 年的。本条所说的分居，是指夫妻之间已停止了性生活，经济上不再合作，生活上不再互相关心、扶助。在适用该条规定时，应当满足三个条件：一是在客观上夫妻双方不存在共同生活的事实状态，夫妻之间已没有互相关心、同床共枕等固定婚姻意义上的共同生活。二是夫妻一方或双方在主观上有分居生活的意愿，即主观上拒绝夫妻共同生活。这种意愿可以是双方的合意，也可以是单方面的。因而，仅有夫妻分居生活的客观事实，尚不能构成法律意义上的分居。如夫妻因客观原因（学习、出差、治病等）而分开生活，因并非主观上愿意分居，故不属于法律意义上的分居。三是分居的期间须满 2 年。即从夫妻最后一次分居之日起已经持续分居 2 年以上。分居期间不得累加，应从起诉离婚前的最后一日起已连续不间断地满 2 年方为法定离婚理由。以一定期间的分居作为婚姻破裂的证明，是实行破裂离婚主义的国家普遍采用的客观标准，因为婚姻破裂最为客观的表现就是夫妻共同生活的终止。因此，当夫妻分居满2年，而且相互间不履行法律规定的权利义务时，经调解无效，说明夫妻关系徒具形式，缺乏实质内容，应认定为夫妻感情确已破裂。

（5）一方被宣告失踪，另一方提出离婚诉讼的，应推定夫妻感情确已破裂，准予离婚。这一条款构成了准予离婚的另一客观标准。我国《民法通则》第二十条规定："公民下落不明满2年的，利害关系人可以向人民法院申请宣告他为失踪人。"配偶一方离开最后住所地音讯消失的次日起下落不明满2年的，人民法院经其利害关系人（配偶、父母、成年子女、祖父母、外祖父母、孙子女、外孙子女等）申请，公告查找3个月确无下落的，即可宣告该下落不明人为失踪人。当某人被宣告失踪后，说明其婚姻关系已名存实亡，其配偶提出离婚诉讼，法院应判决准予离婚。该条款并不以夫妻感情确已破裂作为离婚的标准，而是以配偶一方失踪的客观事实来推定婚姻已无存在的意义。但是，申请宣告失踪与离婚诉讼是两种完全不同的法律制度。根据最高人民法院《关于适用〈民事诉讼法〉若干问题的意见》第一百五十一条的规定："夫妻一方下落不明，另一方诉至人民法院，只要求离婚，不申请宣告下落不明人失踪或死亡的案件，人民法院应当受理，对下落不明人用公告送达诉讼文书。"可见，夫妻一方下落不明满2年的，其配偶可不通过宣告失踪程序而直接提出离婚诉讼。

（6）其他导致夫妻感情破裂的情形。造成夫妻感情破裂的原因是多种多样的，法律不可能一一列举。为此，《婚姻法》第三十二条第三款在具体列举四项判决准予离婚的条件后，又设置了一个兜底性条款，即"其他导致夫妻感情破裂的情形"，从而为人民法院在基于各种各样原因提出的离婚诉讼中认定夫妻感情确已破裂提供了依据。这可以参照最高人民法院《关于人民法院审理离婚案件如何认定夫妻感情确已破裂的若干具体意见》中列举的14种情形来认定。

2. 司法实践中认定夫妻感情破裂的方法

判断夫妻感情是否确已破裂，是人民法院审理离婚案件的关键。最高人民法院在《关于人民法院审理离婚案件如何认定夫妻感情确已破裂的若干具体意见》中指出："判断夫妻感情是否确已破裂，应当从婚姻基础、婚后感情、离婚原因、夫妻关系的现状和有无和好的可能等方面综合分析。"这是在司法实践中综合认定夫妻感情是否确已破裂的方法。

（1）看婚姻基础。婚姻基础，是指男女双方建立婚姻关系时的感情状况和相互了解的程度。它是婚姻得以缔结的根本和起点，对婚姻关系的维持起着重要的奠基作用。看婚姻基础就是要调查了解双方结合的方式、恋爱时间的长短、结婚的动机和目的。也就是看双方结婚是自主自愿，还是父母或他人包办强迫的；是以爱情为基础的，还是以金钱、地位或财产为目的而结合的；双方是通过较长时间的自由恋爱充分了解而结合的，还是"闪婚"的；双方是真心相爱、想白头偕老，还是为了达到其他目的的权宜之计，或者是出于同情、感恩而结合的等。这些因素对婚后感情变化和离婚纠纷的产生都会有直接或间接的影响。一般而言，在离婚纠纷中，婚姻基础好的夫妻婚后感情比较好，通过调解较容易和好。相反，如果婚姻基础本来就较差，婚后又没有建立起真正的夫妻感情，重新和好的可能性就小一些。

（2）看婚后感情。看婚后感情就是看夫妻共同生活期间的感情状况。婚后感情好的夫妻，在婚后生活中能互敬互爱、互相尊重、互相关心，共同承担抚养子女、赡养老人的社会责任。这种情形下夫妻一方要求离婚，如调解无效，以判决不准离婚为宜。婚后感情一般的夫妻，在婚后的生活中，感情时好时坏，有矛盾也有和谐。发生纠纷后，经过双方自我反思，或经亲友的劝解，一般能和好如初。如夫妻一方要求离婚，如果没有难以排解的特别重大原因，经调解无效的，一般也不宜判决离婚。婚后感情不好的夫妻，在其婚后共同生活中未能建立起夫妻感情，或者夫妻感情逐渐变冷，甚至矛盾尖锐的，如果导致离婚的原因无法排除，确实无和好的可能，不立即解除双方的婚姻，将会进一步激化矛盾，发生意外事件，应当认定夫妻感情确已破裂，准予离婚。

（3）看离婚的原因。离婚的原因，是指引起离婚的最根本的因素，即引起夫妻纠纷的主要矛盾或夫妻双方争执的焦点与核心问题。任何一对要求离婚的夫妻，都会向法庭呈诉许多离婚的原因。这些原因有的是单一的，有的是复合的；有的是主观上的，有的是客观上的；有的是真实的，有的是虚假的；有的是直接的，有的是间接的；有的是可以调解排除的，有的是不可调和的。在司法实践中，有时当事人陈述的离婚原因与真实的离婚原因并不一致；有时当事人为了达到离婚的目的，往往会夸大事实，制造假象来掩盖其真实的目的；而有一些当事人为了达到不离婚的目的，也会想尽一切办法否定原告的离婚理由。因此，人民法院一定要查明产生离婚纠纷的真正原因。只有掌握了当事人离婚的真正原因，才能分清是非，明确责任，正确评估离婚的原因与夫妻感情破裂之间的内在联系，有针对性地做好调解工作，合理地解决离婚纠纷。

（4）看夫妻关系的现状和有无和好的可能。这是在综合判断上述情况的基础上进一步把握夫妻关系的现状和各种有利于和好的因素，对婚姻的发展前景进行估计和预测。如夫妻双方对立情绪的大小、是否分居、夫妻间的权利义务是否中止、对子女是否尽到抚养义务、过错方有无悔改表现等，这些情况对判断夫妻关系能否和好很重要，它决定着调解工作的方向，也为最后判决提供了依据。因此，判断有无和好的可能，既要看夫妻感情的实际状况，也要看双方当事人的态度，包括坚持不离婚的一方有无争取和好的愿望及其实际行动。如果夫妻感情尚未完全破裂，仍有和好的希望，人民法院应努力做好调解工作，判决不准离婚。反之，则应判决准予离婚。

五、离婚的法律效力

离婚的法律效力，又称为离婚的法律后果，是指夫妻双方解除婚姻关系的行为在法律上所产生的相应的后果。离婚使夫妻之间因婚姻所发生的身份关系、财产关系上的一切权利义务关系终止，并由此产生子女抚养与教育、夫妻共有财产分割、共同债务的清偿、一方对另一方经济帮助、离婚损害赔偿等一系列后果。这些后果涉及男女平等原则的贯彻和妇女及子女合法权益的保护，关系到婚姻纠纷的妥善解决。离婚的效力只能产生于离婚法定手续完成后，它只对将来发生效力，不发生溯及既往的效力。离婚效力发生的时间，在协议离婚方式中，以登记离婚之日或调解离婚协议书有效成立之时为准；在判决离婚方式中，则以离婚判决生效之日为准。

（一）夫妻身份关系消灭

夫妻身份关系因结婚而发生，因离婚而消灭。离婚使夫妻之间的身份关系解除，基于夫妻身份而产生的一切权利义务关系随之消灭。这是离婚最为直接的法律后果。国外婚姻家庭立法与学说通常认为，离婚对当事人身份上的效力主要包括六个方面：①夫妻姓氏的恢复与保留；②同居的义务消灭；③再婚自由及其限制；④继承人资格丧失；⑤日常家事代理权消灭；⑥姻亲关系消灭。

我国《婚姻法》对于夫妻人身关系的内容规定得较为简略，离婚对当事人身份上的效力主要表现在以下几个方面：

1. 夫妻身份消灭

男女因结婚而产生夫妻身份关系，互为配偶，具有固定的配偶身份和称谓，并由此而产生人身上、财产上的各种权利义务关系。夫妻间的配偶身份和称谓因离婚归于消灭。

2. 获得再婚自由

我国实行一夫一妻制度，夫妻双方在婚姻关系存续期间不得与任何第三人结婚。在婚姻关系因配偶一方死亡或离婚而终止后，男女双方恢复单身状态，即享有再婚的权利。离婚后男婚女嫁，彼此不得干涉。不过在有的国家，对离婚当事人的再婚自由作了某些限制性规定，如相奸者禁止结婚，女方在禁婚期内禁婚。

3. 夫妻扶养义务终止

《婚姻法》第二十条明确规定："夫妻有互相扶养的义务。"离婚后，随着夫妻身份关系消灭，夫妻之间相互扶养的义务解除，任何一方不再享有要求对方扶养的权利，也不存在扶养对方的义务。

4. 夫妻相互继承权丧失

《婚姻法》第二十四条规定："夫妻有相互继承遗产的权利。"在继承法上，配偶还是第一顺序的法定继承人。但这种法定继承人的资格应以夫妻关系的存续为前提，在婚姻关系因离婚而被解除时，继承权自然丧失，配偶不再具有法定继承人的资格。

5. 夫妻同居义务、忠实义务消灭

作为夫妻，不仅具有同居的权利和义务，而且也负有相互忠实的义务①。《婚姻法》第四条规定："夫妻应当互相忠实"。离婚后夫妻身份关系终止，夫妻间同居义务、相互忠实义务也随之消灭。

6. 夫妻间日常家事代理权终止

我国《婚姻法》第十七条第二款规定："夫妻对共同所有的财产，有平等的处理权。"最高人民法院《关于适用〈婚姻法〉若干问题的解释（一）》第十七条详细解释了"平等的处理权"的含义，其中一个方面就是：夫或妻在处理夫妻共同财产上的权利是平等的。因日常生活需要而处理夫妻共同财产的，任何一方均有权作出决定。这一规定实际上承认了配偶的日常家事代理权，夫妻双方互为代理人，这是我国合法婚姻的效力之一。因离婚的关系，夫妻对日常家事的代理权当然地归于消灭。

7. 姻亲关系消灭

姻亲关系，是指夫妻结婚后，一方与对方的亲属或双方的亲属之间所形成的亲属关系。姻亲关系因婚姻成立而发生，但婚姻关系终止时是否消灭，依终止的原因不同而有所区别。当婚姻因配偶一方死亡而终止时，姻亲关系并不因此而必然消灭。《继承法》第十二条规定："丧偶儿媳对公、婆，丧偶女婿对岳父、岳母，尽了主要赡养义务的，作为第一顺序继承人。"这说明配偶一方死亡后，生存方与直系姻亲之间的关系并不因此而必然消灭。但是婚姻关系因双方离婚而终止时，姻亲关系也随之消灭。

---

① 详见单元三"夫妻人身关系"的内容。

（二）离婚对父母子女的法律后果

离婚对父母子女的法律后果，主要包括三个方面：离婚后父母子女之间的关系、离婚后子女的抚养和离婚后子女抚养教育费的承担。

1. 离婚后父母子女之间的关系

《婚姻法》第三十六条第一款的规定："父母与子女间的关系，不因父母离婚而消除。离婚后，子女无论由父或母直接抚养，仍是父母双方的子女。"该条第二款又规定："离婚后，父母对于子女仍有抚养和教育的权利和义务。"夫妻关系可以因离婚而解除，但双方对所生子女的权利和义务依然存在。这是因为父母子女关系是基于血缘关系而成立的，这种血缘关系客观存在，不能通过法律程序人为地加以终止。在我国，亲子关系还包括养父母与养子女之间的关系、继父母与形成抚养教育关系的继子女之间的关系。这种拟制的血亲关系也不因养父母或继父母与生父母的离婚而必然终止。具体来说，离婚后父母与子女的关系需要明确三种情形：

（1）父母与子女的关系，不因父母离婚而解除。父母与子女的关系，又称亲子关系，是指基于婚姻法规定的父母子女之间的权利义务关系，不是指生物血缘关系。在法律上，父母子女关系可分为四种：婚生父母子女、非婚生父母子女、养父母子女、形成抚养教育关系的继父母与继子女。

（2）养父母子女间的身份关系及其他权利义务关系，也不因为养父母离婚而解除。养父母离婚后，养子女无论是由养父或养母抚养，仍是养父母双方的养子女。在特殊情况下，如养父母离婚经亲生父母与有识别能力的养子女同意，双方自愿达成协议，未成年的养子女与养父母之间可解除收养关系，由亲生父母一方或双方抚养。

（3）对于离婚后的继父母与继子女之间的关系，最高人民法院《关于人民法院审理离婚案件处理子女抚养问题的意见》第十三条规定："生父与继母或生母与继父离婚时，对曾受其抚养教育的继子女，继父或继母不同意继续抚养的，仍应由生父母抚养。"据此，离婚后，已形成事实上的抚养教育关系的继父母与继子女，如继子女未成年并随生父或生母生活的，该继子女与继父母的关系，可自然解除。受继父母长期抚养教育的继子女，在已成年的情况下，继父母与继子女已经形成的身份关系和权利义务关系则不能因为离婚而自然解除；只有在继父母或继子女一方或双方提出解除继父母子女关系并符合法律要求的条件下，才能解除。但继父母养大成人并独立生活的继子女，对于生活困难、无劳动能力的继父母的晚年生活费用应当继续承担。

2. 离婚后子女的抚养与探望

（1）离婚后子女抚养关系的确定。《婚姻法》第三十六条第三款规定："离婚后，哺乳期内的子女，以随哺乳的母亲抚养为原则。哺乳期后的子女，如双方因抚养问题发生争执不能达成协议时，由人民法院根据子女的权益和双方的具体情况判决。"离婚后子女是由父方还是由母方抚养，直接关系到子女的身心健康和成长。对此，最高人民法院在《关于人民法院审理离婚案件处理子女抚养问题的意见》中规定了"应从有利于子女身心健康，保障子女的合法权益出发，结合父母双方的抚养能力和抚养条件等具体情况妥善解决"的处理原则。对于该处理原则可作如下理解：

①哺乳期内的子女，原则上由哺乳的母亲抚养。所谓哺乳期内的子女，是指2周岁以下的婴幼儿，他们一般应随母方生活。但母方有下列情形之一的，可随父方生活：患有久治不愈的传染性疾病或其他严重疾病，子女不宜与其共同生活的；有抚养条件

不尽抚养义务，而父方要求子女随其生活的；因其他原因，子女确实无法随母方生活的。如果父母双方协议2周岁以下子女随父方生活，并对子女健康成长无不利影响的，可予准许。

②对于2周岁以上的未成年子女的抚养问题，应先由父母双方协商，在自愿的基础上达成抚养协议。如果在有利于保护子女利益的前提下，由父母双方协议轮流抚养子女的，也可予准许。对于不能达成抚养协议的，应由人民法院依据父母双方的思想品质、抚养能力、生活环境、与子女的感情联系等多方面的因素，以判决的方式确定抚养关系。但如果父方和母方均要求随其生活，一方有下列情形之一的，可予优先考虑：Ⅰ　已做绝育手术或因其他原因丧失生育能力的；Ⅱ　子女随其生活时间较长，改变生活环境对子女健康成长明显不利的；Ⅲ　无其他子女，而另一方有其他子女的；Ⅳ　子女随其生活，对子女成长有利，而另一方患有久治不愈的传染性疾病或其他严重疾病，或者有其他不利于子女身心健康的情形，不宜与子女共同生活的。Ⅴ　如果父方与母方抚养子女的条件基本相同，双方均要求子女与其共同生活，但子女单独随祖父母或外祖父母共同生活多年，且祖父母或外祖父母要求并且有能力帮助子女照顾孙子女或外孙子女的，可作为子女随父或母生活的优先条件予以考虑。

③对于10周岁以上的未成年子女随父或随母生活发生争执的，应当考虑该子女的意见。因为10周岁以上的未成年子女属于限制民事行为能力人，已有一定识别能力，是随父还是随母生活，应尊重并考虑他们本人的意见。

④对继子女、养子女的抚养问题，除遵循上述一般原则外，相关司法解释还规定：一是生父与继母或生母与继父离婚时，对曾受其抚养教育的继子女，继父或继母不同意继续抚养的，仍应由生父母抚养。二是《收养法》施行前，夫或妻一方收养的子女，对方未表示反对，并与该子女形成事实收养关系的，离婚后，应由双方负担子女的抚育费；夫或妻一方收养的子女，对方始终反对的，离婚后，应由收养方抚养该子女。

(2) 离婚后子女抚养关系的变更。子女抚养关系确定后，如果父母的抚养条件发生重大变化，或子女要求变更抚养关系的，可由双方协议变更；协议不成时，可由人民法院根据有利于子女利益和双方的具体情况判决。一方要求变更子女抚养关系，属于下列情况之一的，应予以支持：①与子女共同生活的一方因患严重疾病或因伤无法继续抚养子女的；②与子女共同生活的一方不尽抚养义务或有虐待子女行为，或与其子女共同生活对子女身心健康确有不利影响的；③10周岁以上未成年子女，愿随另一方生活，该方又有抚养能力的；④有其他正当理由需要变更的。

(3) 离婚父母一方对子女的探望权。了解离婚父母一方对子女探望权的规定，应注意掌握以下内容：

①探望权的概念。所谓探望权，是指父母离婚后，不直接抚养子女的一方依法享有对未与其共同生活的子女进行探视、看望和交往的权利。它是与直接抚养相对应的一项法定权利，它可以保证夫妻离异后非直接抚养子女的一方能够定期与子女相聚，有利于弥补家庭解体给父母子女之间造成的感情伤害，有利于未成年子女的健康成长。从法理上讲，探望权是基于父母子女关系而享有的一种身份权。夫妻离婚并不能消灭父母和子女间的身份关系。探望权正是基于父母子女关系而享有的身份权利，是一种实体权利，父或母有权单独行使。我国《婚姻法》第三十八条第一款确立了探望权，规定："离婚后，不直接抚养子女的父或母，有探望子女的权利，另一方有协助的义务。"

②探望权的行使。探望以时间长短为标准可分为看望式探望与逗留式探望。前者是指非直接抚养子女的一方在约定或判决确定的时间地点探视、看望子女。这种探望时间短、方式灵活。后者是指由探望人在约定或判决确定的时间内，领走该子女并按时送回子女的探望。该种探望时间较长，有利于对子女的了解和交流，但要求探望人有一定的居住、生活条件和较充裕的时间。

《婚姻法》第三十八条第二款规定："行使探望权利的方式、时间由当事人协议，协议不成时，由人民法院判决。"探望权的行使首先应由父母本着有利于子女身心健康的原则，就探望的时间、地点和方式进行协商。如果能协商妥善解决，不仅有利于平衡各方和子女的利益，而且还容易得到执行。如果协商不成，探望权人可就探望权单独向人民法院提起诉讼，由人民法院依法判决，确定探望的时间和方式。

虽经人民法院作出探望权的生效判决，但一方当事人不配合的情况下，此判决很难得到实现，因此，我国法律规定了探望权的强制执行。依据《婚姻法》第四十八条的规定，对拒不执行有关探望子女等判决或裁定的，由人民法院依法强制执行。最高人法院《关于适用〈婚姻法〉若干问题的解释（一）》第三十二条规定："《婚姻法》第四十八条关于对拒不执行有关探望子女等判决和裁定的，由人民法院依法强制执行的规定，是指对拒不履行协助另一方行使探望权的有关个人和单位采取拘留、罚款等强制措施，不能对子女的人身、探望行为进行强制执行。"这主要是因为探望权涉及相关当事人的人身问题，因此，直接对探望行为强制执行，不仅不能维护申请人的利益，而且可能会给子女的身心健康造成伤害。

③探望权的中止与恢复。探望权的中止，是指因发生一定的法定事由，不宜继续行使探望权，由人民法院依法暂时停止其探望的法律制度。探望权是法律赋予非直接抚养子女一方的法定权利，其目的在于保障子女的健康成长，因而一般不能加以限制、剥夺。但如果探望权的行使不利于子女的身心健康，甚至会严重损害子女的利益时，法律对其进行必要的限制是合乎探望权设立的宗旨的。《婚姻法》第三十八条第三款规定："父或母探望子女，不利于子女身心健康的，由人民法院依法终止探望的权利；中止的事由消失后，应当恢复探望的权利。"在适用该条款时应注意以下几个方面的问题：

第一，提出中止探望权的请求权人。《关于适用〈婚姻法〉若干问题的解释（一）》第二十六条规定："未成年子女、直接抚养子女的父或母及其他对未成年子女负担抚养、教育义务的法定监护人，有权向人民法院提出中止探望权的请求。"

第二，中止探望权的法定事由。对于中止探望权的法定事由，《婚姻法》只是概括性规定为不利于子女身心健康，并未具体列举。一般认为，不利于子女身心健康的情形主要有：探望权人是无民事行为能力人或限制民事行为能力人；探望权人患有严重传染性疾病或其他严重疾病，可能危及子女健康的；探望权人在行使探望权时对子女有侵权行为或犯罪行为的；探望权人与子女感情严重恶化，子女坚决拒绝探望的；其他不利于子女身心健康的情形。

第三，中止探望权须经人民法院判决，其他任何机关或个人都不能中止未直接抚养子女一方探望子女的权利。《关于适用〈婚姻法〉若干问题的解释（一）》第二十五条规定："当事人在履行生效判决、裁定或者调解书的过程中，请求中止行使探望权的，人民法院在征询双方当事人意见后，认为需要中止行使探望权的，依法作出裁定。”

第四，探望权的中止，仅仅是暂时停止探望权的行使，并不是完全剥夺或消灭。一旦中止探望权的事由消灭后，应当依法恢复。当然，这种恢复仍需通过司法程序，由人民法院依法作出裁判。《关于适用〈婚姻法〉若干问题的解释（一）》第二十五条规定：“中止探望的情形消失后，人民法院应当根据当事人的申请通知其恢复探望权的行使。”

3. 离婚后子女抚养教育费的负担

《婚姻法》第三十七条规定：“离婚后，一方抚养的子女，另一方应负担必要的生活费和教育费的一部或全部，负担费用的多少和期限的长短，由双方协议；协议不成时，由人民法院判决。关于子女生活费和教育费的协议或判决，不妨碍子女在必要时向父母任何一方提出超过协议或判决原定数额的合理要求。”可见，离婚后无论子女是随父还是随母生活，另一方都应负担子女必要的抚养费和教育费。但在具体解决非直接抚养方负担子女抚育费问题时，应注意以下几个方面：

（1）确定子女抚育费的方式。依据《婚姻法》第三十七条的规定，关于子女抚育费的负担，首先由父母双方在平等自愿的基础上，就负担的费用、期限和支付方式等进行协商，达成明确、具体的协议。协议应当以有利于子女的健康成长，以不损害子女的合法权益为原则。《关于人民法院审理离婚案件处理子女抚养问题的若干具体意见》第十条规定：“父母双方可以协议子女随一方生活并由抚养方负担子女全部抚育费。但经查实，抚养方的抚养能力明显不能保障子女所需费用，影响子女健康成长的，不予准许。”如果双方协议不成，或其协议不予准许时，应由人民法院从保护子女合法权益、有利于子女健康成长的角度出发，根据子女的实际需要、父母双方的负担能力和当地的实际生活水平依法作出判决。

（2）子女抚育费的数额。子女抚育费数额的确定，既要根据子女的实际需要，又要考虑到父母的负担能力和当地的实际生活水平。有固定收入的，抚育费一般可按其月收入的20%～30%的比例给付。负担2个以上子女抚育费的，比例可以适当提高，但一般不得超过月收入的50%。无固定收入的，抚育费的数额可依据当年总收入或同行业平均收入，参照上述比例确定。有特殊情况的，可适当提高或降低上述比例。

（3）子女抚育费的给付期限。依据上述《意见》第十一、十二条的规定，抚育费的给付期限，一般至子女18周岁为止；16周岁以上不满18周岁，以其劳动为主要生活来源，并能维持当地一般生活水平的，父母可停止给付抚育费。对于尚未独立生活的成年子女有下列情形之一，父母又有给付能力的，仍应负担必要的抚育费：①丧失劳动能力或虽未完全丧失劳动能力，但其收入不足以维持生活的；②尚在校就读的；③确无独立生活能力和条件的。

（4）子女抚育费的给付方式。子女抚育费应当定期给付，这是一般原则。有足够的经济能力的，也可以一次性给付；在农村地区，可按收益季度或年度给付。对于一方无经济收入或者下落不明的，可以用财物折抵子女抚育费。

此外，《关于人民法院审理离婚案件处理子女抚养问题的若干具体意见》第十九条规定：“父母不得因子女变更姓氏而拒付子女抚育费。父或母一方擅自将子女姓氏改为继母或继父姓氏而引起纠纷的，应责令恢复原姓氏。”

（5）子女抚育费的变更。子女抚育费的变更表现在以下两个方面：

①子女抚育费的增加。《婚姻法》第三十七条第二款规定："子女在必要时可以要求父母任何一方增加抚养费。"这是子女的一项重要权利，也是其健康成长的物质保证。父母双方对于子女增加抚养费的要求，应当协商解决；协商不成的，子女可以向人民法院提起诉讼。上述《意见》第十八条规定："子女要求增加抚养费有下列情形之一，父母有能力给付的，应当支持：Ⅰ 原定抚育费数额不足以维持当地实际生活水平的；Ⅱ 因子女患病、上学，实际需要已超过原定数额的；Ⅲ 有其他正当理由应当增加的。"

②子女抚育费的减少或中止给付。子女抚育费的实际给付应以父（母）具有履行给付义务的能力为条件。因此，如果给付方本身无力维持其生活，即使他（她）负有给付的义务，也无法实际履行。根据司法实践，有下列情形之一的，给付方可以提出减少或中止给付抚育费的请求：Ⅰ 给付方因长期患病或丧失劳动能力，失去经济来源，确实无力按原协议或判决确定的数额给付，而抚养子女的一方又能够负担，有抚养能力的；Ⅱ 给付方因犯罪被收监改造，无力给付的；Ⅲ 抚养子女的一方再婚，继父（母）愿意承担子女抚育费的一部分或全部，在这种情况下，负有给付义务的一方所承担的抚育费数额可以减少或中止给付。

4. 司法实践中有关子女抚养的问题

（1）离婚当事人争养子女的。随着计划生育政策的不断深入开展，在离婚案件中，夫妻双方争养子女，特别是独生子女的矛盾越来越突出，有的父母一方在诉讼中将孩子抢走，有的在判决生效后将孩子抢走。被抢的子女多为男孩，特别是独生子。争抢孩子的一方一般态度非常坚决，对其很难做通思想工作，不但离婚当事人争抢，而且爷爷奶奶、外公外婆、甚至叔姑姨舅等均参与其中。对于争抢孩子的行为，人民法院一般首先做说服教育工作，使其配合法院妥善处理子女抚养纠纷。对于经教育无效、拒不履行法院生效裁判有关子女抚养义务的当事人，人民法院依照《民事诉讼法》的有关规定，采取强制措施。

（2）夫妻离婚后，未成年子女侵害他人权益的，同该子女共同生活的一方应当承担民事责任；如果独立承担民事责任确有困难的，可以责令未与子女共同生活的一方共同承担民事责任。

（3）判决离婚后，一方不按法院判决支付抚养费；或者判决不准离婚后，夫妻仍然分居的，子女由一方抚养而另一方不支付抚养费的，抚养子女的一方可以以子女的名义向人民法院起诉，并为子女的法定代理人。人民法院应当以追索抚养费纠纷立案受理。

（4）非婚生子女抚养费纠纷的处理。非婚生子女，是指没有婚姻关系的男女所生的子女，俗称"私生子"，包括未婚男女或已婚男女与他人发生不正当性行为所生子女。这类纠纷往往是因为非婚生子女的生父推诿抚养责任而引发的。我国《婚姻法》明文规定："非婚生子女享有与婚生子女同等的权利，任何人不得加以危害和歧视。不直接抚养非婚生子女的生父或生母，应当负担子女的生活费和教育费，直至子女能够独立生活为止。"非婚生子女的抚养费和教育费的数额与负担方式，可由双方协商决定。协商不成的，可通过司法途径经由人民法院判决确定。具体内容可参见单元三的"亲子关系"。

（三）夫妻共同财产的分割

离婚不仅终止夫妻之间的人身关系，同时也终止了夫妻之间的财产关系。我国法律规定夫妻共同财产制是婚后所得共同制。因此，离婚时应当依法分割夫妻共同财产。

1．夫妻共有财产的范围

虽然我国《婚姻法》以婚后所得共同财产作为法定夫妻共同财产，但这并不意味着离婚时在夫妻名下的财产都是夫妻共有财产。因此，要正确处理离婚后夫妻共有财产的分割，其前提是要明确夫妻共有财产的范围，正确区分夫妻个人财产和家庭财产。

（1）夫妻共有财产范围的确定。根据《婚姻法》与相关司法解释的规定，夫妻在婚姻关系存续期间所得的法定共有财产，归夫妻共同所有，包括下列财产：夫妻一方或双方劳动所得的工资、奖金；一方或双方生产、经营的收益；一方或双方实际取得或已经明确可以取得的知识产权的收益；一方或双方非指定继承或赠与所得的财产；一方以个人财产投资取得的收益；男女双方实际取得的或者应当取得的住房补贴、住房公积金、养老保险金、破产安置补偿费等。此外，夫妻约定在婚姻关系存续期间所得的部分财产以及婚前的部分财产归双方共有的，也属于夫妻共有财产。①

（2）夫妻个人财产的确定。夫妻个人财产除夫妻以书面形式约定的个人财产外，还包括：夫妻一方的婚前财产；一方因身体受到伤害获得的医疗费、残疾人生活补助费等费用；遗嘱或赠与合同中确定只归夫或妻一方的财产；一方专用的生活用品以及其他应当归一方所有的财产。

（3）夫妻共有财产与家庭财产的区分。所谓夫妻共有财产，是指夫妻双方或一方在婚姻关系存续期间所得，除法律另有规定或夫妻另有约定之外，由夫妻共同所有的财产。而家庭财产则是家庭成员各自所有的财产与全体家庭成员共同所有的财产的总和，其外延、范围比夫妻共有财产广泛，它既包括夫妻个人财产、夫妻共有财产，又包括其他家庭成员的个人财产和全体家庭成员共同所有的财产。夫妻离婚需要分割的仅仅是夫妻共有财产，因而，应当将夫妻共有财产从家庭财产中析出以后再进行分割。

2．夫妻共同财产分割的原则

《婚姻法》第三十九条规定：“离婚时，夫妻的共同财产由双方协议处理；协议不成的，由人民法院根据财产的具体情况，遵循照顾子女和女方权益的原则判决。夫或妻在家庭承包地承包经营中享有的权益等，应当依法予以保护。”对于离婚后夫妻共有财产的分割，一直是司法实践中比较复杂的问题，对此，最高人民法院相继出台了许多相关解释。根据《婚姻法》与相关司法解释的规定，在分割夫妻共有财产时，应当遵循以下原则：

（1）男女平等原则。男女平等原则是我国婚姻法的基本原则之一。在财产分割上表现为夫妻双方对共同财产有平等的分割权利。一般情况下，夫妻共同财产由夫妻双方均等分割。

（2）保护女方与子女权益的原则。该原则强调男女双方平等地享有分割共同财产权利时，应当适当照顾女方与子女的利益。由于父母离异会给未成年子女今后的生活带来一些不利的影响，为了使子女能在一个较好的环境中学习、生活，夫妻在分割共同财产时，应根据子女的学习和生活需要，给抚养子女一方适当多分一些财产或更多

---

① 具体参见单元三“夫妻财产关系”的内容。

的方便，以照顾子女的实际需要。

（3）照顾无过错方的原则。如果离婚纠纷是一方的过错引起的，那过错方就应当为自己的行为负责，因此，在分割夫妻共同财产时，应对无过错方给予必要的照顾。如根据实际需要，在财产数量上可以适当多分，在具体物品的选择上给予优先选择等。

（4）有利于生产经营和生活方便的原则。在分割夫妻共同财产时，应注意从有利于生产经营和生活的需要出发，不损害财产的效用和价值。对生产资料或一方从事职业所必需的工具，应尽可能地分给需要的一方，对另一方则以其他财产或折价补偿。对特定物包括有价值的纪念物，不宜分割的，可根据财产来源分给获得的一方。属于个人专用的物品，一般归个人所有。属于夫妻共同财产的生产资料，可分给有经营条件和能力的一方，获得生产资料的一方应给予另一方相当于该财产一半价值的补偿。对夫妻共同经营的当年无收益的养殖、种植业等，离婚时应从有利于发展生产、有利于经营管理的角度去考虑，予以合理分割或折价处理。

（5）当事人的约定优于法定原则。对夫妻共同财产的分割，如果夫妻双方对具体财产有书面约定，且该约定合法有效的，可以按照约定分割。对财产分割，有约定按约定，无约定从法律。

3．*夫妻共同财产分割的方法*

对夫妻共同财产，人民法院应当尽量促使当事人在自愿合法的基础上，就财产分割达成协议；当不能达成协议时，才由人民法院根据上述原则，结合具体情况来确定财产的归属。离婚时，夫妻共同财产在原则上均等分割，即在确定夫妻共同财产范围后，平均分成两份，夫妻各有一份。当然，均等分割并不是绝对的，事实上有时候不可能将财产完全分成两份，还应兼顾生产、生活的实际需要和财产的状况与来源。其分割方法具体包括实物分割、价金分割、价格补偿。人民法院在判决时，应当注意以下特殊情况：

（1）人民法院审理离婚案件，涉及分割发放到军人名下的复员费、自主择业费等一次性费用的，以夫妻婚姻关系存续年限乘以年平均值，所得数额为夫妻共同财产。这里的年平均值是指发放到军人名下的上述费用总额按照具体年限均分得出的数额，其具体年限为人均寿命70岁与军人入伍时实际年龄的差额。但军人的伤亡保险金、伤残补助金、医药生活补助费属于个人财产。

（2）夫妻分居两地分别管理、使用的婚后所得财产，应认定为夫妻共有财产。分割时，各自管理、使用的财产归各自所有。双方所分财产相差悬殊的，差额部分由多得财产的一方以与差额相当的财产抵偿另一方。

（3）已经登记结婚，尚未共同生活，一方或双方受赠的礼金、礼物应认定为夫妻共同财产，在具体处理时应考虑财产的来源、数量等情况合理分割。各自出资购买的财物，各自使用的财物，原则上归各自所有。

（4）夫妻在婚姻关系存续期间所得的知识产权的收益，包括实际取得或已经明确可以取得的财产性收益，可以作为夫妻共同财产进行分割。

（5）离婚时，夫妻双方分割共同财产中的股票、债券、投资基金份额等有价证券以及未上市股份有限公司的股份时，协商不成或者按市价分配有困难的，人民法院可以根据数量按比例分配。

（6）人民法院审理离婚案件，涉及分割夫妻共同财产中以一方名义在有限责任公司的出资额，另一方不是该公司股东的，按以下情形分别处理：①夫妻双方协商一致将出资额部分或者全部转让给该股东的配偶，过半数股东同意、其他股东明确表示放弃优先购买权的，该股东的配偶可以成为该公司股东；②夫妻双方就出资额转让份额和转让价格等事项协商一致后，过半数股东不同意转让，但愿意以同等价格购买该出资额的，人民法院可以对转让出资所得财产进行分割。过半数股东不同意转让，也不愿意以同等价格购买该出资额的，视为其同意转让，该股东的配偶可以成为该公司股东。

(7) 人民法院审理离婚案件，涉及分割夫妻共同财产中以一方名义在合伙企业中的出资，另一方不是该企业合伙人的，当夫妻双方协商一致，将其合伙企业中的财产份额全部或者部分转让给对方时，按以下情形分别处理：①其他合伙人一致同意的，该配偶依法取得合伙人地位；②其他合伙人不同意转让，在同等条件下行使优先受让权的，可以对转让所得的财产进行分割；③其他合伙人不同意转让，也不行使优先受让权，但同意该合伙人退伙或者退还部分财产份额的，可以对退还的财产进行分割；④其他合伙人既不同意转让，也不行使优先受让权，又不同意该合伙人退伙或者退还部分财产份额的，视为全体合伙人同意转让，该配偶依法取得合伙人地位。

(8) 夫妻以一方名义投资设立独资企业的，人民法院分割夫妻在该独资企业中的共同财产时，应当按照以下情形分别处理：①一方主张经营该企业的，对企业资产进行评估，由取得企业一方给予另一方相应的补偿；②双方均主张经营该企业的，在双方竞价基础上，由取得企业的一方给予另一方相应的补偿；③双方均不愿意经营该企业的，按照《中华人民共和国个人独资企业法》等有关规定办理。

(9) 夫妻一方个人财产在婚后产生的收益，除孳息和自然增值外，应认定为夫妻共同财产，离婚时应予分割。

4. 对夫妻共有房产的处理

在夫妻共同财产中，一般来说，住房是最重要的财产，而购买住房的资金来源，可能是男女双方的共同财产，也可能是一方或双方婚前财产转化，也可能是一方或双方父母所赠。近年来，房价日益上涨，因而在离婚纠纷中，由房屋分割产生的争议越来越多、越来越复杂，这也是司法实践中最重要的一个难题。人民法院在判决时，应注意以下问题：

(1) 婚姻关系存续期间购买房屋的价值及归属的确定。夫妻共同财产中的房屋，既包括夫妻双方从房地产市场购买的商品房、经济适用房、私有房屋，也有夫妻双方根据房改福利政策购买的共有房屋。在离婚案件中，双方对夫妻共同财产中的房屋价值及归属存在争议，但又无法达成协议时，根据《关于适用〈婚姻法〉若干问题的解释（二)》第二十条的规定，人民法院应当按照下列原则进行处理：①双方均主张房屋所有权并且同意竞价取得的，应当准许；②一方主张房屋所有权的，由评估机构按市场价格对房屋作出评估，取得房屋所有权的一方应当给予另一方相应的补偿；③双方均不主张房屋所有权的，根据当事人的申请拍卖房屋，就所得价款进行分割。

(2) 由一方婚前承租、婚后夫妻共同购买的房屋所有权的归属。《关于适用〈婚姻法〉若干问题的解释（二)》第十九条规定："由一方婚前承租、婚后夫妻共同购买的房屋，房屋权属证书登记在一方名下的，应当认定为夫妻共同财产。"由于我国婚姻法确立的法定财产制是夫妻婚后所得共同制，除夫妻个人财产和夫妻另有约定外，夫妻双方或一方在婚姻关系存续期间取得的财产，均为夫妻共同所有。对于房屋由一方婚前承租，但是婚后夫妻共同出资购买的，应当属于夫妻共同财产。如果夫妻一方以房屋权属登记证书记载的权利主体为其个人为由，主张该财产为个人财产的，应当举证证实该房屋是婚前个人财产，或者以其个人财产出资购买，或者双方有明确约定为其个人财产，否则应认定为夫妻双方在婚姻关系存续期间取得的共同财产。

（3）离婚时双方对尚未取得或尚未完全取得所有权的房屋的处理。根据我国《民法通则》与《物权法》对所有权和《婚姻法》对夫妻共有财产的规定，尚未取得或者尚未完全取得所有权的房屋，无论在结婚前，还是婚姻关系存续期间，既不属于夫妻个人特有财产，也不属于夫妻共同财产。因此，无法涉及房屋所有权的归属及房屋分割问题。但是，在社会生活中，有些房屋已经由夫妻双方共同使用，如购买商品住房但尚未取得权属证的、因政策性福利分房享有房屋使用权等。在离婚诉讼中，涉及房屋使用权的争议，人民法院应当处理。《关于适用〈婚姻法〉若干问题的解释（二）》第二十一条规定："离婚时双方对尚未取得所有权或者尚未取得完全所有权的房屋有争议且协商不成的，人民法院不宜判决房屋所有权的归属，应当根据实际情况判决由当事人使用。当事人就前款规定的房屋取得完全所有权后，有争议的，可以另行向人民法院提起诉讼。"

（4）对当事人婚前、婚后由父母出资购买房屋的认定。《婚姻法》增加了夫妻个人财产制的规定，完善了婚姻财产制度。个人财产日益丰厚的社会现实，增强了人们的财产权利意识，特别是由于我国计划生育政策的实行，目前以父、母、子女为定型化的三人核心家庭占据社会主导地位，独生子女在其婚前或婚后都可能会接受父母或其他亲友的赠与而拥有相当的财产。为此，相应的财产纠纷就日益凸显，特别是父母为子女婚嫁而出资购置房屋的，在离婚诉讼中，就该房屋或出资的归属发生的争议已经越来越多。对于父母出资购房的情况，应区别对待：

①《关于适用〈婚姻法〉若干问题的解释（二）》第二十二条规定："当事人结婚前，父母为双方购置房屋出资的，该出资应当认定为对自己子女的个人赠与，但父母明确表示赠与双方的除外。当事人结婚后，父母为双方购置房屋出资的，该出资应当认定为对夫妻双方的赠与，但父母明确表示赠与一方的除外。"《关于适用〈婚姻法〉若干问题的解释（三）》第七条规定："婚后由一方父母出资为子女购买的不动产，产权登记在出资人子女名下的，可按照《婚姻法》第十八条第三项的规定，视为只对自己子女一方的赠与，该不动产应认定为夫妻一方的个人财产。"

②《关于适用〈婚姻法〉若干问题的解释（三）》第七条还规定："由双方父母出资购买的不动产，产权登记在一方子女名下的，该不动产可认定为双方按照各自父母的出资份额按份共有，但当事人另有约定的除外。"考虑到双方父母均有出资的特殊情况，即使房屋产权登记在一方名下，该房屋仍依照出资额按份共有而不是作为夫妻共同共有的财产是相对合理和公平的处理。

（5）离婚时一方婚前贷款所购房产的处理。近年来，房地产市场持续升温，房价不断上涨。因为担心房价继续攀升，不少年轻人一旦具备一定的经济实力，就在婚前以个人名义采取按揭贷款的方式购房，由其个人支付首付款，当然，房屋也登记在其个人名下。由于还贷时间较长，购房者常常在贷款尚未全部还清时即登记结婚，婚后夫妻就在此房中居住并以夫妻共同财产继续还贷。一旦诉讼离婚，该房屋的归属或还贷款就成为双方争议的焦点。《关于适用〈婚姻法〉若干问题的解释（三）》第十条规定："夫妻一方婚前签订不动产买卖合同，以个人财产支付首付款并在银行贷款，婚后用夫妻共同财产还贷，不动产登记于首付款支付方名下的，离婚时该不动产由双方协议处理。依前款规定不能达成协议的，人民法院可以判决该不动产归产权登记一方，尚未归还的贷款为产权登记一方的个人债务。双方婚后共同还贷支付的款项及其相对应财产增值部分，离婚时应根据《婚姻法》第三十九条第一款规定的原则，由产权登记一方对另一方进行补偿。"《婚姻法》第三十九条规定："离婚时，夫妻双方共同财产由双方协商处理；协商不成时，由人民法院根据财产的具体情况，照顾子女和女方权益的原则判决。"上述规定是人民法院审理离婚案件时，对于一方当事人婚前出资支付首付款、婚后产权登记在自己名下并由夫妻双方共同还贷的房产的处理原则。

(6) 双方用夫妻共同财产出资购买一方父母的房改房，产权也登记在一方父母名下的房屋所有权归属。《关于适用〈婚姻法〉若干问题的解释（三）》第十二条规定：婚姻关系存续期间，双方用夫妻共同财产出资购买以一方父母名义参加房改的房屋，产权登记在一方父母名下，该房屋不能认定为夫妻共同财产。非产权登记一方购买该房屋时的出资，可以作为债权处理。这样规定，尊重了不动产登记的公示效力，符合《物权法》的规定。

（四）夫妻离婚时对外共同债务的清偿

《婚姻法》第四十一条规定："离婚时，原为夫妻共同生活所负的债务，应当共同偿还。共同财产不足以清偿的，或财产归各自所有的，由双方协议清偿；协议不成时，由人民法院判决。"这是法律关于离婚时债务清偿的一般规定。债务的性质不同，当事人的清偿责任也不相同。

1. 夫妻共同债务的清偿

所谓夫妻共同债务，是指夫妻在婚姻关系存续期间，为维持婚姻家庭共同生活或进行共同生产、经营活动所负的债务。为共同生活所负的债务，主要包括：购置家庭日常生活用品、支付家庭生活开支所负的债务；修建、购买和装修住房所负的债务；为抚养与教育子女、赡养与扶助父母所负的债务；一方或双方治疗疾病所负的债务；从事双方同意的文体活动所负的债务以及其他在日常家庭生活中发生的债务。为共同生产经营所负的债务，主要包括：双方共同从事个体经营、农村承包经营所负的债务；双方共同从事投资或者其他金融证券交易活动所负的债务；经双方同意由一方经营、且收入用于共同生活的经营活动所负的债务；夫妻一方用夫妻共同财产以个人名义投资、且收益用于共同生活的投资活动所负的债务等。

在司法实践中，确定债务是否为夫妻共同债务，可以从两个方面进行审查：第一，该债务是否为婚姻关系存续期间所负的债务，包括结婚后夫妻双方共同生活期间、登记结婚后尚未同居期间、结婚后夫妻分居期间以及一方向人民法院起诉离婚，人民法院准予离婚的调解或判决尚未生效期间。第二，该债务是否为维持夫妻共同生活需要或出于为共同生活的目的所负担的，包括抚养子女、赡养老人、建造房屋、治疗疾病等所负的生活型债务；也包括在夫妻关系存续期间，一方或双方为共同生活目的，从事生产、经营活动所负的经营性债务。

由于夫妻关系存续期间取得的财产为夫妻共同所有，除双方另有约定外，夫妻对共同财产享有平等的处理权，这种对共同财产不分份额的共同共有以及平等的处理权，决定了夫妻对共同债务应不分份额地平等承担偿还义务，债权人有权要求夫妻任何一方清偿全部债务。《关于适用〈婚姻法〉若干问题的解释（二）》第二十四条规定：“债权人就婚姻关系存续期间夫妻一方以个人名义所负债务主张权利的，应当按夫妻共同债务处理。但夫妻一方能够证明债权人与债务人明确约定为个人债务，或者能够证明属于《婚姻法》第十九条第三款规定情形的除外。”夫妻共同债务应当以夫妻共有财产清偿。如果离婚时没有夫妻共有财产或财产不足以清偿共同债务，或双方约定婚后财产分别为各自所有的，应由双方协商确定清偿责任；协议不成，由人民法院根据双方的经济能力，判决由一方清偿或双方分担清偿。

对于夫妻一方死亡后的债务清偿、离异后原配偶因连带债务对他方的追偿问题，《关于适用〈婚姻法〉若干问题的解释（二）》第二十五、二十六条分别规定：“当事人的离婚协议或者人民法院的判决书、裁定书、调解书已经对夫妻财产分割问题作出处理的，债权人仍有权就夫妻共同债务向男女双方主张权利。一方就共同债务承担连带清偿责任后，基于离婚协议或者人民法院的法律文书向另一方主张追偿的，人民法院应当支持。”“夫或妻一方死亡的，生存一方应当对婚姻关系存续期间的共同债务承担连带清偿责任。”

2．夫妻个人债务的清偿

所谓夫妻个人债务，是指夫妻一方非为共同生活而以个人名义所负的债务。如夫或妻一方婚前所负的债务；一方为满足个人私欲而挥霍所负的债务等。根据《关于人民法院审理离婚案件处理财产分割问题的若干具体意见》第十七条的规定，离婚时，下列债务不能认定为夫妻共同债务，应由一方以个人财产清偿。

（1）夫妻双方约定由个人负担的债务，但以逃避债务为目的的除外；

（2）一方未经对方同意，擅自资助与其没有抚养义务的亲朋所负的债务；

（3）一方未经对方同意，独自筹资从事经营活动，其收入确未用于共同生活所负的债务；

（4）其他应由个人承担的债务。

《婚姻法》第十九条第三款规定：“夫妻对婚姻关系存续期间所得的财产约定归各自所有的，夫妻一方对外所负的债务，第三人知道该约定的，以夫或妻一方所有的财产清偿。”至于第三人是否知道该约定，由夫妻一方负举证责任。

总之，夫妻的个人债务应当由本人以其个人财产承担清偿责任，离婚时不得要求以夫妻共有财产偿还。《关于适用〈婚姻法〉若干问题的解释（二）》第二十三条规定：“债权人就一方婚前所负个人债务向债务人的配偶主张权利的，人民法院不予支持。但债权人能够证明所负债务用于婚后家庭共同生活的除外。”

3．夫妻间借款的处理

随着社会的发展，人们对其财产的处分和使用方式日益多元化，传统的夫妻财产观念受到冲击，夫妻之间的财产关系呈现多样化、复杂化的特点。夫妻之间不仅可以约定婚后的全部或部分财产由个人分别所有，而且现实生活中也出现了夫妻一方在婚姻关系存续期间从夫妻共同财产中借款的情况。这是社会发展出现的新现象，在司法实践中也是一种新类型案件。《关于适用〈婚姻法〉若干问题的解释（三）》第十六条规定：“夫妻之间订立借款协议，以夫妻共同财产出借给一方从事个人经营活动或用于其他个人事务的，应视为双方约定处分夫妻共同财产的行为，离婚时可按照借款协议的约定处理。”为了维持夫妻关系与夫妻共同财产制度的稳定，对夫妻之间借款的认定应当严格限制。首先，借款的来源应当是夫妻共同财产；其次，借款的用途是夫妻一方个人经营活动或其他个人事务；再次，在婚姻关系存续期间，借款方未偿还借款。

（五）离婚时的经济帮助

离婚是人为地解除婚姻关系的手段或方式，旨在消除不和谐的婚姻生活所带来的社会问题，进而重新构建新的社会秩序。基于婚姻法上男女平等和婚姻自由的原则，既然允许男女双方均得请求离婚，当然也得保障离婚后双方各自生存的需要，如果离婚将导致一方生活难以为继，将使当事人（尤其是女方）不敢请求离婚。因此，通过相关法律制度保障离婚后配偶的生活既是必须的，也是必要的，且更有利于保障离婚自由。《婚姻法》第四十二条规定："离婚时，如一方生活困难，另一方应从其住房等个人财产中给予适当帮助。具体办法由双方协议；协议不成时，由人民法院判决。"由此确立了与国外离婚立法中赡养费给付制度相似的经济帮助制度。

1. 关于经济帮助的性质

经济帮助，是指夫妻离婚时，一方生活有困难，经双方协议或法院判决，由有条件的一方从其个人财产中给予另一方适当资助的制度。经济帮助既不以一方付出更多义务为条件，也不以一方有过错为必要，而是以离婚时一方存在生活困难为前提，因而其与离婚补偿制度和离婚损害赔偿制度有着本质的区别。经济帮助也不同于夫妻间的抚养义务。夫妻间的抚养义务存在于夫妻关系存续期间，以夫妻人身关系为前提，并随着婚姻关系的终止而终止；而经济帮助则以婚姻关系的解除为前提，以一方有经济帮助能力和另一方生活上存在困难为条件。

我国《婚姻法》设立离婚经济帮助制度，其主要目的在于补救婚姻关系终止后抚养请求权的丧失，因离婚而无独立生活能力的一方可以向另一方请求资助，以维持离婚以后的生活。因此，经济帮助并不是夫妻之间相互抚养义务的继续和延伸，而属于婚姻法上对离婚时生活困难一方予以经济救助的保障措施，是离婚效力的表现形式之一。

2. 关于经济帮助的条件

根据《婚姻法》第四十二条的规定，离婚时一方给予另一方经济帮助是有条件的。这些条件可概括为如下四项：

（1）受帮助一方确实生活困难，即被帮助的一方必须存在生活困难而且自己无力解决的情况。《关于适用〈婚姻法〉若干问题的解释（一）》第二十七条规定："《婚姻法》第四十二条所称'一方生活困难'，是指依靠个人财产和离婚时分得的财产无法维持当地基本生活水平。一方离婚后没有住处的，属于生活困难。"生活困难的原因是多种多样的，如年老多病，缺乏劳动能力；因受伤、疾病而丧失劳动能力等。

（2）经济帮助具有严格的时限性，即被帮助的一方必须在离婚时存在生活困难。如果离婚时一方不存在生活困难，而在离婚后才发生生活困难，则另一方已无给予经济帮助的义务。

（3）提供帮助一方必须具有负担能力。尽管一方存在生活困难，但如果另一方没有提供经济帮助的能力，如自己的生活也存在困难或只能勉强维持生活，也不负有给予经济帮助的义务。

（4）这种经济帮助应当是适当的。即一方从其住房等个人财产中给予对方短期的或一次性的经济帮助，并且这种经济帮助不仅限于金钱，其他生活用品等也包括在内。

以上四个要件须同时具备，缺一不可。给予经济帮助的办法，由夫妻双方协商，协商不成，由人民法院判决。在执行期间，受帮助的一方如另行结婚或另有经济途径维持生活，帮助一方即可终止给付。

在司法实践中，确定经济帮助一般依据以下方法：一是离婚时，一方年轻且有劳动能力，只是生活发生暂时困难，另一方给予短期内或者一次性经济帮助；二是离婚时一方老弱多病、或失去劳动能力又无生活来源的，另一方在居住或生活方面给予适当的妥善安置；三是提供帮助一方提供住房或其他财物，如离婚后一方暂时没有住房，有条件的另一方就提供一定期限内的住房让其居住。

（六）离婚时的经济补偿

我国《婚姻法》第四十条规定："夫妻书面约定婚姻关系存续期间所得的财产归各自所有，一方因抚育子女、照料老人、协助另一方工作等付出较多义务的，离婚时有权向另一方请求补偿，另一方应当予以补偿。"这是修正后的《婚姻法》所确立的分别财产制中的补偿请求权制度。

1. 立法的目的及意义

现行《婚姻法》明确了对离婚补偿请求权的规定，意义十分重大。

（1）离婚补偿请求权的确立是法律对夫妻一方从事的家务劳动或协助对方工作所作出的肯定评价。所谓家务劳动，是指不能直接产生经济效益、为满足家庭生活需要所从事的劳动，如料理家务、抚养子女、照顾老人等。虽然它不能直接创造经济价值，但可以节约家庭支出、减轻对方的生活负担和解除对方工作的后顾之忧，从而间接地增加家庭财富。夫妻实行共有财产制，从事家务劳动的一方对对方婚后财产享有共有权，就等于承认了家务劳动与社会劳动具有同等的价值。如果夫妻约定实行分别财产制，在离婚时一方不能分享对方的婚后财产，就会使不从事家务劳动的一方漠视家务劳动的价值，使其无偿占有另一方的劳动。因此，规定离婚时一方对于另一方的补偿请求权是非常有必要的。

（2）离婚补偿请求权弥补了夫妻分别财产制的缺陷。基于尊重夫妻的意思自治及婚姻共同生活的协调，婚姻法承认了夫妻约定财产制度。但依据夫妻分别财产制，婚姻关系存续期间所得的财产依约定归各自所有，这种形式上的平等，容易造成事实上的不平等。也正因为如此，实行夫妻分别财产制的国家都通过制定法或判例法引入共有原理，以弥补分别财产制的不足与缺陷。我国《婚姻法》赋予在婚姻关系存续期间付出较多义务的一方享有离婚补偿请求权，其目的也在于此。

（3）离婚补偿请求权是保障妇女合法权益，实现夫妻实质上平等的必然要求。受传统的夫妻分工模式和男女性别观念的影响，在现实婚姻生活中，抚养子女，照料老人、操持家务、协助对方工作的绝大多数都是妇女，在婚姻关系存续期间其生活可以通过夫妻之间的扶养义务得到保障，但离婚后夫妻之间的扶养义务已不复存在，其生活可能会得不到保障。离婚补偿请求权正是基于女方在家庭中的实际付出，使经济上处于劣势的一方可以在离婚时获得经济上的补偿，从而实现夫妻实质上的平等。

2. 离婚补偿请求权的成立要件

根据《婚姻法》第四十条的规定，离婚补偿请求权的成立应当具备两个要件：

（1）夫妻双方有在婚姻关系存续期间所得的财产归各自所有的书面约定。这是离婚补偿请求权的适用范围，即只适用于约定实行分别财产制的婚姻关系。对于实行法定夫妻财产制或者约定采取其他类型的夫妻财产制的婚姻关系则不适用；对于夫妻约定婚后所得的财产部分共有，部分各自所有的婚姻关系，也不适用。

（2）夫妻须有一方在共同生活中对家庭付出较多的义务。这是离婚补偿请求权的起因条件。付出较多义务，包括抚养教育子女，照顾、赡养老人，支持、协助对方工作等各个方面。就义务的内容而言，可以是付出更多的钱财，也可以是付出更多的劳动、精力等。现实生活中，以后者居多。

（3）请求权的行使。离婚补偿请求权须是离婚时由付出义务较多的一方向另一方提出补偿请求的权利。故该请求权的行使时间仅限于离婚之时，而且应在诉讼中向对方一并提出。离婚后，该请求权随即消灭。当然，作为一项民事权利，权利人既可行使，也可放弃。

（4）补偿的数额。离婚补偿的数额和给付方式，应当由双方协商确定；协商不成时，应由人民法院在查明夫妻各自的财产状况、经济能力以及一方付出义务的多少、少付出义务一方因此而获得的利益等情况的基础上，按照权利与义务对等的原则予以确定。

（七）侵犯他方财产共有权的处理

离婚时，一方隐藏、转移、变卖、毁损夫妻共同财产，或伪造债务企图侵占对方财产的行为，不但侵害了对方对夫妻共有财产的所有权，而且也妨碍了民事诉讼的顺利进行。《婚姻法》第四十七条规定了一方侵害对方夫妻共有财产权的行为及其处理措施，这对于保护离婚当事人的合法权益具有重要的现实意义。

1. 侵害对方夫妻共有财产权的行为

依据《婚姻法》的规定，离婚时，一方侵害对方夫妻共有财产权的行为主要有两种：

（1）非法处置夫妻共有财产的行为。这主要是指在离婚时，夫妻一方故意隐藏、转移、变卖和毁损夫妻共有财产的行为。所谓隐藏，是指一方故意把夫妻共有财产隐蔽、藏匿，不让对方知道的行为。转移是指一方将夫妻共有财产从一处转移至另一处，从而使该财产脱离对方的控制和支配的行为。变卖，是指一方将夫妻共有财产有偿转让给第三人的行为。毁损，是指一方故意将夫妻共有财产毁灭、损坏，使该财产丧失其应有的价值或使用价值的行为。

（2）企图侵占对方财产的行为。这主要是指在离婚时一方伪造债务企图侵占对方财产的行为。所谓伪造债务，是指夫妻一方通过伪造借据、提供假证人等方式编造夫妻共同债务，或虽有共同债务但夸大其数额的行为。由于《婚姻法》实行夫妻共有财产制，在婚姻关系存续期间所负的夫妻共同债务，应以夫妻共有财产偿还，该行为一经实现，就会减少夫妻共有财产的数额，增加伪造方个人的财产数额，其实质就是变相侵占另一方在夫妻共有财产中的财产份额。

2. 措施

针对上述两种侵害他方财产共有权的行为，《婚姻法》规定了两种救济措施：

（1）实施侵权行为的一方可以不分或少分给其财产。即在判决离婚分割夫妻共有财产时，对实施了隐藏、转移、变卖、毁损夫妻共有财产或伪造债务企图侵占对方财产行为的一方，可以少分或不分给其财产。

（2）离婚后，一方发现另一方有上述行为的，可以向人民法院提起诉讼，请求再次分割夫妻共有财产。所谓再次分割夫妻共有财产，是指重新分割离婚后被发现的夫妻一方非法处置的夫妻共有财产及伪造债务而多侵占的夫妻共有财产。再次分割夫妻共有财产请求权是离婚当事人依法享有的民事权利，该权利的保护适用《民法通则》关于诉讼时效的规定。对此，《关于适用〈婚姻法〉若干问题的解释（一）》第三十一条规定："当事人依据《婚姻法》第四十七条的规定向人民法院提起诉讼，请求再次分割夫妻共同财产的诉讼时效为二年，从当事人发现之次日起计算。"此外，对于行为人实施的非法处置夫妻共有财产的行为以及企图侵占对方财产的行为，行为人在此期间妨害民事诉讼进行的，可依照《民事诉讼法》的规定予以制裁。

（八）离婚损害赔偿

我国《婚姻法》上的离婚损害赔偿，是指因夫妻一方的法定严重过错行为导致离婚的，无过错方有权请求损害赔偿的制度。我国现行《婚姻法》第四十六条首次确立了离婚损害赔偿制度。

1. *确立离婚损害赔偿制度的意义*

这主要表现在以下几方面：

（1）是完善婚姻家庭法律制度的要求。家庭是社会的细胞，婚姻家庭的稳定是社会稳定的基础之一。婚姻一旦成立，就意味着婚姻当事人要履行婚姻所负载的法律义务和道德责任。这些义务和责任的履行是婚姻关系得以维持、延续的重要保证。从义务的形式上看，既有要求积极作为的，如夫妻间的扶助、子女的抚养教育、父母的赡养等；也有要求消极不作为的，如禁止重婚、有配偶者与他人同居、家庭成员间的虐待、遗弃等。如果夫妻一方不履行婚姻义务的行为严重伤害了对方的感情，导致感情破裂，并使婚姻走向解体，此时，责令重大过错方对对方因此而受到的损害进行赔偿，这是婚姻义务与责任的本质要求。

（2）是保障无过错方合法权益的重要体现。从我国当前的司法实践来看，因重婚、有配偶者与他人同居、虐待、遗弃和实施家庭暴力等引起的离婚占有很大的比例。许多无过错的当事人，身心受到严重的创伤。设立离婚损害赔偿制度，不仅有利于保护无过错方的合法权益，而且对于有效抑制重婚等违法行为、维护家庭与社会的稳定也有着重要的作用。

（3）是完善婚姻立法与司法的需要。对于现实生活中所发生的重婚、有配偶者与他人同居、家庭暴力等违法行为，立法需要从不同的层面来加以调整和规范，才能有效抑制和防范。对于重婚、情节恶劣的虐待、遗弃等行为，应以犯罪论处；情节较轻的家庭暴力、虐待，可依法给予行政处罚。而对该行为所造成的民事损害，依法让有过错方承担损害赔偿责任，有利于婚姻立法体系的完善和司法有法可依，违法必究的实现。

离婚损害赔偿制度既有填补损害、精神抚慰和制裁、预防违法行为的功能，又有维持公平、规范及保障婚姻秩序的作用。确立离婚损害赔偿制度，对于保护无过错方的合法权益，稳定婚姻家庭关系都具有重要的现实意义。

2. *损害赔偿的构成要件*

离婚损害赔偿可以由以下几个要件构成：

（1）配偶一方有法定的重大过错行为，而对方无过错。这是构成离婚损害赔偿的必要前提。根据《婚姻法》第四十六条的规定，重大过错行为仅限于：重婚；有配偶者与他人同居；实施家庭暴力；虐待、遗弃家庭成员。此为限制性列举规定，不能对此范围进行扩大化解释。因此，对于其他的过错行为，如通奸、卖淫、嫖娼、赌博、吸毒等，虽有过错但不是婚姻法规定的过错行为，不能成为提出离婚损害赔偿的法定理由。对方无过错，不是指对方没有任何过错，对此应作限制性解释，是特指对方没有《婚姻法》第四十六条规定的重大过错行为。

(2) 因配偶一方的重大过错行为而导致夫妻离婚的损害后果也是离婚损害赔偿的原因之一。只有配偶一方的重大过错行为导致了双方离婚，无过错方才能要求过错方进行赔偿。反之，即使配偶一方有重大过错行为，但双方并没有因此而离婚，婚姻关系还在存续，或人民法院判决不准离婚的，无过错方均不得以对方有重大过错为由提起损害赔偿之诉。

(3) 一方的重大过错行为与无过错方因此而受到的损害之间有因果关系。根据《关于适用〈婚姻法〉若干问题的解释（一）》第二十八条的说明，离婚损害赔偿，包括物质损害赔偿和精神损害赔偿。所谓物质损害，是指无过错方因另一方的过错行为造成的物质上的现有财产权益的损失，但不包括遗产继承权、保险受益权等可期待财产权益的损失。精神损害，则是指一方的过错行为导致婚姻破裂，由此给另一方造成的精神上的痛苦。值得注意的是，这种离婚精神损害无须请求权人举证证明，只要加害人有上述重大过错行为并且该行为是导致离婚的原因，法律即推定这种精神损害存在。因此，离婚精神损害是"名义上的精神损害"，而不是"需证明的精神损害"。①

3. 离婚损害赔偿请求权的行使

离婚损害赔偿请求权必须按以下几点行使：

(1) 必须由无过错方提出损害赔偿请求。离婚损害赔偿请求权是法律赋予无过错方离婚时所享有的权利。因而，提出离婚损害赔偿请求的应当是与过错方存在有效婚姻关系的无过错的配偶一方，其他任何人都无权提出。

(2) 必须向有过错方提出。《关于适用〈婚姻法〉若干问题的解释（一）》第二十九条第一款明确指出："承担《婚姻法》第四十六条规定的损害赔偿责任的主体，为离婚诉讼当事人中无过错方的配偶。"因此，只有与无过错方具有有效婚姻关系的配偶才是赔偿义务的主体，其他任何人都不是。如果夫妻双方均有过错，不得请求离婚损害赔偿。《关于适用〈婚姻法〉若干问题的解释（三）》第十七条规定："夫妻双方均有《婚姻法》第四十六条规定的过错情形，一方或者双方向对方提出离婚损害赔偿请求的，人民法院不予支持。"

(3) 离婚损害赔偿请求权的行使期限。《关于适用〈婚姻法〉若干问题的解释（一）》第三十条对离婚赔偿请求权的行使期限作了明确的规定：Ⅰ 符合《婚姻法》第四十六条规定的无过错方作为原告基于该条规定向人民法院提起损害赔偿请求的，必须在离婚诉讼的同时提出。Ⅱ 符合《婚姻法》第四十六条规定的无过错方作为被告的离婚诉讼案件，如果被告不同意离婚也不基于该条规定提起损害赔偿请求的，可以在离婚后1年内就此单独提起诉讼。Ⅲ 无过错方作为被告的离婚诉讼案件，一审时被告未基于《婚姻法》第四十六条规定提出损害赔偿请求，二审期间提出的，人民法院应当进行调解；调解不成的，告知当事人在离婚后1年内另行起诉。

4. 损害赔偿数额的确定

离婚损害赔偿包括物质损害赔偿和精神损害赔偿，对于物质损害赔偿，可以责令赔偿义务主体以支付赔偿金等方式承担；而对于精神损害赔偿，则可以根据无过错方

---

① 王洪. 婚姻家庭法. 北京：法律出版社，2003. 199.

的请求判令赔偿义务主体赔偿其相应的精神损害抚慰金。

关于离婚精神损害抚慰金的数额，我国《婚姻法》没有作出明确规定。《关于适用〈婚姻法〉若干问题的解释（一）》第二十八条规定："涉及精神损害赔偿的，适用最高人民法院《关于确定民事侵权精神损害赔偿责任若干问题的解释》的有关规定。"该《解释》第十条规定，精神损害赔偿的数额根据以下因素确定：①过错方的过错程度；②过错方对受害方侵害的手段、场合、行为方式等具体情节；③过错方侵权行为所造成的后果；④过错方承担责任的经济能力；⑤受诉法院所在地平均生活水平等。

【案例分析 1】

本案是在夫妻双方协议离婚后，一方发现对方还有其他夫妻财产没有分割并起诉请求再次分割的财产纠纷。这类案件主要涉及两个争议焦点：一是对涉案财产能否认定为夫妻共同财产；二是对于夫妻离婚时没有涉及的财产，能否认定持有一方故意隐瞒夫妻财产。本案争议分析如下：

（1）本案争议的运输费用是否属夫妻共同财产。根据原告提供的购车发票等证据表明原、被告对该卡车具有所有权，而依据我国《婚姻法》第十七条规定，被告邱某某在婚姻存续期间为公路局进行运输所取得的运费，属于"生产、经营的收益"的范畴，应当属于夫妻共同财产。

（2）隐藏的财产如何分割。首先，被告隐藏了共同财产（债权）。被告在诉讼中否认对东风汽车运费债权的所有权，说明被告主观上有隐藏的故意；客观上被告在双方协议离婚时，对于夫妻共同财产没有列明该运输债权，且实施离婚后入账，其行为应认定为对夫妻共同财产的隐藏。其次，离婚协议中"债权债务全部归被告"的约定并未涉及对争议债权的处分。被告否认争议债权的事实，表明当时争议债权不属其意思表示范围，也就不可能包含在协议中的债权之内。由于被告隐藏债权，原告当时不知道债权的存在，其意思表示也就不含有对争议债权的处分。所以，原、被告争议的债权，不属离婚协议约定处分的债权范围。再次，《婚姻法》第四十七条规定："离婚时一方隐匿、转移、变卖、毁损夫妻共同财产或伪造债务企图侵占另一方财产的；分割夫妻共同财产时，对隐藏、转移、变卖、毁损夫妻共同财产或伪造债务的一方，可以少分或不分。"本案中被告故意隐藏财产，企图侵占原告的合法财产，理应少分或不分。

法院经审理后认为：本案被告对共同财产进行了隐藏，可以少分，原告要求分得 200 000 元的请求过高，酌定分得 180 000 元为宜。法院作出判决：被告邱某在某县公路局隐藏的债权（运费款）303 326. 36 元属于原、被告夫妻关系存续期间的共同财产，其中 180 000 元归原告王某所有。

【案例分析 2】

法院对于当事人提出的合理的探望权要求，应予支持。我国《婚姻法》第三十八条第一款规定："离婚后，不直接抚养子女的父或母，有探望子女的权利，另一方有协助的义务。"由此明确了夫妻离异后对子女的探望权制度。法院对该案审理后认为，原、被告离婚后，双方对孩子都有抚养、教育的权利和义务。未与孩子共同生活的一方有探视孩子的权利，另一方有协助的义务。原告要求享有探望权的主张，应予支持。根据《婚姻法》第 38 条的规定，法院作出判决：原告叶某从 2011 年 4 月起于每月第

2、第4周的周六探视孩子；时间为9时至17时；由被告于9时将孩子送至原告居住的单元门口，17时原告将孩子送回被告居住的宿舍楼楼梯口。

【拓展阅读】

世界其他国家与地区的离婚损害赔偿制度

离婚损害赔偿制度，是指法律规范规定的婚姻家庭生活中因一方的过错而导致离婚的，无过错的一方依法享有请求损害赔偿的权利，有过错的一方承担相应赔偿责任的制度。

一、我国台湾地区

我国台湾地区和大陆的文化体系一脉相承，中华民族传统的婚姻家庭制度同样影响着台湾地区的婚姻立法。因此，台湾地区的法律与内地的立法具有相似性。2002年修订的我国台湾地区《民法典》亲属篇第一千零五十六条规定："夫妻之一方，因判决离婚而受到损害者，得向有过失之他方，请求赔偿。前项情形，虽非财产上之损害，受害人亦得请求赔偿相当之金额。但以受害人无过失者为限。但前项请求权，不得让与或继承，但已依契约承诺或已起诉者，不在此限。"该条即确立了离婚损害赔偿制度。其中又具体规定了因重婚、虐待、通奸、遗弃等导致的判决离婚，受到损害的女性一方可以提起损害赔偿，既可以是物质财产上的损害赔偿，也可以是在自由、声誉等精神层面上的损害赔偿，以弥补女方所受伤害。

二、法国

1804年公布施行的《法国民法典》是一部典型的近代民法典，是第一部以资本主义经济制度为基础的民法典。随着法国政治、经济、社会的发展，该法典已经修改过100多次，以不断适应新的情况。现行《离婚法》是1975年7月颁布的第75—617号法律，该法现汇集于《法国民法典》第一卷第六编，其中就有离婚损害赔偿制度。

《法国民法典》对离婚损害赔偿制度规定得很详细。其中，第一卷第六编第一章第二百二十九条规定离婚有三种情形：因夫妻双方相互同意离婚；因生活破裂；因有过错。其中"因过错而离婚"在该章第三节第二百四十二条规定："夫妻一方，因另一方反复地或者严重地违反婚姻权利与义务的事实，致使夫妻共同生活不能忍受时，得请求离婚"。同时该法还规定了过错情形。此外，配偶一方被判处《刑法典》第131—1条所指的刑罚时，另一方配偶得以请求离婚。但是，如果夫妻双方自发生上述事实后已经和解，则不得再援用这些事实作为请求离婚的理由，否则，法官可宣告离婚理由不予申请。有责配偶可以提出离婚请求，但是，其过错并不妨碍对其提出的离婚请求进行审查。依照法国《离婚法》的规定，离婚损害赔偿分为两种：一是离婚过错赔偿，以离婚过错的存在为前提；二是离因赔偿，以离婚导致双方生活条件产生差异为依据。该法第三章第二百六十六条规定了离婚损害赔偿："在因一方配偶的过错宣告离婚的情况下，该方对另一方配偶因解除婚姻所受到的物质上与精神上的损失，得受判负损害赔偿责任。"根据法典的注释，第二百六十条适用情形明确是一方有通奸、侮辱、侵犯宗教信仰、从事工会活动、变性等情况，受害一方有要求对方给予赔偿的权利。实践中，因为这种过错离婚的受害方往往是女性，因此，离婚赔偿能够最大限度地保护女性的权益。

值得注意的是，该法第二百七十条与二百八十条规定的离因赔偿，实际上是另一种离婚损害赔偿制度——狭义离婚赔偿制度。第二百七十条与第二百八十条规定，基于共同生活破裂宣告离婚之情形外，离婚使夫妻之间相互救助义务终止。但是，一方配偶得向另一方配偶支付旨在补偿因离婚中断而造成的各自生活条件差异补偿金。但是，因单方过错而宣告离婚的，过错方无权享有任何补偿性给付。如考虑到夫妻双方共同生活时间较长以及过错方对另一方的职业所给予的合作，在夫妻离婚后对过错方不给予任何补偿性给付显失公平时，过错方可得到特别名义补偿金。根据上述规定，当离婚这个事实存在时，夫妻一方因离婚而造成生活水平下降，此时有权利请求另一方给付一定数额的财产以弥补。在行使该请求权时，权利人只要举证证明因离婚而受到损害或者引起自己生活水平下降，法官再根据法典规定的情形和计算方式作出判决。这些情形和考量因素在法典中都作了规定，如“夫妻双方的年龄及身体状况”、“婚姻持续的时间”、“已负担子女教育的时间或还应负担子女教育的时间”、“离婚时夫妻双方的经济状况”、“应当考虑的收入——年金与赔偿金”、“负担抚养子女的费用”、“家庭补助金”、“夫妻双方在共同财产中所占的份额”、“夫妻双方的专业资格与职业状况”、“双方现有的与可预见的权利”、“夫妻双方丧失领取可归复养老金之权利的可能性”、“夫妻双方在对财产制进行清算之后，以本金与收益计算的财产总额”等。因此，狭义离婚赔偿制度是对婚姻弱势方权益强有力的保护。现实生活中，由于女性的就业力低于男性，加之倾注更多的精力照顾家庭，一旦离婚势必造成经济恶化，生活水平降低，建立这种因为离婚而补偿的制度就很好地完善了离婚损害赔偿制度，有力地保护了因为离婚而受到损失的一方的权益。《法国民法典》关于离婚损害赔偿的制度，内容详细，条理清晰，便于司法实践具体操作。

三、瑞士

瑞士是联邦国家，但是直到 1848 年才组成联邦，制定联邦宪法。1907 年制定的《瑞士民法典》在有责的离婚理由之外，规定了破裂主义的离婚原因。该法关于破裂主义离婚的规定对欧洲大陆各国的影响很大。现行的瑞士离婚法规定集中在《瑞士民法典》第二编“亲属法”第一部分“婚姻法”中。

《瑞士民法典》对离婚损害赔偿制度的立法，主要体现在第一百五十一条，和《法国民法典》类似，规定分为两个方面内容：①因离婚导致无过错配偶一方在财产权或期待权方面受到侵害时，有过错的一方应支付合理的赔偿金。②因离婚而导致无过错配偶一方的生活有重大损害时，法官可允其向他方要求一定的抚慰金。按照规定，在夫妻双方都没有过错的情况下离婚，而由此致使一方生活困难的，可以要求对方赔偿。那些因为感情破裂无法共同生活而离婚的双方，尤其是女性在离婚后，往往生活品质大幅下降，建立在公平基础上的离婚赔偿制度就充分赋予了她们权利来保障自己的合法权益，减少离婚带来的负面影响。《瑞士民法典》第一百五十二条规定：“无责任的配偶一方，因离婚陷入贫困，他方虽无过失，亦应依自己的财产状况，给予其相当的抚养金。”这条规定也确保了离婚后弱势一方的合法权益，虽然他方“无过失”，但解除婚姻关系，使一方陷入贫困，就需要有人来承担这种责任，所以同样具有离婚损害赔偿的意义。

四、日本

现行的日本离婚法集中规定在 1898 年正式实施的《日本民法典》第四编“亲属”

第二章。《日本民法典》虽然没有对离婚损害赔偿问题作出单独规定，但是，第七百零九、七百一十条规定："因故意或过失侵害他人权利者，负有因此而产生损害的赔偿责任。""不论是侵害他人身体、自由或名誉情形，还是侵害他人财产权情形，依前条规定应负赔偿责任者，对财产以外的损害，亦应赔偿。"该法关于非财产损害赔偿的规定，往往作为判定此类离婚赔偿案件的依据，可以认为因夫妻一方有责事由而离婚时，他方可请求因侵权行为所致损害赔偿。慰抚金主要是针对精神损害进行的赔偿，此种损害赔偿于协议离婚与判决离婚的场合均得主张。正因为日本民法借用侵权行为构成来处理离婚损害赔偿问题，因此，在赔偿请求权主体的认定上，日本立法与法国、瑞士等国的立法不同，不要求享有此项权利的配偶一方必须无过错。而且在司法实践中，甚至允许除离婚配偶双方之外的其他家庭成员也可提出离婚损害赔偿。如日本最高法院在1979年的案例判决中，就配偶一方有外遇，受害配偶和未成年子女向引起家庭破裂的第三者请求损害赔偿的两个案件作出同样的判决，并确立以下原则：即夫或妻一方向第三者提出的损害赔偿请求，只有在第三者有故意或过失构成违法行为的场合，才得以承认；未成年子女向第三者提出的损害赔偿请求，只有在第三者怀有故意并积极阻止父亲或母亲对子女履行监护等义务的情况下，才予以承认。也就是说，日本最高法院的判例清楚表明，肯定离婚受害配偶向第三者提出的损害请求，而对子女向第三者提出的损害赔偿请求则给予严格限制。

五、美国

美国联邦和各州都自成法律体系，没有统一的民法典。美国离婚法主要来源于英国，虽然根据本国政治、经济和文化的诸多特点做了较多的改变，但是受了英国经过宗教改革后的有责主义限制离婚的影响，诸如通奸、虐待、遗弃等重大过错才成为美国大多数州承认的离婚理由。1966年，加利福尼亚州政府委员会建议将离婚的理由限制为"婚姻关系无可挽回的破裂"和"精神错乱"。该州在1970年制定的《统一结婚离婚法》将"婚姻关系无可挽回的破裂"作为离婚的唯一理由，开创了美国历史上第一个采用无过错离婚法的州。1974年美国律师协会批准了这一法律并向全国各州推荐。到了1985年所有州都抛弃了过错离婚制度，无过错离婚主义在每个离婚法中占据主导地位。尽管美国的婚姻法案中没有明确规定离婚损害赔偿制度，但有些州是通过判例的形式体现出来的。法官在判决离婚时，根据当地经济水平和公共利益判决一方给予原配偶一定的抚养费。根据现有案例，在单方有过错的情况下，尤其是男方过错，法官判决其给付对方的抚养费往往是一笔巨额费用。1997年8月，北卡罗莱纳州法院作出美国司法史上首次"第三者"受到处罚的判例，原告援引北卡罗莱纳州一项有百年历史的保护家庭不受第三者破坏的法律，向法院控告第三者，要求支付赔偿金。法院判决第三者向原告支付高达100万美元的赔偿金。2003年，前拳王泰森与他的第二位妻子办理了离婚手续，泰森为此共付出1 525万美元的赔偿金。2010年8月24日，当时世界排名首位并被公认为史上最成功的高尔夫球手之一的美国高尔夫球手艾德瑞克·泰格·伍兹，正式宣布离婚。据美国媒体报道，伍兹为离婚支付超过1亿美元的赔偿费。美国是判例法国家，法官的自由裁量权很大，因此在离婚损害赔偿的裁量上主要由法官"心证"决定，而不由某部法案来具体规定。

【思考与练习】

1. 离婚与婚姻无效、婚姻被撤销有什么区别？
2. 协议离婚应具备哪些条件？
3. 如何判断夫妻感情确已破裂？
4. 无过错方在什么情况下可以行使离婚损害赔偿请求权？
5. 离婚后子女的抚养费如何负担？
6. 什么是探望权？探望权可以强制执行吗？

实训二　离婚及相关问题的处理

【情景设计】

刘某（男）与谌某（女）2003 年经人介绍相识，并于 2006 年 10 月登记结婚。婚后原、被告感情较好，于 2007 年 6 月 13 日生育一子，儿子在两人分居后随被告谌某生活。2007 年原告刘某的父亲出资为刘某购置了一辆吉普车，供刘某经营出租车业务。原告刘某在开出租车期间，经常与一女子同居，并将该女子带到家中公然同居。刘某现在在邓州市一汽车烤漆房打工，月工资 3 600 元，被告无职业。刘某与第三者同居后，想解除与谌某的婚姻关系，遂向法院起诉要求离婚。庭审中，原告刘某表示夫妻共同财产归被告所有。被告谌某表示愿意解除和刘某的婚姻，但其在诉讼中又提出要求原告刘某赔偿其精神损害费 30 000 元。

【工作任务】

1. 过错方刘某能否提出离婚的诉讼请求？法院是否应当支持其诉讼请求？

2. 婚生儿子应由谁抚养更合适？为什么？另一方是否应当支付抚养费？不直接抚养的一方是否享有探望权？

3. 无过错方谌某在离婚诉讼中要求赔偿精神损害费的诉求法院是否应予支持？

【训练方法】

1. 学生分组进行讨论，先在本组形成意见。重点为：离婚后子女的抚养问题、抚养费的给付问题以及探望权问题；准确理解《婚姻法》第四十六条的规定；了解离婚损害赔偿的条件；离婚损害赔偿是否包括精神损害赔偿。

2. 各小组进行交流、阐述本组意见，并共同分析得出结论。

【考核标准】

1. 能联系案情准确分析离婚后子女的抚养问题。
2. 能准确分析离婚损害赔偿制度。
3. 通过查找法律条文，学会处理法律纠纷，对该案作出准确判断。

单元三
家庭关系

【知识目标】

1. 了解亲属的概念、亲属在法律上的分类、亲系的分类及其依据
2. 了解夫妻人身关系、财产关系及亲子关系的具体内容
3. 了解我国现行的扶养制度、收养制度

【能力目标】

1. 能正确区别三代以内的旁系血亲
2. 能判断法定夫妻财产中哪些是共同财产，哪些是特有财产
3. 能正确理解父母子女的权利义务并能在法律实务中加以应用
4. 能根据收养的实质要件和形式要件判断收养行为是否有效

项目一　亲属制度

【案例导入】

王男幼年丧父，随母改嫁到离家很远的地方，与家乡亲友断绝了往来。王男在大学期间与同班同学李女相恋，约定毕业后结婚。毕业前，王男携其母去女家拜访，在交谈中得知王男的祖母和李女的妈妈是同胞姐妹后，双方的父母均不同意此婚事，认为其辈分不对且为很近的亲属。但王男和李女感情甚笃，坚持要求结婚。

【问题】

王男和李女是何种亲属关系？婚姻登记机关应否给王男和李女登记？

【基本原理】

一、亲属的概念和种类

（一）亲属的概念

亲属，是指人们基于婚姻、血缘和法律拟制而形成的人与人之间的社会关系。婚姻是亲属之源，血亲是亲属之流。血亲也可依法拟制，通过收养而形成。姻亲则是以婚姻为中介而发生的。为了正确把握亲属的概念，依法调整亲属关系，应当注意以下几个问题：

第一，广义的亲属与狭义的亲属。作为现实存在的亲属关系，包括生物学意义上的亲属和法律意义上的亲属。生物学意义上的亲属，是因遗传学规律自然形成的血缘亲属，它可以世代延续下去，属于广义的亲属。法律意义上的亲属，是指基于婚姻、血缘和法律拟制而形成的社会关系，这种关系一经法律调整，便在具有亲属身份的主体之间产生法定的权利义务，属于狭义的亲属。婚姻家庭法所研究的主要是狭义的亲属，即法律意义上的亲属。

第二，亲属与家庭成员的区别。作为社会的基本生活单位，家庭是由同居一家、共同生活的亲属组成的，家庭成员一般均为近亲属，例外的情形极为罕见。有亲属关系的人，甚至是有近亲属关系的人，不可能都是同一家庭的成员，而是分属于不同家庭的。两者的区别在于，家庭成员间不仅有亲属关系，还有以家庭为单位的共同经济和共同生活的关系。

第三，亲属与家属的区别。家属是家长的对称，从历史上看，家庭是由家长和家属组成的。家长和家属在社会上和法律上的地位都是不平等的。家长在家庭中享有支配家庭财产和家庭成员人身的权利。家属是家长制的产物。虽非亲属而以永久共同生活为目的同居一家者，视为家属。而亲属是指一切相互间具有婚姻、血缘和法律拟制血亲但并不一定在一起生活的人。现实生活中虽有家长、家属的称谓，但并不具有法律上的意义。

（二）亲属的种类

对亲属种类的划分，在不同的社会制度下，由于家庭立法原则不同，也就有不同的划分标准。

1. 我国古代亲属的分类

在中国古代，以宗法制度为中心，将亲属分为宗亲、妻亲和外亲三大类：

（1）宗亲。宗亲是指同祖同宗的亲属，也称内亲，包括同一祖先的男性亲属以及嫁来之妇和未嫁之女。宗亲在古代亲属制度中居于最重要的位置。

（2）妻亲。妻亲是指夫对妻的血亲之间的亲属关系，包括妻的父母、妻的兄弟姐妹及其配偶、子女等。

（3）外亲。外亲是指与女系血亲相联系的亲属，包括与母亲相联系的亲属和与出嫁女儿相联系的亲属，前者如外祖父母、舅、姨、姨表兄弟姐妹等；后者如女婿、外孙子女和姑父及其子女等。

2. 我国现代亲属的分类

（1）配偶。在婚姻关系存续期间，夫妻双方互为配偶。配偶是亲属关系的核心，是产生血亲和姻亲的基础。在我国现行法律中，配偶是居首位的近亲属。

（2）血亲。血亲是指相互之间具有血缘联系的亲属。血亲根据血缘来源的不同可分为自然血亲和拟制血亲两种。

自然血亲，是指出于同一祖先，相互之间存在血缘联系的亲属。例如，父母与子女；祖父母与孙子女；外祖父母与外孙子女；兄弟姐妹之间；伯、叔、姑与侄、侄女；舅、姨与甥、甥女；堂兄弟姐妹之间；表兄弟姐妹之间等，均为自然血亲。

拟制血亲，是指本无天然的血缘联系，依法确认后，其与自然血亲有相同的权利义务的亲属，所以也称法定血亲或准血亲。例如，养父母与养子女，继父母与受其抚养教育的继子女，均为拟制血亲的父母子女。

(3) 姻亲。姻亲是以婚姻关系为中介而形成的亲属，但配偶本身除外。姻亲又可分为三种：

①血亲的配偶。指自己的直系和旁系血亲的配偶。如儿媳、女婿、伯母、婶母、舅母、姑父、姨父、兄嫂、弟妇、姐夫、妹夫等。

②配偶的血亲。指自己配偶的直系血亲和旁系血亲。如公婆、岳父母、夫之兄弟姐妹及其子女、妻之兄弟姐妹及其子女等。

③配偶的血亲的配偶。指自己配偶的血亲的配偶。我国亲属关系中的连襟（指夫与妻之姐妹之夫）和妯娌（指妻与夫之兄弟之妻），便是这方面的例证。

二、亲系和亲等

(一) 亲系

亲系是指以血缘和婚姻联系为基础的亲属系统。狭义上的亲系仅指血亲的系统，广义上的亲系还包括姻亲的系统。按不同的联系标准，亲系可分为以下几种：

1. 父系亲和母系亲

父系亲是以父为中介而产生的亲属。例如，己身与祖父母、伯、叔、姑及其子女等。母系亲是以母为中介而产生的亲属。例如，己身与外祖父母、舅、姨及其子女等。中国古代的亲属制度是父系本位，重父系亲而轻母系亲的。按照我国现行法的规定，父系亲和母系亲并无轻重之分、亲疏远近之别。

2. 男系亲和女系亲

男系亲是指与男子的血统相联系的亲属；女系亲是指与女子的血统相联系的亲属。这是在封建宗法制度下，按照重男轻女的观念划分的。我国封建法律以男系亲为宗亲，在亲系中处于主要的地位；而女系亲如外亲和妻亲，在亲系中则处于次要的、疏远的地位。我国现行《婚姻法》以男女平等为原则，男系亲和女系亲的地位并无区别。

3. 直系亲和旁系亲

(1) 直系血亲和旁系血亲。直系血亲指具有直接血缘联系的血亲。凡是"己身所从出"和"从己身所出"的血亲均为直系血亲。如己身上对父、祖父、曾祖、高祖是己身所从出；下对子、孙、曾孙、玄孙，是从己身所出，这种直上直下的系统都属于直系血亲。

旁系血亲指具有间接血缘联系的血亲。凡是血缘上具有"同源"关系的，除直系血亲外均为旁系血亲，包括辈分相同或不相同的旁系血亲，如己身与姑表兄弟姐妹是辈分相同的旁系血亲；己身与舅、姨等是辈分不相同的旁系血亲。

(2) 直系姻亲和旁系姻亲。直系姻亲指的是直系血亲的配偶，如儿媳、女婿、孙媳、孙女婿、继父、继母等。在很多国家有禁止直系姻亲结婚的规定。我国法律没有规定，但习惯上是不能结婚的。

旁系姻亲指配偶的旁系血亲以及旁系血亲的配偶，如兄嫂、弟媳、姐妹夫、伯叔母、姑父、舅母、姨父等。旁系姻亲的关系法律不予调整。

4. 长辈亲、晚辈亲和平辈亲

长辈亲是指辈分高于自己的亲属，如父母辈的亲属和祖父母辈的亲属。

晚辈亲是指辈分低于自己的亲属，如子女辈的亲属和孙子女辈的亲属。

平辈亲是指与自己同辈的亲属，如兄弟姐妹、堂兄弟姐妹、表兄弟姐妹。

（二）亲等

亲等是计算亲属关系亲疏远近的单位。由于亲属的远近直接关系到伦理关系、权利义务关系和其他的社会关系及法律关系，所以，古今中外都将亲等计算作为亲属制度的重要内容。

由于各国法律不同，使用的亲等计算制也不同。世界上主要有以下两种亲等计算法：

1．罗马法的亲等计算法

罗马法亲等计算法历史悠久，影响较大，开始于古罗马时期，后来成为国际上通用的亲等计算方法。

（1）直系血亲计算方法：直系血亲是以己身为基点，向上或向下数，以间隔一世为一亲等。例如，父母与子女为一亲等直系血亲，祖父母（外祖父母）与孙子女（外孙子女）为二亲等直系血亲，依此类推。

（2）旁系血亲计算方法：是从己身上数至双方最近的共同长辈直系血亲，再从该长辈直系血亲下数至对方，两边各得一世数，将其相加即为旁系血亲的亲等数。例如，兄弟姐妹为二亲等旁系血亲；伯、叔、姑与侄、侄女，舅、姨与甥、甥女，为三亲等旁系血亲；堂兄弟姐妹、表兄弟姐妹为四亲等旁系血亲，依此类推。

下表为己身与姨表兄弟之间的亲等计算图例，依据罗马法的亲等计算法，己身与姨表兄弟为四亲等旁系血亲。

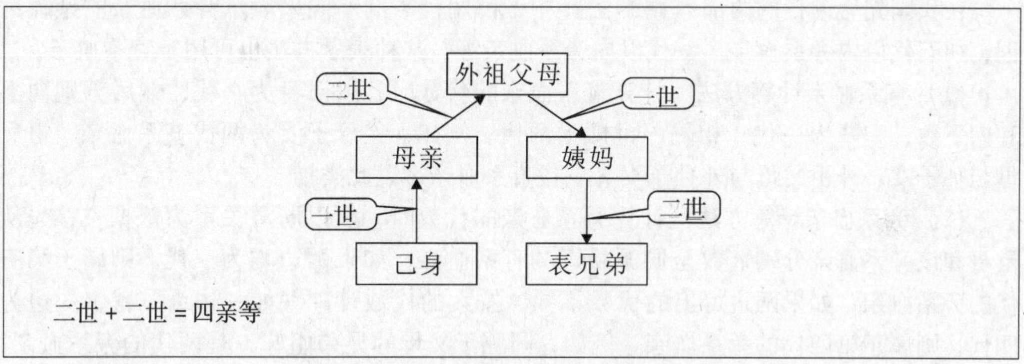

图1　罗马法旁系血亲亲等计算示意图

2．寺院法的亲等计算法

寺院法亲等计算法，起源于基督教教规，至今仍为少数国家所沿用，也分为直系血亲计算方法和旁系血亲计算方法。

（1）直系血亲计算方法：直系血亲亲等的计算规则与罗马法相同，即以一代为一亲等。

（2）旁系血亲计算方法：计算旁系血亲亲等的规则与罗马法不同。其计算规则如下：先从己身上数至己身与对方最近的共同的长辈直系血亲，得一世数，再从对方上数至该长辈直系血亲，又得一世数，如果两边的世数相同，即以此数定其亲等；如果两边世数不同，则按世数多的一边定其亲等。例如，兄弟姐妹为一亲等旁系血亲；伯、叔、姑与侄、侄女，舅、姨与甥、甥女，为二亲等旁系血亲；堂兄弟姐妹、表兄弟姐妹亦为三亲等旁系血亲，依此类推。由于旁系血亲的行辈可能相同，也可能不同，这种计算法往往不能准确地反映旁系血亲间的亲疏远近关系。罗马法的旁系血亲亲等计算规则与寺院法相比较，前者显然优于后者。

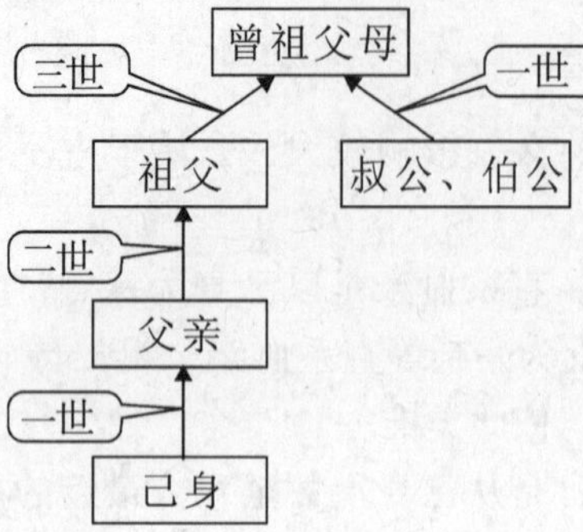

三世+一世=四亲等

按寺院法的亲等计算法，己身与叔公、伯公为三亲等的旁系血亲。

图2　寺院法旁系血亲亲等计算示意图

3. 我国《婚姻法》中的计算法

在我国先后颁行的两部《婚姻法》中，都用代数的不同来表示旁系血亲的亲疏远近，如五代以内旁系血亲、三代以内旁系血亲等。这种表示方法也可用于直系血亲。

（1）直系血亲计算方法：计算直系血亲的代数时，以己身为一代，然后分别向上和向下数，一辈为一代，相隔一世即为两代。例如，父母子女为两代直系血亲，祖父母与孙子女、外祖父母与外孙子女为三代直系血亲，以此类推。

（2）旁系血亲计算方法：计算旁系血亲的代数时，须以同源关系为依据。首先从己身和该旁系血亲分别上数至同源最近的直系血亲，如果两边均为三代，则属于第三代的旁系血亲；如果两边得出的代数不同，按大的代数计。譬如一边为三代，一边为四代，则属于第四代的旁系血亲。例如，同源于父母的兄弟姐妹，是两代的旁系血亲；同源于祖父母、外祖父母的表（堂）兄弟姐妹，是三代的旁系血亲。应当注意的是，用我国世代来表示血亲关系的远近时，不能与罗马法的亲等计算法进行换算，四亲等内的旁系血亲并不相当于三代内的旁系血亲。例如，己身与叔伯祖父（即伯公、叔公）是四亲等旁系血亲，却已超出了三代，属于四代内的旁系血亲。我国婚姻法的世代计算法虽简便易行，但精确性不够。

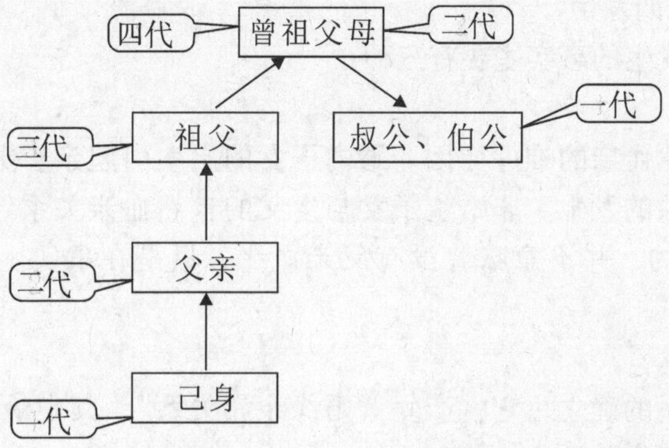

按我国的代数计算法，一边为四代，一边为二代，以数额大的记为代数。即己身与叔公、伯公为四代的旁系血亲。

图 3　我国的代数计算法示意图

4. 中国古代丧服制度中的亲属等级

中国古代没有亲等这一名目，它是以服制的不同来表示亲属的亲疏远近的。丧服制度始创于礼，后入于律，服制的效力不仅及于亲属关系，而且及于其他诸多领域。

服制分五等，重轻有差，用以分别亲属的亲疏远近。亲者、近者其服重。疏者、远者其服轻。五服以内的为有服亲，五服以外的为袒免亲即无服亲。

第一等：斩衰。为三年之服。丧服以粗麻布制作，且不缝下边。例如，子与在室女为父母丧、嫡孙为祖父母丧、妻为夫丧，有斩衰三年之服。

第二等：齐衰。服期长短有别。丧服以稍粗的麻布制作。齐衰有杖期（一年之服，须持丧杖）、不杖期（一年之服，不持丧杖）、五月、三月之别。例如，子为出母、嫁母丧，夫为妻丧（父母不在时），有齐衰杖期之服。孙为祖父母丧、出嫁女为父母丧、夫为妻丧（父母在时），有齐衰不杖期之服。曾孙、曾孙女（在室）为曾祖父母丧，有齐衰五月之服。玄孙、玄孙女（在室）为高祖父母丧，有齐衰三月之服。

第三等：大功。为九月之服。丧服以粗熟布制作。例如，妻为夫之祖父母丧、父母为众子妇丧，有大功之服。

第四等：小功。为五月之服。丧服以稍粗的熟布制作。例如，己身为伯叔祖父母、堂伯叔父母丧，妻为夫之伯叔父母丧，有小功之服。

第五等：缌麻。为三月之服。丧服以稍细的熟布制作。例如，己身为族伯叔父母丧，为妻之父母丧，有缌麻之服。

由于服制的差别不仅以世数为依据，还受着尊卑、性别、名分、恩义等因素的影响，不能准确地表示亲属关系亲疏远近的程度。随着中国婚姻家庭法的近现代化，它已经成为历史的陈迹。

三、亲属关系的发生和终止

亲属关系的发生和终止都有赖于一定事实的出现。这些事实分为两类，一类是自然事实；另一类是自然人主体或有权机构依照特定程序创设或者消灭亲属关系的行为。

无论是哪一类事实都具有双重属性：一是客观性，二是规范性。

（一）亲属关系的发生

引起亲属关系发生的事实主要有三种：

1. 出生

出生是形成自然血亲的唯一原因。婚内子女的出生引起亲子关系和其他自然血亲关系或旁系血亲关系的发生。非婚生子女与生父的自然血亲关系经生父认领后始为发生；其生父不明确的，并不意味着没有父亲血缘，只是在事实上和法律上有待确认而已。

2. 结婚

结婚即婚姻关系的确立，它将产生“婚缘亲属关系”，其中最重要的是配偶关系，同时也包括一系列姻亲关系。

3. 亲属拟制行为

这种拟制包括两种：一种是成立收养关系，另一种是继父母与继子女间形成事实上的抚养教育关系。在这两种情形下，不仅是形成直系的拟制亲属，而且同时发生旁系的拟制亲属。

（二）亲属关系的终止

亲属关系的终止亦即亲属关系的消灭。引起亲属关系终止的事实分为两大类：一类是亲属关系中一方死亡（包括自然死亡和宣告死亡），另一类是解除身份关系的行为。

解除身份关系的行为包括三种不同情形：

1. 离婚

离婚一旦发生法律效力，配偶关系当然消灭。但是血亲关系，尤其是父母子女关系并不受配偶离婚的影响。在我国，配偶双方离婚后，习惯上不再保留原有的姻亲关系，法律也不禁止当事人在离婚后与原来的姻亲结婚。

2. 婚姻被撤销或宣告无效

被撤销或宣告无效的婚姻是自始无效的，婚姻一旦被撤销或被宣告无效，除了自然血亲之外，其他一切因此而形成的亲属关系均归无效。

3. 解除法律拟制的亲属关系

主要存在三种情形：其一，也是最重要的，是解除收养关系；其二，形成事实上抚养教育关系的继父母与继子女间，通过协议或裁判解除抚养教育关系；其三，未成年子女因生父母与继父母离婚，继父母终止对原继子女的抚养教育。

（三）亲属关系的法律效力

亲属关系一经法律调整，一定范围内的亲属之间就会产生一系列的法律后果，这就是亲属关系的法律效力。依照我国现行法律，亲属关系的法律效力主要表现在：

1. 在婚姻家庭法上的效力

（1）一定范围的亲属有互相扶养的义务；

（2）一定范围的亲属有互相继承遗产的权利；

（3）一定范围的亲属具有法定的共同财产；

（4）一定范围的亲属间禁止结婚；

（5）一定范围的亲属是无民事行为能力人和限制民事行为能力人的监护人。

2. 在民法上的效力

（1）一定范围的亲属可作为无民事行为能力人和限制民事行为能力人的监护人和法定代理人；

（2）一定范围的近亲属可依法向法院提出宣告失踪和宣告死亡的申请；

（3）按照亲属关系的亲疏远近确定法定继承人的范围和顺序，一定范围的亲属可以成为遗嘱继承人；晚辈直系血亲在特定情况下有代位继承权。

3. 在刑法上的效力

（1）刑法中规定的某些犯罪，也是同亲属身份有关的。某些犯罪主体和被害人之间具有特定的亲属身份，如虐待罪和遗弃罪；

（2）暴力干涉婚姻自由罪的犯罪主体，一般也多为被干涉者的亲属；

（3）某些犯罪的主体须为已有特定亲属关系或明知他人有特定亲属关系的人，如重婚罪；某些告诉才处理的犯罪，可由被害人的近亲属告诉等。

4. 在诉讼法上的效力

（1）回避效力。一定的亲属关系为回避的原因，《民事诉讼法》规定："审判人员、书记员等是本案当事人、诉讼代理人的近亲属，必须回避，当事人有权用口头或者书面方式申请他们回避。"《刑事诉讼法》中也有类似规定。

（2）代为辩护或代理的效力。在民事诉讼中，没有诉讼行为能力的当事人由作为其法定代理人的亲属代为诉讼；在刑事诉讼中，一定的亲属得为被告的辩护人；被告人的近亲属经被告同意可依法提出上诉，还可依法提出申诉等。

此外，亲属关系在劳动法、行政法等领域也有相应的法律效力。亲属关系的法律效力，并不仅仅局限于婚姻家庭法领域。研究亲属关系的法律效力，是与法学相关学科的共同任务。

【案例分析】

在本案中，王男与李女是表侄与表姑的关系。王男的祖母与李女的妈妈是同胞姐妹，王男的父亲与李女是表兄妹，故王男与李女为姑侄关系。根据我国《婚姻法》亲等的计算法，王男与李女是四代旁系血亲，不在法律规定的禁婚亲属范围。如果符合结婚的其他实质要件，婚姻登记机关应予以登记。

【拓展阅读】

1. 陈爱萍，姬新江．婚姻家庭法学．北京：中国检察出版社，2006.

2. 史尚宽．亲属法．北京：中国政法大学出版社，2000.

3. 杨大文．亲属法（第三版）．北京：法律出版社，2003.

【思考与练习】

1. 什么是亲属？亲属有哪些种类？
2. 什么是亲系？如何区别直系血亲和旁系血亲？
3. 什么是亲等？简述罗马法亲等计算法和寺院法亲等计算法的不同。
4. 各种亲属关系发生和终止的原因是什么？
5. 亲属在法律上的效力主要有哪些？

6. 案例分析：

宋某的祖父母与张某的外祖父母是同胞兄弟姐妹，宋、张已达结婚年龄，亦无结婚禁止的疾病。两人感情甚好，希望早日结婚。现两人到结婚登记机关申请结婚登记。婚姻登记人员为他们办理了登记，两人顺利领了结婚证书。问：

（1）按照罗马法与寺院法的亲等计算法，宋张两人是几亲等？

（2）按照我国亲属计算方法，宋张两人是几代亲？

（3）我国《婚姻法》规定的近婚亲范围如何？婚姻登记机关准予宋张两人结婚是否符合我国法律的规定？

项目二　夫妻关系

【案例导入1】

2003 年 8 月，原告黄某（女）与被告戴某（男）经他人介绍认识并确立恋爱关系。同年 11 月 7 日，黄某与戴某到婚姻登记机关办理结婚登记手续。2004 年 4 月 12 日，已怀有身孕的黄某回娘家居住，在此期间，戴某因购买肥料的款项不足找到黄某，黄某不愿意支付，双方为此发生纠纷，致使有孕在身的黄某膝盖受伤。事情发生后，戴某及其亲戚多次到黄某娘家，要求与黄某和好，但遭到黄某拒绝。2004 年 5 月 19 日，黄某诉至人民法院要求与戴某离婚，2004 年 6 月 9 日法院判决不准离婚。之后，黄某与戴某一直继续分居生活、双方互不往来。黄某在第一次起诉离婚未果后的 7 月，未经戴某同意将怀孕 7 个多月的胎儿引产。黄某于 2005 年 8 月 15 日再次以夫妻感情确已破裂为由起诉要求与戴某离婚。戴某认为黄某在 2004 年 4 月 7 日检查时胎儿是正常的，黄某没有经过戴某的同意私自引产，致使戴某精神受到伤害，侵犯其生育权，要求黄某赔偿精神损失费 5 000 元。

【问题】

什么是生育权？法院是否应该支持戴某关于侵犯其生育权的赔偿请求？法院是否应该支持黄某的离婚诉讼请求？

【案例导入2】

45 岁的邬某与丈夫结婚后感情一直很好。但是，自从 2000 年谢某（系有夫之妇）与她的丈夫相识来往后，丈夫经常深夜不归。于是，心存疑虑的邬某便跟踪丈夫，结果发现丈夫果然与谢某有不正当关系。邬某每次捉了“现场”后，就与谢某理论并发生争吵。邬某的丈夫为此多次殴打邬某，同时起诉到法院要求离婚。2001 年 6 月 5 日，谢某与邬某之夫同住旅店被公安民警查获，两人均承认与对方有不正当性关系，并有结婚的想法。邬某认为自己本来没有错，是因为“第三者”谢某的介入，才造成丈夫闹离婚。邬某遂将一纸诉状递到四川省泸县人民法院，称被告谢某侵犯了其配偶权，致使其夫在家施用暴力，并起诉离婚。同时，请求法院判令被告停止侵害，并赔偿其精神抚慰金 1 万元。

【问题】

什么是配偶权？法院是否应该支持邬某要求第三者赔偿的诉讼请求？

【基本原理】

一、夫妻关系概述

（一）夫妻关系的概念和特征

夫妻关系是指符合结婚条件的男女，以共同生活为目的，依法结为夫妻，互为配偶的特殊人际关系。因此，夫妻关系必须以合法有效的婚姻关系作为前提。从婚姻家庭法层面来看，主要是夫妻双方在人身方面和财产方面享有的权利和承担的义务。夫妻关系是家庭关系中最重要的关系。夫妻关系的本质特征表现为以下四方面：第一，夫妻必须是符合法律规定的男女两性结合。男女双方须符合法律规定的结婚条件，并履行法定的结婚程序，才能结为夫妻。重婚行为、同居行为等要么不符合结婚的实质要件，要么不符合结婚的形式要件，因而不是夫妻关系。第二，夫妻以永久共同生活为目的。不具有该目的的同居行为不成立婚姻，也不构成夫妻关系。第三，夫妻是共同生活的伴侣，必须共同承担生育和抚养子女、赡养和扶助老人等责任。第四，夫妻关系具有专属性。夫妻关系是基于配偶身份产生的权利义务关系，该权利义务仅属于具有配偶身份的男女之间，并且是对等的。

（二）夫妻关系的历史沿革

夫妻双方在家庭中的地位，是与男女两性的社会地位相一致的。夫妻关系的性质及特点取决于当时的社会经济基础，随着社会经济基础的发展，夫妻双方在家庭中的地位也会随之发生变化。

1. 奴隶社会、封建社会的夫妻关系

奴隶社会、封建社会的夫妻在家庭中的地位，以男尊女卑、夫权统治为特征。我国古籍记载："男帅女，女从男，夫妇之义由此始也，妇人从人者也，幼从父兄，嫁从夫，夫死从子。""夫者，妻之天也。""夫为妻纲。"这些都表明夫妻的地位是不平等的，妻子无独立的人格，处于服从丈夫的地位。夫妻关系完全是一种尊卑、主从的关系。这种不平等的关系，公开为法律所确认。在人身关系上，夫的地位比妻高。如《唐律疏议》规定："其妻虽非卑幼，义与其亲卑幼同。"在财产关系上，妻对家庭财产只有使用权而无处分权和继承权。在婚姻关系上，丈夫有纳妾和休妻的特权，而妻除形式上的两愿离婚即"和离"方式外，没有离婚的权利。同时，妻还受封建礼教的束缚，对丈夫要"从一而终"，即使丈夫死亡，也要为夫守节。在刑事责任上，夫妻相犯也是同罪不同罚：夫犯妻，采取从轻、减轻处罚原则；妻犯夫，采取从重处罚原则。

西方社会把这种夫妻关系称为夫妻一体主义，又称夫妻同体主义，即夫妻因婚姻成立而合为一体，双方的人格互相吸收。从表面上看，夫妻的地位是平等的。实际上，只是妻的人格被夫所吸收，妻处于夫权的支配之下。故夫妻一体主义不过是夫权主义的别名。欧洲中世纪的亲属法采用这种立法体系，我国古代也是如此。

2. 资本主义社会的夫妻关系

资本主义社会的夫妻关系在法律形式上逐渐趋于平等。资产阶级在早期反封建的斗争中提出了男女平等的口号，资产阶级革命胜利后，相应地在其亲属法中也规定了不少反映男女平等的内容。但是，资本主义国家早期的亲属法带有明显的封建残余，对已婚妇女的人身权利和财产权利，甚至她们的行为能力都作了各种限制。随着社会的发展，许多西方国家对有关夫妻地位的法律作了修改，夫妻双方的法律地位在形式上日益平等。

这种立法主义，西方称为夫妻别体主义，或称夫妻分离主义，与夫妻一体主义相对应。即指夫妻婚后仍各是独立的主体，各有独立的人格，双方法律地位平等。夫妻双方虽受婚姻效力的约束，但仍各有法律行为能力。资产阶级的亲属法多采取夫妻别体主义。

3. 现代社会的夫妻关系

现代各国基本上都在法律中规定了男女平等，夫妻双方在婚姻家庭中享有同等的权利并互负义务。但是，由于各国都会受到来自经济的、政治的、文化的以及各地不同习俗的影响，虽然很多国家在形式上规定了男女平等，但实际生活中往往难以做到真正的平等，女性不论是在社会上还是在家庭中的地位都仍有待提高。如在我国，由于受封建的男尊女卑思想的影响，在一些家庭中仍然存在夫妻不平等的情况。

（三）我国婚姻家庭法对夫妻关系的规定

我国《婚姻法》第十三条规定："夫妻在家庭中地位平等。"这是男女平等原则在婚姻家庭中的具体体现，是对夫妻法律地位的原则性规定，有关夫妻权利义务的规定都遵循这一原则。夫妻是家庭的基本成员，只有在家庭地位平等的基础上，才可能实现权利上的平等。根据我国婚姻法的规定，夫妻在人身关系和财产关系两个方面的权利和义务都是完全平等的。法律不允许夫妻任何一方只享受权利而不尽义务，或者只尽义务而不享受权利。

我国《婚姻法》对夫妻关系还规定了一系列具体内容：夫妻双方都有各用自己姓名的权利；子女可随父姓，也可随母姓；夫妻都有参加生产、工作、学习和社会活动的自由，一方不得对他方加以限制或干涉；夫妻双方都有实行计划生育的义务。在抚养、教育、保护子女等问题上，夫妻双方的权利和义务平等。有关财产关系方面的规定，如抚养、夫妻共同财产、夫妻相互间的继承权、离婚时的财产分割等问题，也都以双方的人身关系完全平等为基础。

二、夫妻人身关系

夫妻人身关系，是指没有直接财产内容的夫妻人格、身份和地位方面的权利义务关系，它与夫妻财产关系构成夫妻关系的全部法律内容。在我国婚姻家庭法中，夫妻人身关系主要体现为以下内容：

（一）夫妻双方都有使用自己姓名的权利

这是指婚姻当事人的姓名权不受婚姻关系的影响，男女双方在婚姻关系成立后，都有保持自己原有姓名的权利。姓名权是人格权的重要组成部分，是一项重要的人身权利。一个人有无使用自己姓名的权利，是区分有无独立人格的重要标志。

在我国封建社会，实行男娶女嫁的婚姻制度，女方在婚后即加入夫宗，成为夫家的家庭成员，并改随夫姓，当然，男子入赘的除外。因此，在大多数情况下，女方在婚后一直没有独立的姓名权。为改变这种现状，新中国成立后的两部《婚姻法》都规定了“夫妻双方都有各用自己姓名的权利”。这里虽然提到夫妻双方的姓名权，但其主要用意在于保护女性婚后的姓名使用权。在婚姻关系存续期间，夫妻中的任何一方都有权利继续使用或依法改变自己姓名的权利，他方不得干涉，也不得盗用或冒用对方的姓名。夫妻各自的姓名权不受女方成为男方家庭成员或男方成为女方家庭成员的影响。我国《婚姻法》平等地保护夫和妻各自的姓名权，但是，对夫妻双方就姓名问题另有约定的，法律并不限制，譬如双方可以约定妻随夫姓或夫随妻姓。

夫妻享有平等的姓名权在子女姓名的确定上也有重要意义。我国《婚姻法》第二十二条规定：“子女可以随父姓，可以随母姓。”由此，子女的姓氏可以由父母根据自己家庭的情况协商确定，而不是一概随父姓。我国《婚姻法》关于子女姓氏的规定，对于贯彻男女平等的基本原则有着积极的作用，也有利于破除以男系为中心的宗法制度对社会的影响。

（二）夫妻双方都有参加社会活动的自由

我国《婚姻法》第十五条规定：“夫妻双方都有参加生产、工作、学习和社会活动的自由，一方不得对他方加以限制或干涉。”这是我国《婚姻法》关于夫妻人身自由权利的规定，其立法目的主要是保障已婚妇女参加生产、工作、学习和社会活动的自由，限制丈夫干涉妻子人身自由的行为。新中国成立之前，已婚妇女的社会地位极其低下，没有参加工作及社会活动的自由，大多数人只能在家里从事家务劳动，伺候丈夫和公婆，由于没有独立的经济来源，其社会地位和家庭地位都很低。为了改变女性地位低下的情况，在法律中明文规定夫妻双方的人身自由极有必要。夫妻的人身自由包括以下三个方面：

（1）参加生产、工作的自由。生产泛指一切生产活动；工作反映的也是劳动生产，体现为一定的社会职业。夫妻双方都有参加生产、工作的权利，其意义在于：①男女双方，尤其是女方，并不因结婚而丧失参加社会劳动、参加工作的权利。②已婚男女参与生产、工作的权利是平等的。这是男女平等原则、夫妻在家庭中地位平等原则在夫妻人身关系中的具体体现和基本要求。只有赋予已婚妇女享有与丈夫同等的生产、工作的权利，只有使她们从繁重的、无偿的家务劳动中解放出来，走入有偿的社会劳动，才能体现妇女的社会价值，才能使她们不论是在社会上还是家庭中都真正地和丈夫处于平等的地位。否则，男女平等、夫妻平等只会成为一句空话。

（2）参加学习的自由。夫妻双方，尤其是已婚妇女都有参加学习的自由。这里的学习，不仅包括正规的在校学习，也包括职业培训以及其他各种形式的专业知识与专业技能的学习。保证妇女的学习自由权，对于提高妇女的文化素质、提高妇女的就业率有着积极的作用。没有学习，妇女在工作中就没有优势，就无法和男性做到真正的平等。此外，夫妻双方通过学习可以不断提高自身的素质，也有利于实现家庭的教育职能。

（3）参加社会活动的自由。所谓社会活动，指参政、议政活动，科学、技术、文学、艺术和其他文化活动，各种群众组织、社会团体的活动，以及各种形式的公益活动等。参加社会活动、与他人或团体进行社会交往是公民人身自由中非常重要的组成部分。夫妻通过参加社会活动服务于社会，并可以满足自己精神上的需要，体现自身的价值。由于在我国的传统文化中，妇女的社会地位极其低下，因此法律作出这一规定，主要是为了保障已婚妇女在经济、文化和社会生活中享有与丈夫平等的权利，实现夫妻地位的平等。

夫妻在行使上述人身自由权时，不得滥用权利损害对方及家庭的利益。任何一方在行使该项权利时都应以合法、合理为限，并应互相尊重，禁止各种干涉人身自由的行为。

（三）夫妻双方都享有婚姻住所决定权

婚姻住所决定权是指夫妻双方有选择、决定婚后共同生活的住所的权利。我国《婚姻法》第九条规定："登记结婚后，根据男女双方约定，女方可以成为男方家庭的成员，男方可以成为女方家庭的成员。"这一规定体现了夫妻双方在住所选择上享有平等的权利，其立法宗旨是提倡男方成为女方的家庭成员，以改变我国传统的"妇从夫居"的婚姻居住方式，其最终目的也是为了实现男女平等这一基本原则。根据第九条的规定，夫妻双方对于婚后共同生活的住所的选择，应由夫妻双方自愿约定。一方不得强迫对方接受自己的选择，任何第三方也不得干涉。经双方约定，既可以女方到男方家落户，即"妻从夫居"；也可以男方到女方家落户，即"夫从妻居"；当然，也可以约定婚后另组新家庭，不到任何一方的原生家庭落户，即"从新居"。如果婚后不满结婚时的约定，双方可以协商变更。但是，不管是女方到男方家落户，还是男方到女方家落户，一方成为对方的家庭成员后，与对方的亲属只是姻亲关系，不具有法律上的权利义务关系。

法律规定男女双方可以互为家庭成员的主要目的是提倡男方到女方家落户，这样可以解决我国农村存在的有女无儿户的实际困难，更好地推动计划生育政策的实施，树立新型的婚姻家庭观和生育观。无论是女方到男方家落户，还是男方到女方家落户，夫妻的法律地位都是平等的，落户的一方不受对方及第三方的歧视。

（四）夫妻双方都有实行计划生育的权利和义务

计划生育是我国的一项基本国策，要求有计划地调节人口发展速度。婚姻家庭的自然属性决定了夫妻双方对计划生育的实施负有不可推卸的责任。我国《婚姻法》第十六条规定："夫妻双方都有实行计划生育的义务。"另外，根据《人口与计划生育法》、《妇女权益保障法》的规定，生育权也是公民的一项法定权利。据此，实行计划生育包含以下内容：

第一，公民有生育的权利，同时也有不生育的自由。但公民行使生育权的同时不得违背国家的计划生育政策。也就是说，夫妻双方享有依照有关计划生育规定政策生育子女的权利，受国家的保护，任何人不得侵犯其生育权。但是，由于生育的特殊性，必须借由女方身体的怀孕才能使生育权得到实现。因此，《妇女权益保障法》也规定了妇女"有不生育的自由"。如果男方认为女方擅自中止妊娠侵犯了其生育权并请求损害赔偿的，法院不予支持，但是因生育纠纷导致感情破裂的可以认定为"其他导致夫妻感情破裂的情形"而准予离婚。[①] 由此可见，法律虽然不能直接保护男性的生育权，但可以通过离婚这种特殊的方式保障男性生育权在再婚时得到实现。女性的特殊生理构造决定了其在生育权中享有更充分的自由，有生育子女的权利，也有不生育的自由，

① 参见《关于适用〈婚姻法〉若干问题的解释（三）》第九条。

任何人包括丈夫均无权干涉。

第二，实行计划生育是夫妻的法定义务。我国上至《宪法》，下至《婚姻法》、《妇女权益保障法》等都规定了夫妻双方有实行计划生育的义务。育龄夫妻应当按照国家有关计划生育的政策和法律规定生育子女，不得计划外生育。如果夫妻违反计划生育法规，生育多胎的，应当缴纳社会抚养费。如果夫妻有一方是国家工作人员的，还应当依法给予行政处分；其他人员还应当由其所在单位或者组织给予纪律处分。

第三，实行计划生育是夫妻双方的法定义务。实行计划生育需要夫妻双方的配合，不是只有女方才有该义务，男女双方应共同承担计划生育的义务，不实施计划外生育。为了让育龄夫妻更好地履行计划生育的义务，有关部门应当提供安全、有效的避孕药具和技术，保障实施节育手术的妇女的健康和安全。

法条链接

《宪法》第四十九条：婚姻、家庭、母亲和儿童受国家的保护。

夫妻双方有实行计划生育的义务。

父母有抚养教育未成年子女的义务，成年子女有赡养扶助父母的义务。

禁止破坏婚姻自由，禁止虐待老人、妇女和儿童。

《中华人民共和国人口与计划生育法》第十七条：公民有生育的权利，也有依法实行计划生育的义务，夫妻双方在实行计划生育中负有共同的责任。

《中华人民共和国妇女权益保障法》第五十一条：妇女有按照国家有关规定生育子女的权利，也有不生育的自由。

育龄夫妻双方按照国家有关规定计划生育，有关部门应当提供安全、有效的避孕药具和技术，保障实施节育手术的妇女的健康和安全。

国家实行婚前保健、孕产期保健制度，发展母婴保健事业。各级人民政府应当采取措施，保障妇女享有计划生育技术服务，提高妇女的生殖健康水平。

《关于适用〈婚姻法〉若干问题的解释（三）》第九条：夫以妻擅自中止妊娠侵犯其生育权为由请求损害赔偿的，人民法院不予支持；夫妻双方因是否生育发生纠纷，致使感情确已破裂，一方请求离婚的，人民法院经调解无效，应依照《婚姻法》第三十二条第三款第五项的规定处理。

（五）夫妻有同居和互相忠实的义务

夫妻同居义务是指男女双方以配偶的身份共同生活的义务。这里的共同生活，既包括共同的婚姻住所，也包括共同的两性生活、共同的精神生活、互相扶助、共同承担家庭生活义务等。夫妻忠实义务主要是指贞操忠实义务，即专一的夫妻性生活义务。广义的夫妻忠实义务还包括不得恶意遗弃配偶他方，不得为第三人利益牺牲、损害配偶他方的利益。我国婚姻法中的夫妻忠实义务主要是指前者，具体包括：不重婚；不与配偶以外的第三人共同居住；不从事性交易等。违反忠实义务不仅伤害夫妻感情，也不利于一夫一妻制度的维护。

2001年《婚姻法》修改后在总则中规定了“夫妻应当互相忠实，互相尊重”的条款，并且规定：“禁止重婚，禁止有配偶者与他人同居。”在“离婚”一章中规定“重婚或有配偶者与他人同居”是人民法院判决离婚的法定理由之一。在“救助措施与法律责任”一章中规定：“重婚，有配偶者与他人同居导致离婚的，无过错方有权请求损害赔偿。”由以上规定可以看出，虽然法律对夫妻间同居的权利和义务未作正面规定，但是《婚姻法》从反面确立了夫妻间的同居义务，并倡导夫妻之间互相忠实的生活准则。夫妻同居义务和忠实义务的确立有利于解决我国现实生活中频繁出现的因重婚、“包二奶”等违反夫妻忠实义务导致的婚姻家庭纠纷，为追究各种侵犯婚姻的违法行为提供了法律依据。但是夫妻忠实义务因具有强烈的人身性，不能被强制执行。因此，当事人一方在此情况下可以请求离婚并要求过错方进行损害赔偿。

三、夫妻财产关系

夫妻财产关系是指夫妻双方在财产、扶养、遗产继承等方面的权利义务关系。夫妻财产关系以夫妻人身关系为前提，是夫妻人身关系的直接后果。夫妻关系尚未缔结或因不符合结婚要件而不被法律承认的，不产生相应的财产关系。配偶死亡或双方离婚也会导致财产关系的终止。夫妻财产关系主要包括夫妻财产制、夫妻间的扶养义务和夫妻财产继承权这三个内容。

（一）夫妻财产制概说

规定夫妻财产关系的法律制度就是夫妻财产制，其内容包括各种夫妻财产制的设立、变更与废止；夫妻婚前财产和婚后所得财产的归属、管理、使用、收益和处分；家庭生活费用的负担；夫妻债务的清偿；婚姻关系终止时夫妻财产的分割等问题。这里的夫妻财产既包括积极财产，如各种财产权利，也包括消积财产，如债务。同时夫妻财产既包括有形的财产，如实物；也包括无形的财产，如知识产权、股权等财产内容。这些财产随着夫妻身份的确立而确立，随着夫妻身份的消灭而消灭。夫妻财产制集身份法与财产法的特点于一身，是婚姻效力的一项重要法律内容，也是近现代家庭财产制的核心所在。

夫妻财产制的确立，受制于一个国家的经济制度、社会制度，也受制于这个国家的法律文化、民族传统、风俗习惯等。因而，在不同的历史时期，不同国家的夫妻财产制可能会有很大的差别。根据不同的角度，可以对夫妻财产制进行不同的分类：

1. 根据夫妻财产制产生原因的不同，可以分为法定财产制和约定财产制

（1）法定财产制。法定财产制是指在夫妻婚前或婚后均未就夫妻财产关系作出约定，或约定无效时，依法律规定直接适用的夫妻财产制。这是法律对夫妻财产关系所作的一般的、标准化的规定。

（2）约定财产制。约定财产制是指由婚姻当事人依照法律的规定，通过协议的方式确定适用何种夫妻财产制形式的法律制度。约定夫妻财产制可以由夫妻双方根据自身的财产状况和利益需求，依法选择适合自身的夫妻财产制，因此，约定财产制是夫妻人格独立、家庭地位平等的体现。这种立法例得到了大多数国家的肯定，并具有优先于法定财产制适用的效力。

夫妻双方对夫妻财产内容达成的协议，不仅与婚姻当事人的利益休戚相关，而且可能会影响到第三人的利益，因此各国都建立了适合本国国情的约定财产制。根据各国法律对夫妻财产约定的范围是否受限制来看，又包括两种：自由式的夫妻财产制约定形式和选择式的夫妻财产制约定形式。自由式的夫妻财产制约定形式是指法律未设定具体的

夫妻财产制类型，财产协议的内容完全由当事人自由协商，只要内容合法且不违反一般契约的禁止性规定，法律就予以承认。而选择性的夫妻财产制约定形式，是指法律明确规定可供选择的约定财产制形式以及约定不得抵触的情形，当事人只能在法律规定的范围内进行选择。这种约定夫妻财产制的权利义务关系，对内、对外效力等均已预先指明，因而无论是对于婚姻当事人还是司法机关以及与之交易的第三人，优点都是显而易见的。这一财产约定形式为世界绝大多数国家和地区的夫妻财产立法所采用。

2. 根据夫妻财产制的内容和特点的不同，夫妻财产制在历史上有以下类型

（1）妆奁制。妆奁制又称嫁资制，它是关于妆奁的提供、所有、管理、处分、收益及返还的法律制度。妆奁是妇女因结婚而带往夫家的财产，是妻或妻的血亲对丈夫的赠与，婚姻关系一经成立，其所有权便归于夫。我国古代也有女子出嫁赠送妆奁的习俗。这种财产制度对于女方极其不利，女方没有独立的人格，没有独立的财产，因此，近现代不再使用这种制度。

（2）吸收财产制。吸收财产制是指婚姻成立后，妻子原有的财产及婚后财产均归于夫，只是在个别情况下，夫应当在婚姻关系解除时将妻的婚前财产返还妻家。这是古代通行的财产制度，这种财产制是基于夫妻一体主义而产生的，妻的人格于婚后为夫所吸收，财产也被吸收。

（3）统一财产制。统一财产制是指在婚姻关系成立后，妻将其婚前财产估价定额，把所有权转移给夫，仅保留对该项财产的返还请求权的法律制度。在婚姻关系终止时，丈夫应当将妻的婚前财产原物或折价金额返还妻子或其继承人。这是早期资本主义国家法律所采用的夫妻财产制。这种财产制注意到了妻方也有一定的财产权益，与吸收财产制相比，有了较大进步。但它将妻对婚前财产的所有权转变为对夫的债权，实际上使女方处于十分不利的地位。因此，统一财产制虽然有所进步，但是在不承认夫权的当今社会已无存在的价值。

（4）联合财产制。联合财产制又称管理共同制，是指婚后夫妻的婚前财产和婚后所得财产仍归各自所有，除特有财产外，夫妻财产联合在一起，交由夫管理。夫对妻的婚前财产有使用权、收益权、孳息的所有权，甚至可不经妻子的同意，进行必要的处分。从这一财产制的运作来看，一方面它赋予夫管理、收益妻子财产的权利；另一方面，由夫负担家庭生活费用和财产管理费用，夫的权利和义务基本是对等的，在理论上具有一定的公平性。但这种财产制仅适合上层阶级社会，如果双方都有一定的婚前财产，适用该制度才可能相对公平。因此，二战后该制度陆续为各国所废除。

（5）共同财产制。共同财产制是指将夫妻双方财产的全部或部分合并为共同财产，归夫妻共同所有，婚姻终止时才依法分割的法律制度。基于共有范围的不同，其大致又可分为一般共同制、婚后所得共同制、动产及所得共同制、婚后劳动所得共同制等。①一般共同制，是指不论是夫妻婚前财产还是婚后所得财产，均属于夫妻共同所有。在这一财产制下，属于夫妻共同财产的范围是最为广泛的，只要夫妻之间存在婚姻事实，就可以成为全部夫妻财产的共同所有人。②婚后所得共同制，即夫妻在婚姻关系存续期间所得的财产归夫妻双方共同所有，但法律另有规定的除外。这一财产制为当今大多数国家所采用，我国也是把这一财产制作为法定财产制。③动产及所得共同制，即夫妻婚前的动产以及婚后所得的财产为夫妻共同所有。④婚后劳动所得共同制，即夫妻在婚姻关系存续期间一方或双方劳动所得和从事经营活动所得，以及其他形式的

劳动报酬所得的财产归夫妻双方共同所有，非劳动所得的，如继承、接受赠与等，归各自所有的财产制。

在实行共有财产制的国家，通常对婚后所得财产的共有范围会作一些限制性规定，从而保留一部分夫妻个人财产。这部分财产被称为夫妻特有财产，又称夫妻保留财产，是指夫妻婚后在实行共同财产制的同时，依法律规定或夫妻约定，夫妻各自保留一定范围的个人所有的财产。其目的是保障夫妻个人财产所有权，满足个人对财产的特殊要求。特有财产制是与共同财产制并存的，是对共同财产制的必要补充。

（6）分别财产制。分别财产制是指夫妻婚前和婚后所得财产均归各自所有，并各自享有独立的所有权、管理权、使用权和处分权，分别对自己的债务承担责任的夫妻财产制形式。分别财产制是建立在夫妻别体主义的基础之上的，双方没有婚前婚后财产之分，也无所谓个人财产，婚姻共同生活所需费用由夫和妻共同分担。分别财产制虽然体现了男女在家庭中的地位平等，保证了已婚妇女的独立财产权，但同时也存在着不足。虽然各国法律都规定了男女平等，但在妇女就业率较低、经济收入普遍低于男子、家务负担重的情况下，双方拥有的财产数量实际上是有较大差距的，如果完全采用分别财产制也会造成实际上的不平等。因此，英美法系的大多数国家以此制为法定财产制，但也不排斥夫妻双方通过契约的方式约定部分共同财产。

此外，还可以以夫妻财产制的适用情况为标准分为普通的夫妻财产制与非常的夫妻财产制；还有共同财产制与分别财产制折中的财产制，有的称为所得参与制，有的称为剩余共同制、婚姻财产增值共有制等。夫妻财产制种类繁多，形式多样，但共同财产制与分别财产制是各国夫妻财产制中的两种主要形态，而从各国的立法趋势来看，这两种夫妻财产制也开始互相采纳对方的合理因素，以使夫妻财产制变得更为合理。

（二）我国现行的法定夫妻财产制

我国现行《婚姻法》对夫妻财产制采取的是法定夫妻财产制与约定夫妻财产制相结合的模式。也就是说，夫妻可以通过约定设定婚姻关系存续期间的财产或婚前财产归各自所有、共同所有或部分各自所有、部分共同所有，如果双方没有约定，则当然适用法定财产制。我国的法定夫妻财产制采取夫妻共同财产制和夫妻个人特有财产制相结合的模式，在我国《婚姻法》中，既规定了法定的夫妻共同财产，又规定了法定的夫妻个人特有财产，两者共同构成了我国的法定夫妻财产制。这种制度既限定了夫妻共有财产的范围，又规定了夫妻个人特有财产的内容，兼顾了家庭和个人的利益。

1. 夫妻共同财产制

我国的法定夫妻共同财产制是婚后所得共同制，是指在婚姻关系存续期间，夫妻双方或一方所得的财产，除另有约定或夫妻个人特有财产外，均为共同所有。夫妻对共同所有的财产平等地享有占有、使用、收益和处分的权利的财产制度，它具有以下三个特征：第一，夫妻共同财产所有权的主体，只能是具有婚姻关系的夫妻双方。没有合法有效的婚姻关系的男女不能成为夫妻共同财产的所有人，而夫妻分居期间各自所得的财产，尽管事实上处于分离状态，但法律上双方仍互为配偶，因而分居期间一方所得财产应认定为夫妻共同财产。第二，夫妻共同财产所有权取得的时间只能是夫妻关系存续期间。婚前取得的财产权利，不能认定为夫妻共同财产。第三，夫妻共同财产的来源，包括夫妻一方或双方婚后所得的财产，但另有约定或法律规定属于个人特有财产的除外。

（1）夫妻共同财产的范围。根据《婚姻法》第十七条的规定，夫妻在婚姻关系存续期间所得的下列财产，归夫妻双方共同所有：

①工资、奖金。工资是作为劳动报酬按期支付给劳动者的货币或实物，不仅指职工的基本工资，还包括各种形式的补贴、福利等，都属于夫妻共同财产的范围。奖金是为了奖励或表扬而在工资之外对劳动者所给予的物质补偿，包括金钱和实物。

②生产、经营所得的收益。生产指人们使用工具、机器设备等创造各种生产资料和生活资料，生产出市场所需的各种产品的活动，包括农村承包经营户从事的农副业生产活动。所有生产收益均归夫妻共同所有。经营主要指从事各种商业活动，如个体工商户的经营、合伙经营、企业经营、公司经营等。各种商业活动的经营所得也属于夫妻共同财产。据此，如果夫妻一方将个人财产用于投资，则本金仍归原所有者个人所有，但是，这些财产通过经营活动得到的增值或收益，依法则应属于夫妻双方共同所有，相应地，其所负债务一般也属于夫妻共同债务。

③知识产权的收益。知识产权是一种智力成果权，既会产生人身权利，也会产生财产权利。人身权是作者基于其智力成果依法享有的以人身利益为内容的权利，具有人身专属性，不能与他人共享，如著作权中的署名权等人身权就只能归作者本人所有，配偶不享有署名权。但权利人也可能因其知识产权而获得财产性利益，如专利许可费、作品稿酬等财产利益，这些应归夫妻共有。根据《关于适用〈婚姻法〉若干问题的解释（二)》第十二条的规定，知识产权的收益，是指“婚姻关系存续期间，实际取得或者已经明确可以取得的财产性收益”。

④非特定性的继承或赠与所得的财产。根据我国《婚姻法》的规定，一般情况下因继承或赠与所得的财产，归夫妻双方共同所有，但是，遗嘱或赠与合同中确定只归夫或妻一方的财产，不属于夫妻共同财产。这样规定的目的是保护被继承人和赠与人的意志，尊重其对个人财产的处分权。因此，在婚姻关系存续期间，法定继承所得以及发生在遗嘱继承和赠与中，被继承人或赠与人未指定归一方所有的财产，均属于夫妻共同财产。

⑤其他应当归共同所有的财产。其他应当归共同所有的财产是指在婚姻关系存续期间，夫妻一方或双方取得的除上述共同财产之外的不属于个人所有的其他财产。根据相关司法解释，这类财产包括三部分：第一，一方以个人财产投资取得的收益，但是个人财产产生的孳息和自然增值除外；第二，夫妻双方实际取得或者应当取得的住房补贴、住房公积金；第三，夫妻双方实际取得或者应当取得的养老保险金、破产安置补偿费等。离婚时夫妻一方尚未退休、不符合领取养老保险金条件的，该养老保险金不属于夫妻共同财产。但是，婚后以夫妻共同财产缴付养老保险费的，婚姻关系存续期间个人实际缴付部分应当认定为夫妻共同财产。

此外，根据相关司法解释，由一方婚前承租、婚后用共同财产购买的房屋，房屋权属证书登记在一方名下的，应当认定为夫妻共同财产。军人名下的复员费、自主择业费等一次性费用，以夫妻婚姻关系存续年限乘以年平均值①，所得数额也是夫妻共同财产。

---

① 年平均值，是指将发放到军人名下的上述费用总额按具体年限均分得出的数额。其具体年限为人均寿命70岁与军人入伍时实际年龄的差额。见最高人民法院《关于适用〈婚姻法〉若干问题的解释（二)》第十四条。

夫妻财产除了积极财产外，还包括消极财产，即对外负担的债务。夫妻共同负担的债务，由夫妻共同财产清偿。债权人就婚姻关系存续期间夫妻一方以个人名义所负债务主张权利的，也应当按夫妻共同债务处理。但夫妻一方能够证明债权人与债务人明确约定为个人债务，或者夫妻约定婚姻关系存续期间所得财产归各自所有，且债权人知道该约定的除外。虽然夫妻在婚姻关系存续期间所得的财产约定归各自所有，但第三人不知道该约定的，仍以夫妻在婚姻关系存续期间所得的共同财产清偿。

（2）夫妻共同财产的处理权。夫妻对财产是共同所有。因此，夫妻双方不论职业、地位、收入，对共同财产不分份额地平等享有权利和承担义务。双方对共同财产均有占有、使用、收益、处分的权利，处分权是所有权最重要的权能，是财产所有人最基本的权利。我国《婚姻法》第十七条第二款明确规定："夫妻对共同所有的财产，有平等的处理权。"依据司法解释，平等的处理权主要包括两个方面：

第一，日常家事代理权。夫或妻在处理夫妻共同财产上的权利是平等的。因日常生活需要而处理夫妻共同财产的，任何一方均有权决定。这一规定实际上承认了西方国家所普遍认可的配偶的日常家事代理权，夫妻双方互为代理人。

第二，非因日常生活需要对夫妻共同财产的处理权。夫或妻非因日常生活需要对夫妻共同财产作重要处理决定，夫妻双方应当平等协商，取得一致意见。他人有理由相信其为夫妻双方共同意思表示的，另一方不得以不同意或不知道为由对抗善意第三人。《关于适用〈婚姻法〉若干问题的解释（三）》进一步明确了这种行为：一方未经另一方同意出售夫妻共同所有的房屋，第三人善意购买、支付合理对价并办理产权登记手续，另一方主张追回该房屋的，人民法院不予支持。但是，由于夫妻一方擅自处分共有财产造成另一方损失的，离婚时另一方有请求赔偿的权利。实践中常有类似的情况，如夫或妻一方与第三人发生不动产物权交易，而该不动产虽然是夫妻共同财产但却登记在夫或妻一方的名下，第三人如果尽了必要的注意与审查义务，支付了合理的价款且办理了产权登记手续，为了交易安全，应当保护善意第三人的合法权利，第三人可以取得该不动产物权。

夫妻对共同财产平等地享有权利，也平等地承担义务。夫妻共同生活费用，应以夫妻共同财产负担，如果共同财产不足以负担，则由夫妻双方以个人财产分担。夫妻为婚后家庭共同生活所负的债务或为履行抚养、赡养义务等所负债务，都是夫妻共同债务，应当以夫妻共同财产清偿。

（3）夫妻共同财产制的终止。在我国，通常情况下，夫妻共同财产因夫妻一方死亡或离婚而终止，并进而产生分割夫妻共同财产的问题。因一方死亡而终止夫妻共同财产的，依据我国《继承法》的规定，分割遗产时，应当先将共同所有财产的一半分出为配偶所有，其余的为被继承人的遗产。因离婚而终止夫妻共同财产的，详见"离婚制度"，这里不再赘述。

在婚姻关系存续期间，一般不需要也不可能对夫妻共同财产进行分割。但是，根据《关于适用〈婚姻法〉若干问题的解释（三）》第四条的规定，有下列重大理由且不损害债权人利益的可以分割共同财产：第一，一方有隐藏、转移、变卖、毁损、挥霍夫妻共同财产或者伪造夫妻共同债务等严重损害夫妻共同财产利益行为的；第二，一方负有法定扶养义务的人患重大疾病需要医治，另一方不同意支付相关医疗费用的。如一方的父母或其他负有法定扶养义务的人患有重病急需一笔手术费用，而另一方不同意给付时，在不解除婚姻关系的情况下，为保障一方有能力履行其法定义务，准许分割夫妻共同财产是最好的解决办法。

2. 法定的夫妻特有财产

法定的夫妻特有财产，是指夫妻在婚后实行共同财产制时，依据法律的规定，夫妻各自保留的一定范围的个人所有财产。夫妻双方对各自的特有财产，享有独立的管理、使用、收益和处分的权利，他人不得干涉。我国《婚姻法》第十八条就法定的夫妻特有财产的范围作了具体规定，包括以下方面财产：

（1）一方的婚前财产。婚前财产是指在结婚前夫妻一方就已经取得的财产，包括婚前个人劳动所得财产、继承或受赠的财产以及其他合法财产。夫妻一方的婚前财产，不管是动产还是不动产，是有形还是无形财产，只要是合法取得的，就会依法受到法律保护，不会因婚姻关系的持续而转化为夫妻共同财产，但是当事人另外有约定的除外。判断是否属于婚前财产的关键在于财产权的取得时间。如果财产权的取得是在婚前，即使婚后才实际占有该财产，其性质仍属于婚前个人财产。如遗产继承开始时当事人尚未结婚，但取得遗产时已结婚，则该遗产仍属于其婚前财产。如果婚前个人财产在婚后共同生活中自然毁损、消耗、灭失，离婚时，一方不得要求以夫妻共同财产抵偿。

《关于适用〈婚姻法〉若干问题的解释（三）》第十条明确了支付首付款后但由夫妻共同还贷的房屋的所有权归属问题。夫妻一方婚前签订不动产买卖合同，以婚前个人财产支付首付款并在银行贷款，婚后用夫妻共同财产还贷，不动产登记于首付款支付方名下的，离婚时该不动产可由双方协议处理，协议不成的，人民法院可以判决该不动产归产权登记一方，尚未归还的贷款为产权登记一方的个人债务。

（2）一方因身体受到伤害获得的医疗费、残疾人生活补助费等费用。这里的“医疗费、残疾人生活补助费”是指与生命健康直接相关的财产。医疗费是由致使身体受到伤害的加害人支付的、专门用于供受害人治疗、康复的费用。残疾人生活补助费，是国家或集体为了保障残疾人的基本生活需要所发放的费用。由于公民的身体健康权与公民的人身密不可分，因此，公民因个人的身体健康受到伤害而依法获得的补偿，理应归受伤害的公民个人所有。如此规定，既符合《民法通则》的相关规定，也为受害人能够得到有效治疗、残疾人能够正常生活提供了法律保障。《关于适用〈婚姻法〉若干问题的解释（二）》第十三条明确规定：“军人的伤亡保险金、伤残补助金、医药生活补助费属于个人财产。”

（3）遗嘱或赠与合同中确定只归夫或妻一方的财产。根据我国《婚姻法》的规定，非指定的继承或赠与所得的财产，属于夫妻共同财产。但为了尊重被继承人或赠与人的个人意愿，保护公民对其财产的自由处分权，《婚姻法》又规定，如果被继承人或赠与人在遗嘱或赠与合同中明确指出，该财产只遗赠或赠给夫妻一方，那么，该财产就应属于夫妻特有财产，归一方个人所有。

现实生活中，由父母出资为子女购房的情况较为普遍，对此，应根据具体情况处理。《关于适用〈婚姻法〉若干问题的解释（二）》规定：“当事人结婚后，父母为双方购置房屋出资的，该出资应当认定为对夫妻双方的赠与，但父母明确表示赠与一方的除外。”《关于适用〈婚姻法〉若干问题的解释（三）》规定：“婚后由一方父母出资为子女购买的不动产，产权登记在出资人子女名下的，可按照《婚姻法》第十八条第

（三）项的规定，视为只对自己子女一方的赠与，该不动产应认定为夫妻一方的个人财产。”这样规定充分考虑到作为出资人的男方父母或女方父母为子女购房的初衷和意愿，更符合中国的国情和社会常理。如果离婚时一概将一方父母出资购买的房屋认定为夫妻共同财产，不但违背了父母为子女购房的初衷，实际上也侵害了出资购房父母的利益①。因此，一方父母出资购买的房屋且登记在一方名下的，应视为对自己子女的赠与，属于个人特有财产。

（4）一方专用的生活用品。一方专用的生活用品是指婚后以夫妻共同财产购置的供夫或妻一方使用的生活消费品，具有专属于个人使用的特点，如个人的衣服、鞋帽等。专用的生活用品的价值主要体现在其人身依附性上，具有排他性。判断它的依据是，他人在使用这些物品时，无法体现物品的主要价值。因此，在司法实践中，婚后购置的贵重首饰，价值较大的图书资料以及摩托车、拖拉机、汽车等生活、生产资料，虽属个人使用，但人身依附性并不强，应视为夫妻共同财产进行分配。

（5）其他应当归一方的财产。这是指依照其他有关法律的规定而归属于特定行为人本人享有所有权的财产。如夫妻一方参加体育竞赛活动取得优胜而荣获的奖杯、奖牌，这类物品虽然主要体现了优胜者的荣誉权，但奖杯、奖牌本身往往也具有不菲的价值，其所有权理所应当归获得奖杯、奖牌的本人。随着社会经济的发展、新的财产类型的出现以及个人独立意识的增强，夫妻个人特有财产的范围将会有所增加，因此，法律作了一个兜底的规定，以保护夫妻一方的财产权利。另据《关于适用〈婚姻法〉若干问题的解释（三）》的规定，夫妻一方个人财产在婚后产生的孳息和自然增值也属于个人财产。

夫妻可以约定将各自的特有财产交由一方管理；夫妻一方也可以将自己的特有财产委托对方代为管理，对方代为管理的，适用民法通则关于代理的一般规定。对家庭生活费用的负担，在夫妻共同财产不足以负担家庭生活费用时，夫妻应当以各自的特有财产分担。

法条链接

《民法通则》第一百一十九条：侵害公民身体造成伤害的，应当赔偿医疗费、因误工减少的收入、残废者生活补助费等费用；造成死亡的，并应当支付丧葬费、死者生前扶养的人必要的生活费等费用。

法条链接

《婚姻法》第十九条：夫妻可以约定婚姻关系存续期间所得的财产以及婚前财产归各自所有、共同所有或部分各自所有、共同所有。约定应当采用书面形式。没有约定或约定不明确的，适用本法第十七条、第十八条的规定。

① 参见关于《最高人民法院关于适用〈中华人民共和国婚姻法〉若干问题的解释（三）》的新闻发布稿，2011年8月12日。

（三）我国现行的约定夫妻财产制

夫妻约定财产制是法律允许夫妻用协议的方式，对夫妻在婚姻关系存续期间所得财产以及婚前财产所有权的归属、管理、使用、收益、处分以及债务的清偿等作出约定，从而部分或全部排除法定夫妻财产制适用的财产制度。约定财产制与法定财产制相比较，具有优先适用的效力。也就是说，如果夫妻双方对财产关系有约定的，依照约定；如果没有约定或约定无效的，则适用法定财产制。我国《婚姻法》第十九条对约定财产的内容、形式和效力等作了具体规定。

1. 约定的条件

夫妻对财产关系进行约定是一种双方民事法律行为，它不仅要符合民事法律行为的一般要件，还要符合《婚姻法》的有关规定，因为该约定是基于配偶这一特殊身份发生的。夫妻对财产关系的约定需要符合下列条件：

（1）夫妻财产约定具有身份属性。它以婚姻关系为基础，从属于夫妻关系，因而缔约的主体必须为夫妻，该合同不能独立于婚姻关系而存在。未婚同居、婚外同居者对财产关系的约定，不属于夫妻财产约定。

（2）缔约双方必须具有完全民事行为能力。如果一方婚后丧失民事行为能力，则不能成为夫妻财产约定的当事人。

（3）约定须双方自愿。夫妻对财产的约定必须出于真实的意思表示，以欺诈、胁迫手段或乘人之危使对方在违背真实意思的情况下作出的约定，对方有权请求变更或者撤销。

（4）约定的内容必须合法，不得利用约定规避法律以损害国家、集体或他人的利益，不得违背社会公共利益。约定的内容不得超出夫妻财产的范围，如不得将其他家庭成员的财产列入约定财产的范围，不得利用约定逃避对第三人的债务，否则该约定无效。

2. 约定的形式

《婚姻法》第十九条第一款规定："约定应当采用书面形式。"这样规定的目的在于更好地维护夫妻双方的合法权益以及第三人的利益，维护交易安全，避免发生纠纷。夫妻以书面形式对其财产作出约定后，是否进行公证，由当事人自行商定。

3. 约定的时间

关于约定的时间，可以在结婚前，也可以在婚姻关系存续期间。但是，婚前作出约定的，须在婚姻关系正式成立之后才发生约定财产的效力。

4. 约定的内容

我国《婚姻法》第十九条规定："夫妻可以约定婚姻关系存续期间所得的财产以及婚前财产归各自所有、共同所有或部分各自所有、部分共同所有。"也就是说，夫妻既可以对婚姻关系存续期间所得的财产进行约定，也可以对婚前财产进行约定；既可以对全部夫妻财产进行约定，也可以对部分夫妻财产进行约定；既可以约定财产所有权的归属或者使用权、管理权、收益权、处分权的行使，也可以约定家庭生活费用的负担、债务清偿责任、婚姻关系终止时财产的分割等事项；既可以概括地约定采用某种夫妻财产制，也可以具体地对某一项夫妻财产进行约定。在实践中，较多采用的夫妻财产制有分别财产制、一般共同制以及混合财产制等。当事人还可以就某项具体财产进行约定，如约定一方从事生产经营的收益归其本人所有，或约定一方因身体受到伤害获得的赔偿金归夫妻共同所有。

5. 约定的效力

夫妻约定财产的效力，分为对内效力和对外效力。

（1）对内效力，是指夫妻对婚姻关系存续期间所得的财产以及婚前财产的约定，对双方当事人具有约束力，这是约定财产制最基本、最直接的效力。双方按照约定享有财产所有权以及管理权等其他权利，并承担相应的义务。只要夫妻财产约定成立并生效，夫妻间的财产关系即应按照约定处理，非经对方同意，任何一方不得擅自修改或撤销。夫妻离婚时，就财产分割发生争议的，应当优先按照协议内容处理。

（2）对外效力，是指夫妻财产协议对签订协议的当事人之外的第三人所具有的法律效力。《婚姻法》第十九条第三款规定："夫妻对婚姻关系存续期间所得的财产约定归各自所有的，夫或妻一方对外所负的债务，第三人知道该约定的，以夫或妻一方所有的财产清偿。"至于第三人是否知道该约定，由夫或妻一方负举证责任。因此，夫妻财产约定是否具有对外效力，关键在于第三人是否知道该约定。如果第三人事先知道夫妻双方约定实行分别财产制，仍与夫或妻一方为债权债务关系，则该夫妻财产约定具有对抗第三人的效力，第三人不得要求另一方偿还债务；如果第三人不知道夫妻双方约定实行分别财产制的，则该财产协议不具有对抗第三人的效力，即一方财产不足以清偿第三人债务时，第三人可以请求另一方清偿，另一方清偿后，可以根据该分产协议向对方行使追偿权。为了保证第三人的合法利益，法律规定由夫妻一方或双方对第三人是否知道该约定承担举证责任，不能举证的，视为第三人不知道该约定。

6. 约定的变更和撤销

按照一般的民事法律规则，夫妻财产约定生效后也可以依法变更或撤销。变更，是指对原有夫妻财产协议进行修改；撤销，是指取消原有夫妻财产协议并终止该协议的效力。夫妻双方可以在平等自愿的基础上，对已经约定的内容进行变更，也可以通过协商一致终止该约定。撤销原有的夫妻财产协议后，夫妻双方可以适用法定的夫妻财产制，也可以重新约定夫妻财产。

（四）夫妻有相互扶养的义务

我国《婚姻法》第二十条规定："夫妻有互相扶养的义务。一方不履行扶养义务时，需要扶养的一方，有要求对方付给扶养费的权利。"这种扶养义务是以夫妻身份的确立和存续为条件的，如果婚姻关系终止，则夫妻间的扶养义务也随之消灭。夫妻间的扶养义务是法定的，具有法律强制性，无论夫妻双方就财产的归属作出怎样的规定，都不能免除扶养义务。夫妻之间的扶养义务是相互的，任何一方需要扶养时，对方有能力的情况下都必须承担相应的义务。如果对方不履行扶养义务，需要扶养的一方，有权要求对方支付扶养费，以维持其必要的生活费用。因履行扶养义务发生纠纷的，需要扶养的一方可以向人民调解组织提出调解申请，也可以向人民法院起诉追索扶养费。对于拒绝履行扶养义务，情节恶劣构成遗弃罪的，不但不能免除其扶养义务，还应依法追究其刑事责任。

（五）夫妻遗产继承权

继承，是指被继承人死亡时，依照法律规定或死者的遗嘱将其遗留下的财产转归他人所有的法律制度。我国法律保护公民的合法继承权。《婚姻法》第二十四条规定："夫妻有相互继承遗产的权利。"《继承法》也规定，配偶、子女和父母为法定的第一顺序继承人。我国法律确保了夫妻间的遗产继承权。夫妻遗产继承权源于合法有效的婚姻关系，是基于配偶身份产生的财产权利。因此，不具备合法的婚姻关系的同居、重婚行为的男女双方不具有相互继承遗产的权利。夫妻互享继承权也是夫妻双方在婚姻关系、家庭关系中地位平等的一个重要标志，是男女平等原则的重要体现。基于历史上女方没有继承权的事实，现阶段更应注重保护妇女的合法继承权。

夫妻相互继承遗产时，应注意保护属于夫妻一方或其他家庭成员的个人财产，因为在采用法定夫妻财产制或双方约定实行混合财产制的情况下，存在着夫妻共同财产和夫妻一方特有财产。继承开始时，应先分割夫妻共同财产以及其他家庭成员的共有财产，确定遗产范围，不能将生存一方的财产列为遗产，否则会侵害生存一方的合法权益。生存一方取得遗产后，有权依照自己的意愿使用、处分该财产。我国《继承法》第三十条规定："夫妻一方死亡之后另一方再婚的，有权处分所继承的财产，任何人不得干涉。"

根据我国《继承法》的规定，夫妻一方有下列情形之一的，则丧失继承权：故意杀害配偶的；为争夺配偶遗产而杀害其他继承人的；遗弃或虐待配偶，情节严重的；伪造、篡改或销毁遗嘱，情节严重的。

法条链接

《继承法》第七条：继承人有下列行为之一的，丧失继承权：

（一）故意杀害被继承人的；

（二）为争夺遗产而杀害其他继承人的；

（三）遗弃被继承人的，或者虐待被继承人情节严重的；

（四）伪造、篡改或者销毁遗嘱，情节严重的。

【案例分析 1】

人民法院审理后认为：原、被告经他人介绍认识，谈恋爱后结婚，原、被告的婚姻基础一般。婚后时常发生矛盾，在法院判决不准离婚后一年多的时间里，原、被告互不来往，互不尽夫妻义务，夫妻感情已经破裂。原告要求与被告离婚的请求，应予准许。

生育权是一项特殊的人身权，是人生来具有的与人身不可分割的一种权利，夫妻双方均有生育的权利，也有不生育的自由。在黄某怀孕以后，胎儿就成为黄某人身的组成部分，这时，戴某的生育权只能通过黄某来实现。如果双方意见一致，戴某的生育权就能够实现；如果双方的意见不一致，则只能依照黄某的意愿决定，戴某的生育权就不能实现。戴某虽然享有生育权，但其生育权的实现，不得侵害黄某不生育的人身自由权。因此黄某怀孕后，是否生育子女，应由黄某自己决定。黄某没有和戴某协商，自行终止妊娠，其行为并未违反法律规定。所以，戴某提出的要求黄某赔偿其精神损失的意见，于法无据，应不予采纳。

法院最后作出如下判决：一、准予原告黄某与被告戴某离婚；二、驳回被告戴某要求原告黄某赔偿精神损失 5 000 元的诉讼请求。①

---

① http://www.110.com/ziliao/article-181007.html.

【案例分析2】

此案在法庭合议期间，存在两种意见：一种意见认为，“配偶权”只是在我国《婚姻法》修改的过程中被作为一种权利要求提出来，并没有为修改后的《婚姻法》所确认。故不能超越法律的规定，直接确认“配偶权”是一项权利。同时，我国《婚姻法》关于离婚后无过错方有权请求损害赔偿的规定，其赔偿请求的对象限于离婚案件中的另一方当事人，而不是“第三者”，可见“第三者”问题不属于《婚姻法》调整的范畴，且谢某与邬某丈夫的通奸行为并没有违反一夫一妻制，不具违法性，从而不能认定为构成侵权，谢某的行为只能受到道德的谴责，但不应该承担法律上的责任。

另一种意见则认为，我国《民法通则》第五条规定：“公民、法人的合法的民事权益受法律保护，任何组织和个人不得侵犯。”人格权益作为一种民事权益，当然也包括人格权利和人格利益。我国婚姻法虽未规定“配偶权”，但原告对其合法的婚姻依法享有作为配偶在精神上的安宁与自由这一人格利益。因此，原告的这一人格利益理应受法律保护。被告与原告之夫通奸的行为违反了社会公德，侵害了原告的合法的人格利益，具有违法性，构成侵权。被告不但应受到道德的谴责，还应承担相应的民事法律责任。最终，法院采纳了第二种意见。四川省泸县人民法院作出一审判决：被告谢某停止对原告邬某人格利益的侵害，并赔礼道歉。但认为：原告的婚姻未破裂，也未造成其他严重后果，因此，原告要求赔偿精神损害的诉讼请求，不应支持。同时，判决案件受理费和其他诉讼费共计400元，由被告谢某承担。

【拓展阅读】

西方的配偶权

西方的夫妻人身关系叫配偶权关系。西方法律中的配偶权，与我国《婚姻法》中的夫妻人身关系同属一类，但在具体内容上却有所不同。我国《婚姻法》中的夫妻人身关系，比较侧重于夫妻基于自身而形成的权利义务关系；而西方的配偶权，则比较侧重于配偶针对另一方人身所产生的权利义务关系。①

从世界各国亲属法的规定来看，配偶权的内容除了“姓名权”、“择业自由权”之外，主要包括以下权利义务：

一、夫妻同居义务

夫妻同居义务指男女双方以配偶身份共同生活的权利和义务。其内容不仅包括共同婚姻住所，还包括共同物质生活、精神生活和夫妻性生活等内容，其中夫妻性生活是重要的内容。在性生活方面，包含作为和不作为两个方面的义务。作为义务，是指对配偶提供满足性需求的义务。不作为的义务，是指夫妻相互坚守贞洁的义务，即不做出与配偶以外的任何异性通奸、同居等非法行为。否则，就构成对夫妻同居义务的不履行，就应承担相应的法律后果。

目前，许多国家和地区的立法都明确规定了夫妻双方应互负同居义务，非因正当理由，任何一方不得拒绝履行同居义务。例如《瑞士民法典》、《意大利民法典》等都有类似的规定。我国台湾地区、香港地区的法规也有类似的规定。各国婚姻法在规定

---

① http://www.110.com/falv/hunyin/jiatingguanxi/fuqi/2010/0630/2999_3.html.

同居义务的同时，也规定了因正常理由或因各种不同的法定事由可以停止同居义务的履行。正常理由包括一方因处理公私事务的需要而在较长时间内合理离家，或一方因生理因素而不能履行同居义务等。法定事由包括婚姻已经破裂，一方提出离婚或分居的诉讼；一方擅自将住所迁至国外或在不适当的地点定居；一方的人格、经济的安全或家庭的幸福因共同生活受到严重威胁等。

二、夫妻相互忠实的义务

所谓忠实，也称为忠诚，主要指贞操义务。其内容包括：第一，专一的夫妻性生活义务即贞操义务；第二，不得恶意遗弃配偶；第三，不得为第三人利益损害和牺牲配偶的利益。在范围上，它只要求夫妻双方在婚姻关系存续期间，应当相互忠实，在婚前的行为则属于个人行为，不在此列。婚姻关系一旦解除，双方不再履行相互忠实的义务。

在国外，关于夫妻之间的忠实义务的法律规定具有十分悠久的历史。但夫妻的忠实义务，在其产生之初，并不是针对夫妻双方的，而只是妻子单方面的片面的义务。在实际生活中，对妻子的贞操要求十分严格，对违反者的处罚也十分严厉和残酷。但对丈夫的通奸等婚外性行为却十分宽容。现代世界各国法律为适应婚姻家庭形式和观念的发展变化，对夫妻关系的法律规定作了相应的调整，大多都规定了夫妻之间应履行相互忠实的义务。与此同时，许多国家的法律除了规定夫妻互负贞操义务之外，还规定了违反这一义务的法律责任。对夫妻当事人而言，违反忠实义务可作为离婚原因和处罚事由，对于与不忠配偶方发生性关系的“第三者”，受害人亦可基于侵权行为而请求损害赔偿。

三、日常家事代理权

日常家事代理权是指夫妻一方因家庭事务而与第三人从事一定法律行为时的代理权，被代理方须对代理方从事家事行为所产生的债务承担共同责任。日常家事代理权是维护财产交易安全、保障第三人利益的一项重要措施，也是夫妻共同生活的法律要求和日常生活顺利进行的必要保障。在家庭生活中，需处理的日常事务琐碎繁杂，如超市购物、菜市买菜、子女教育、保健娱乐、接受馈赠、雇工等。如果夫妻从事这些行为都须双方共同出场或者取得对方的授权委托，则不胜其烦，既不符合社会生活的习惯，又不切合实际。如果一方滥用日常家事代理权，另一方有权对其行为予以限制。如经过登记或正式通知第三人，另一方则不承担责任；反之，如未经登记或不为第三人所知，则不可对抗第三人，另一方也应承担责任。

【思考与练习】

1. 我国的夫妻人身关系包括哪些方面的内容？
2. 按照我国法定财产制的规定，哪些财产是夫妻共有财产？哪些是个人特有财产？
3. 夫妻约定财产归各自所有的，该约定对第三人是否有效？为什么？
4. 夫妻约定财产制与法定夫妻财产制相比有什么优势？

实训三 侵犯妻子“生育权”行为的认定与处理

【情景设计】

孙某（女）与张某（男）结婚后发现丈夫不能生育，患有无精症。由于结婚前张某从没说起过他不能生育，做婚前检查时，也隐瞒了这项生理缺陷，两人顺利登记结婚。婚后孙某发现丈夫不能生育，曾一度想过离婚，但在丈夫的哀求之下未离婚。张某为了补偿孙某，主动与妻子签订了一份书面协议，内容是：“如果因为张某导致孙某与他婚姻破裂，张某将向孙某赔偿现金 65 万元，作为离婚后对妻子未能生育子女的补偿。”2012 年 3 月孙某从陕西出差回来发现丈夫有外遇，决定到法院起诉离婚，并希望通过“补偿协议”索取“生育权”赔偿。因为孙某与张某结婚已 13 年，目前 38 岁，将很难以正常方式生育自己的孩子。丈夫的背叛严重伤害了她的感情，她希望法院能够按照协议判给她 65 万元的精神损害赔偿。法庭上，被告张某同意离婚，但不同意按照协议给孙某支付生育补偿。

【工作任务】

1. 依照该案例拟定孙某与张某的补偿协议。
2. 如果孙某与张某离婚，张某是否应当依照协议赔偿孙某 65 万元？

【训练方法】

1. 学生分组讨论，补偿协议要形成书面材料。
2. 对于关系生育权的问题要进行充分的讨论，联系所学内容分析协议是否有效。
3. 各小组交换本组意见，并共同分析得出结论。

【考核标准】

1. 能结合法律的规定准确分析问题。
2. 根据相关法律规定，对本案作出准确判断。

项目三 亲子关系及其他家庭成员关系

【案例导入】

甲因妻无法怀孕，遂瞒其妻乙与“专门”代孕者丙自愿达成“借腹生子”（租借）协议，内容如下：甲支付丙定金 3 万元，租期内包吃包住，另支付 800 元/月的生活费；丙在租期两年内必须一直居住在甲的别墅内，并自愿与甲进行性生活直到为甲生下孩子才能离开别墅；若在租期内未能受孕，不再支付其他费用，到期自行离开；若丙生男孩可获 30 万元，生女孩可获 20 万元；丙生完小孩拿到钱后，甲丙之间、丙与孩子之间不存在任何关系。

【问题】

本案的“借腹生子协议”是否有效？法律是否支持？丙与孩子之间是否存在关系？甲乙与孩子之间是何关系？

【基本原理】

一、亲子关系概述

亲子关系即父母子女关系，父母子女是血缘关系中最近的直系血亲，是核心家庭成员，因此亲子关系在家庭关系中的地位仅次于夫妻关系。

根据我国《婚姻法》的规定，亲子关系一般分为以下两大类：

（一）自然血亲的父母子女关系

这是基于子女出生这一法律事实而发生的父母子女关系，包括父母与婚生子女、父母与非婚生子女关系。自然血亲关系是客观存在的，不能人为解除，虽然其权利义务关系可因送养而消除，但并不影响双方的自然血亲关系，自然血亲关系只能因父母子女一方死亡而消灭。

（二）拟制血亲的父母子女关系

拟制血亲关系又称准血亲关系，是因收养或再婚的法律行为及事实上的抚养行为，在法律上确认使本无血缘关系的双方享有与自然血亲同等的权利义务而形成的，主要包括养父母与养子女关系、继父母与受其抚养教育的继子女关系。拟制血亲的父母子女关系是依法产生的，其权利义务关系和拟制血亲关系同样也可以因法律行为而消灭，如解除收养、继父（母）与生母（父）离婚都会引起拟制血亲关系的终止。

二、父母与婚生子女

自从建立了调整婚姻家庭关系的法律制度，人类社会的两性结合就有了合法与非法之分，相应的所生子女也就有了婚生和非婚生之分，出现了婚生子女和非婚生子女的概念。

（一）婚生子女的概念

关于婚生子女的概念，各国法律规定虽不尽相同，但大多认为因婚姻关系受孕或出生的子女为婚生子女。

在英美法系国家中，英国普通法规定子女出生或受孕时，父母处于合法有效的婚姻状态，即为婚生子女，但不承认无效婚姻中出生子女的婚生地位。美国法律在认定子女出生问题上规定，如果其父母有婚姻关系，则该子女为婚生子女。夫妻在子女出生前离婚或丈夫死亡的，如果该子女在婚姻关系终止后的合理期间（通常按10个月或300日计）内出生，其婚生地位不受影响。美国大多数州的有关规定比英国宽松，承认几乎所有具有婚姻表象的结合中出生的子女的婚生地位。如《纽约州家庭法》第24条第1款规定：“父母在子女出生前或出生后，已举行世俗的或宗教的婚姻仪式，或者已按普通法规定完婚，婚姻被认为有效并经婚姻举行地法律认可的，所生子女为婚生子女，而不论该婚姻现在是无效的、可撤销的，还是已经被撤销的或以后将被撤销或判决无效的。”

在大陆法系国家和地区中，《法国民法典》第312条规定：“夫妻婚姻期间受孕的子女，夫为其父。”《德国民法典》第1591条第1款规定：“妻于婚前或婚姻关系存续中受胎，而夫于妻之受胎期间内有同居之事实者，其结婚后所生子女为婚生子女，即使婚姻被宣告为无效亦不受影响。”《日本民法典》第772条规定：“妻于婚姻中怀胎的子女，推定为夫的子女；自婚姻成立之日起200日后，或自婚姻解除或撤销之日300日内所生子女，推定为于婚姻中怀胎的子女。”我国台湾地区《民法典》第1061条明确规定：“婚生子女是由婚姻关系受胎所生之子女。”第1062条规定了受胎期间，即从子女出生日回溯第181日起至第302日止。①

我国1950年《婚姻法》和现行《婚姻法》虽然都使用了婚生子女的称谓，但均未对婚生子女的概念作出规定，也尚无婚生子女的推定制度。因此，明确婚生子女的概念，是完善我国亲子关系法首先需要解决的问题，此处建议对婚生子女的概念规定为：“于婚姻关系存续期间受胎或出生的子女为婚生子女。”

（二）婚生子女的推定

婚生子女的推定是指子女婚生或者丈夫为子女生父的一种法律上的推定，即在婚姻关系存续期间受胎所生的子女可推定为婚生子女。

在设立婚生子女推定制度的国家，对于婚生子女的推定标准主要有两种立法例：一种是受胎论，主要是法国、日本采用。即在婚姻关系存续期间受孕而出生的子女可推定为婚生子女。另一种是出生论，即在婚姻关系存续期间出生的及在婚姻关系存续期间受孕而出生的子女可推定为婚生子女，主要是为德国、俄罗斯等大陆法系国家和英美法系国家采用。

我国《婚姻法》无婚生子女的推定制度。在实践中一般认为，夫妻双方在婚姻关系存续期间受胎或出生的子女，均可推定为婚生子女。

（三）婚生子女的否认

婚生子女的否认是指有关当事人可依法否认推定的婚生子女为自己亲生子女的制度。

用婚生子女的推定制度去认定子女为婚生子女，在现实生活中难免会出现受推定的子女实际上是婚外性关系所生子女的情况，即存在推定与事实不符的问题。为保障当事人的合法权益，体现法律的公平性，各国法律亦同时规定了婚生子女的否认制度，这是对婚生子女推定制度的限制。各国婚生子女的否认制度，尽管具体内容不尽相同，但均涉及以下几个方面的问题：

1. 婚生子女否认的原因

对于否认的原因，多数国家采取概括主义，即只要提供足以推翻子女为婚生的证据即可。如：夫妻在妻受胎期间没有同居的事实；丈夫有生理缺陷或无生育能力等。

2. 婚生子女否认权的主体

关于婚生子女否认权的主体，有的如日本、法国等国规定为单一主体，即只有丈夫享有否认权；有的如德国、瑞士等国规定为二元主体，即丈夫和子女享有否认权；有的如保加利亚、南斯拉夫等国规定为三元主体，即夫、妻和子女均享有否认权。就

① 杨大文．亲属法（第三版）．北京：法律出版社，2003．218．

我国目前的司法解释和实践来看，夫、妻和子女均为婚生子女否认之诉的权利主体，均可以提起这种否认身份关系的诉讼。

3. 婚生子女否认权的时效和限制

在各国法律中，为了促使当事人及时行使权利，尽快确定子女的法律地位，对于婚生子女否认的请求权是有时效限制的。对于时效期限，有的规定为1个月，如美国路易斯安那州；有的规定为90天，如比利时；有的规定为6个月，如法国、罗马尼亚；有的规定为1年，如日本；有的规定请求撤销父亲身份的期限为2年，如德国。至于诉讼时效从何时起算，各国规定也有所不同。多数国家规定从知悉需要行使权利时开始，也有个别国家规定否认权于子女出生时否认权人在出生地的，以子女出生之日起算；子女出生时不在出生地的，以其返回出生地时起算等。①

4. 否认的效力和抚育费的返还

婚生子女否认的请求一经法院查实认可并作出裁决，子女就丧失婚生资格，但在法院作出裁决之前，不影响婚生关系的存在。一旦法院作出确认的裁决，各国立法均规定受欺诈人可对婚姻关系存续期间支出的抚育费用享有返还请求权。我国《婚姻法》对于受欺诈人于婚姻关系存续期间支出的抚养费如何处理未作规定。但是最高人民法院在1992年4月2日《关于夫妻关系存续期间男方受欺骗抚养非亲生子女离婚后可否向女方追索抚养费的复函》中指明："在夫妻关系存续期间，一方与他人通奸生育了子女，隐瞒真情，另一方受欺骗而抚养了非亲生子女，其中离婚后给付的抚育费，受骗方要求返还的，可酌情返还；至于在夫妻关系存续期间受骗方支出的抚育费用应否返还，因涉及的问题比较复杂，尚需进一步研究，就你院请示所述具体案件而言，因双方在离婚时，其共同财产已由男方一人分得，故可不予返还。"据此，离婚后受欺诈人在不知情的情况下继续给付的抚养费可以要求实施欺诈的一方返还，但我国对于受欺诈人在婚姻关系存续期间受骗支出的抚育费则没有明确规定应予返还。从世界各国立法例来看，我国也应当在立法上明确赋予受欺诈人享有向生父母追偿婚姻关系存续期间和离婚后各时期在内的全部已付抚养费的请求权。

亲子关系诉讼属于身份关系诉讼，主要包括否认婚生子女和认领非婚生子女的诉讼，即否认法律上的亲子关系或承认事实上的亲子关系。我国在实践中，丈夫如否认与子女存在血缘关系，可向人民法院提起确认之诉。诉讼中丈夫负有举证责任，必要时人民法院也可委托有关机构进行亲子鉴定。若亲子关系否认成立，可免除丈夫对该子女的抚养义务。我国现行法律对婚生子女的否认权尚无时效限制。

2011年《关于适用〈婚姻法〉若干问题的解释（三）》第二条明确规定，亲子关系诉讼中一方当事人拒绝鉴定将导致法院推定另一方主张成立的法律后果，这是婚姻法关于亲子关系的否认的全新规定。在处理有关亲子关系纠纷时，如果一方提供的证据能够形成合理的证据链条，证明当事人之间不存在亲子关系，另一方没有相反证据又坚决不同意做亲子鉴定的，人民法院可以推定请求否认亲子关系一方的主张成立，也就是不配合法院进行亲子鉴定的一方要承担败诉的法律后果。我国的司法解释在关于拒绝进行亲子鉴定的推定事实上确认了婚生子女的否认制度。

① 李志敏．比较家庭法．北京：北京大学出版社，1988．212～214.

法条链接

《关于适用〈婚姻法〉若干问题的解释（三）》第二条第一款：夫妻一方向人民法院起诉请求确认亲子关系不存在，并已提供必要证据予以证明，另一方没有相反证据又拒绝做亲子鉴定的，人民法院可以推定请求确认亲子关系不存在一方的主张成立。

三、父母与非婚生子女

（一）非婚生子女的概念及法律地位

非婚生子女是指没有合法婚姻关系的男女所生的子女。非婚生子女包括：未婚男女所生子女、已婚男女与第三人所生子女、经法院否认确定的非婚生子女、妇女被强奸后所生子女等。

综观各国历史，非婚生子女无论在法律上还是在实际生活中都备受歧视。随着社会的不断进步，特别是二战后，在人权思想、人道思想、平等自由思想的作用下，现代社会的人们对非婚生子女的态度已有了极大的转变，其法律地位也得到了很大的改善。大多数国家已相继通过立法形式根除对非婚生子女的歧视，规定了非婚生子女与婚生子女享有同等权利，但仍有少数国家保留了对非婚生子女的歧视性规定，如《日本民法典》第900条第4款规定："非婚生子女在继承时，其应继份额为婚生子女的1/2。"

在我国，非婚生子女与婚生子女具有同等的法律地位。法律有关婚生子女的权利义务规定同样适用于非婚生子女。我国《婚姻法》第二十五条规定："非婚生子女享有与婚生子女同等的权利，任何人不得加以危害和歧视。不直接抚养非婚生子女的生父或生母，应当负担子女的生活费和教育费，直至子女能独立生活为止。"

（二）非婚生子女的准正和认领

为了确定非婚生子女的法律地位，保护其合法权益，更好地确定非婚生子女与生父母间的关系，当代世界大多数国家都建立了确认非婚生子女法律地位的制度即认领制度，有些国家还设立了准正制度。

1. 非婚生子女的准正

非婚生子女的准正是指非婚生子女因生父母结婚或司法宣告而取得婚生子女的资格。准正制度源于罗马法，后为寺院法和日耳曼法所继承。罗马法中，为了保护非婚生子女的利益，法律规定父对于结婚前所生子女，因与其母结婚而取得家父权，对子女视为婚生。

（1）准正的形式。准正的形式一般分为两种：①因生父母结婚而准正。又分两种情况：一是仅以结婚为准正要件。如《德国民法典》规定："生父与生母结婚，非婚生子女成为婚生子女。"二是以结婚和认领为准正的双重要件。只结婚而不办理认领手续的，不发生准正的效力。世界大多数国家立法例均采取双重要件形式，如法国、瑞士、日本等国。②因法官宣告而准正。指因生父母一方死亡或有婚姻障碍，致使结婚准正不能，可依一方当事人或子女的请求，经法官宣告子女为婚生子女。

（2）准正的效力。准正的效力就是使非婚生子女取得婚生子女的资格，产生与婚生子女相同的权利义务。关于效力发生的时间，一般从父母结婚或被法官宣告为婚生之日起计算。有的国家如瑞士规定准正具有追溯力，一经准正便自子女出生之日起发生婚生效力。

我国现行《婚姻法》尚无非婚生子女的准正制度，在实践中，非婚生子女的生父母结婚，该子女一般被视为婚生子女。虽然尚未确立非婚生子女的准正制度，但我国《婚姻法》明确规定非婚生子女享有与婚生子女同等的权利。

2．非婚生子女的认领

非婚生子女的认领是指非婚生子女的生父自愿承认或由法院判决后承认非婚生子女为自己的子女的法律行为。一般是在无法准正的情况下才会发生对非婚生子女的认领。认领分为两种形式：自愿认领和强制认领。

（1）自愿认领。自愿认领又称为任意认领，是指生父母承认非婚生子女是自己所生并自愿承担抚养责任，无须他人或法律的强制。一般自愿认领的权利归于父亲，其父的其他家庭成员不享有此权利。该权利的性质为形成权，原则上对此权利的行使无任何限制。自愿认领可分为单独行为的自愿认领和以同意为条件的自愿认领。[①] 前者通常为生父的单方法律行为，无须经非婚生子女或其生母的同意。后者是目前大陆法系国家普遍实行的认领制度，即生父自愿认领须经非婚生子女或生母的同意。子女及其利害关系人可以否认生父母的认领。

在自愿认领中，多数国家规定生父为非婚生子女的认领人，少数国家规定生父、生母均可为认领人，如日本。认领方式主要有公证认领、登记认领、事实认领几种方式。事实认领是指生父已经抚养非婚生子女并且有认为该子女是自己子女的意思表示，即视为认领。

为防止他人冒认子女，发生欺诈，损害非婚生子女及其生母的名誉，造成生父认领困难和障碍，法律设立认领的否认与撤销制度。即在认领发生后，如发现认领人非子女之生父，法律给有关当事人以否认权，可向人民法院申请撤销认领。

（2）强制认领。强制认领是指非婚生子女的生父不愿承认存在亲子关系时，有关当事人可向人民法院请求确定生父子关系，由人民法院予以判决强制认领。

强制认领的原因主要有：①未婚所生子女，生母指认的生父不承认该子女系其所生，生母或非婚生子女向人民法院提起确认生父之诉；②已婚妇女与第三人所生的子女，女方指认第三人为孩子生父而遭到否认时，生母或非婚生子女向人民法院提起确认生父之诉。

（三）我国非婚生子女的认领及其法律地位

我国《婚姻法》未建立非婚生子女的认领制度。在实践中，关于确认非婚生子女地位的做法有：基于分娩事实，非婚生子女与生母的关系一般无须加以特别证明即可按生母的婚生子女对待。非婚生子女与生父的关系，一般有两种情况：一是生父自愿认领；二是生父不承认生母的指认，否认该子女为其所生，继而生母向法院提起确认生父之诉。此类诉讼与否认亲子关系的诉讼一样，最重要的是要有充分的证据证明，否则无法确认亲子关系是否存在，也就无法进行非婚生子女的认领。在实践中，目前最为充分的证据就是亲子鉴定，认为亲子关系鉴定具有较强的证明力。但是由于很多

① 胡平．婚姻家庭继承法论．重庆：重庆大学出版社，2000．318．

亲子关系当事人拒绝进行鉴定，认为不做鉴定就可以逃避义务和责任。对此，《关于适用〈婚姻法〉若干问题的解释（三）》第二条明确规定了亲子关系诉讼中一方当事人拒绝鉴定将导致法院推定另一方主张成立的法律后果。在处理有关亲子关系纠纷时，如果一方提供的证据能够形成合理的证据链条，如生母在能够证明受胎期间有与被告同居或有过性关系，或被被告强奸的事实，而对方予以否认，法院认为如有必要，可委托有关部门进行亲子鉴定。上述证据材料如能合理证明当事人之间可能存在亲子关系，另一方虽然没有相反证据却又坚决不同意做亲子鉴定的，人民法院可以推定请求确认亲子关系一方的主张成立，也就是不配合法院进行亲子鉴定的一方要承担败诉的法律后果。《关于适用〈婚姻法〉若干问题的解释（三）》关于拒绝进行亲子鉴定的推定事实上确认了非婚生子女的认领制度。

我国《婚姻法》规定了“非婚生子女享有与婚生子女同等的权利”，从法律上来说，其法律地位和婚生子女并无不同。但是由于我国关于非婚生子女的准正和认领制度还不够完善，事实上使得非婚生子女的合法权利难以得到保障。因此，尽快加强非婚生子女的准正及认领的立法是非常必要的。

法条链接

《关于适用〈婚姻法〉若干问题的解释（三）》第二条第二款：当事人一方起诉请求确认亲子关系，并提供必要证据予以证明，另一方没有相反证据又拒绝做亲子鉴定的，人民法院可以推定请求确认亲子关系一方的主张成立。

四、继父母与继子女

（一）继父母与继子女的概念

母亲或父亲的再婚配偶对于子女来说是继父母，其母之后夫称继父，其父之后妻称继母。继子女，是指夫与前妻或妻与前夫所生的子女，即夫或妻对其再婚配偶的子女称为继子女。继父母与继子女之间的关系，基于生父母一方死亡后另一方再婚，或父母离婚后一方或双方再婚而形成。可见，继父母子女关系的基础是姻亲关系。

继父母子女关系可分为三种类型：

1. 名分型

父或母再婚时，继子女已成年并已独立生活；或虽未成年，但仍由其生父或生母抚养教育，并未与继父母共同生活及受其抚养教育，他们形成的是纯粹的直系姻亲关系。

2. 共同生活型

父或母再婚后，未成年的或未独立生活的子女随生父（母）与继母（父）共同生活，继父或继母对其进行抚养教育，他们形成的是法律拟制血亲关系，继父母与继子女间形成了抚养关系。

3. 收养型

继父或继母经继子女的生父母同意，可依法收养继子女，从而使继父母与继子女间的关系转化为养父母子女关系，形成法律拟制血亲关系。

（二）继父母与继子女的法律地位

我国《婚姻法》第二十七条规定："继父母与继子女间，不得虐待或歧视。继父或继母和受其抚养教育的继子女间的权利和义务，适用本法对父母子女关系的有关规定。"此条明确规定禁止虐待、歧视继子女，否则将追究行为人相应的法律责任。

根据上述对继父母子女关系的不同分类，对继父母子女的法律地位和相互间承担的权利义务的行使应注意以下三个方面：

1．未形成抚养关系的继父母与继子女

未形成抚养教育关系的继父母与继子女之间仅属于姻亲关系，他们之间只是亲属称谓上或名义上的父母子女关系，并没有法律上的权利义务关系，双方不负抚养赡养义务。

2．形成抚养关系的继父母与继子女

形成抚养教育关系的继父母与继子女之间属于法律上的拟制血亲关系，他们之间具有与自然血亲的父母子女相同的权利义务，但这种拟制血亲关系并不解除继子女与其生父母间的权利义务关系。也就是说，该继子女与没有和自己共同生活的生父或生母的关系依然存在，他们之间的自然血亲的父母子女关系并不因未共同生活而消除。可见，该类继子女与生父母和继父母之间均有权利义务关系，也就是说，该类继子女具有双重的法律地位，享有双重权利，负有双重义务。

3．形成收养关系的继父母与继子女

继子女由继父或继母依法收养，彼此的权利义务关系转化为养父母子女关系，双方适用《收养法》有关养父母子女关系的规定。但与单纯收养关系的不同之处在于，继父母子女间形成的收养关系仅使子女与不直接抚养自己的生父或生母的权利义务关系消灭，与共同生活的生父或生母依旧保持父母子女间的权利义务关系。

（三）继父母子女关系的解除

目前我国法律并无明确规定继父母子女关系的解除问题，所以能否解除应视具体情况而定。

未形成抚养教育关系的继父母与继子女，可因生父或生母与继母或继父的婚姻关系终止而解除；形成抚养教育关系的继父母与继子女关系是否解除，视以下具体情况而定：

（1）在生父与继母或生母与继父离婚、生父或生母死亡时，继父或继母与继子女已经形成的拟制血亲关系继续存在，抚养关系不会当然解除。在此情况下，继父或继母对形成抚养关系的未成年继子女仍有抚养教育的权利义务；受继父母抚养长大并已独立生活的继子女，对无劳动能力又无生活来源、生活困难的继父母有赡养义务，应承担给付生活费的义务。

（2）虽然形成抚养教育关系的继父母与继子女关系原则上不能因生父（母）死亡或生父（母）与继母（父）婚姻终止而自然解除，但法律仍允许基于一定的特殊原因解除：①继父母要求解除抚养关系，且生存一方的生父或生母或有其他近亲属具有抚养能力的，允许解除；②未成年子女不堪忍受继父母虐待要求解除的；③因停止抚养的事实而解除，如继子女离开继父或继母随生父或生母生活；④继父母与成年子女关系恶化的，可通过协议或诉讼解除。

法条链接

最高人民法院于1988年1月22日《关于继父母与继子女形成的权利义务能否解除的批复》指出："继父母与继子女已形成的权利义务关系不能自然终止。一方起诉要求解除这种权利义务关系的，人民法院应视具体情况作出是否准许解除的调解或判决。"

五、养父母与养子女

养父母与养子女间因收养关系而形成拟制血亲关系，对此我国专门立有《收养法》，有关收养关系的内容和规定，将在本单元项目五具体阐述，此处从略。

六、父母与子女的权利义务

我国《婚姻法》关于父母子女间权利义务的规定，不仅适用于父母与婚生子女之间，同样也适用于父母与非婚生子女、养父母与养子女及形成抚养教育关系的继父母与继子女之间。

（一）父母对子女的义务

1. 父母对子女有抚养的义务

《婚姻法》第二十一条规定："父母对子女有抚养教育的义务；父母不履行抚养义务时，未成年的或不能独立生活的子女，有要求父母付给抚养费的权利。"抚养是指父母在经济上对子女的供养和在生活上对子女的照料。抚养费包括子女生活费、教育费、医疗费等费用。父母对未成年子女的抚养义务是无条件的，除非父母死亡或将子女送养，否则，对未成年子女的义务不会解除。一般情况下，父母仅对未成年或不能独立生活的子女负有抚养义务，这种义务一般至子女18周岁为止，但已满16周岁未满18周岁的公民且能够以自己的劳动收入为主要生活来源的除外。"不能独立生活的子女"是指尚在校接受高中及其以下学历教育，或者丧失或未完全丧失劳动能力等非因主观原因而无法维持正常生活的成年子女。父母不履行抚养义务，未成年的或不能独立生活的子女对父母有追索抚养费的权利。《关于适用〈婚姻法〉若干问题的解释（三)》第三条就是对《婚姻法》第二十一条父母对子女抚养教育义务的进一步明确和细化。对于父母一方不履行抚养子女义务的，确认未成年或不能独立生活的子女具有主张支付抚养费的请求权。本条解释虽然规定是在婚姻关系存续期间享有，但应当注意的是，这一规定并不意味着否定夫妻离婚后对于子女的抚养义务，因为父母子女关系并不会因夫妻离婚而终止，因而仍应当履行抚养义务。拒不履行抚养义务、恶意遗弃未成年子女，情节严重构成犯罪的，应当依法追究其刑事责任。

法条链接

《关于适用〈婚姻法〉若干问题的解释（三)》第三条：婚姻关系存续期间，父母双方或者一方拒不履行抚养子女义务，未成年或者不能独立生活的子女请求支付抚养费的，人民法院应予支持。

2. 父母对子女有教育的义务

教育是指父母在思想品德、智力和体质上对子女的关怀、培养和帮助。父母是子女的第一任老师，家庭教育对子女无论是在品德、性格还是智力养成上都发挥着至关重要的作用，父母有义务为子女身心健康成长尽责。根据《婚姻法》和《未成年人保护法》、《义务教育法》的有关规定，父母对子女的教育一般包括以下几方面的内容：①父母应当尊重未成年人受教育的权利，必须使适龄的未成年人依法入学接受并完成义务教育，不得使在校接受义务教育的未成年人辍学；②父母应当在思想品德上对子女加以正确引导和教诲。应以健康的思想、品行和适当的方法教育未成年人，引导未成年人进行有益身心健康的活动，预防和制止未成年人吸烟、酗酒、流浪、沉迷网络以及赌博、吸毒、卖淫等行为。父母或者其他监护人不依法履行监护职责，或者侵害未成年人合法权益的，由其所在单位或者居民委员会、村民委员会予以劝诫、制止；构成违反治安管理行为的，由公安机关依法给予行政处罚。对侵犯未成年人合法权益的行为，任何组织和个人都有权予以劝阻、制止或者向有关部门提出检举或者控告。

3. 父母对子女有保护和教育的权利和义务

《婚姻法》第二十三条规定："父母有保护和教育未成年子女的权利和义务。在未成年子女对国家、集体或他人造成损害时，父母有承担民事责任的义务。"

保护，是指父母应保护未成年子女的人身安全和合法权益，防止和排除来自自然的损害以及他人的非法侵害。一方面父母自己不得危害子女生命、健康，如做出溺婴、弃婴等违法犯罪行为；另一方面父母应防止、排除外界对子女的侵害，主要表现为父母作为未成年子女的法定监护人和法定代理人。当未成年子女人身或财产权益受到侵害时，父母有权以法定代理人身份提起诉讼，请求排除妨碍、赔偿损失；在子女被人拐骗、脱离家庭或监护人时，父母有权要求归还子女，有权请求司法机关追究拐骗者的刑事责任。

此处的教育应理解为管教，这是现行《婚姻法》为避免将1980年《婚姻法》第十七条规定的父母对未成年子女有"管教"权利义务理解为"惩戒"而作的修正，可见我国并不提倡父母对子女采用惩戒手段进行教育。当然，若子女不服从父母的正确教育，甚至走向违法犯罪道路，父母自然有权利对子女进行必要的惩戒，目的是教育子女，使其重回正轨，避免给自身、他人及社会造成更严重的危害。但要注意的是，惩戒须在法律允许的范围内进行。

4. 法定代理

《民法通则》规定父母为未成年子女的法定代理人，代理子女为各种行为。财产上的权利义务主要表现为对子女财产的管理；未成年人对他人造成的损失，父母需承担赔偿责任。

（二）子女对父母的义务

1. 子女对父母有赡养扶助的义务

我国《宪法》规定：公民在年老、疾病或者丧失劳动能力的情况下，有从国家和社会获得物质帮助的权利；成年子女有赡养扶助父母的义务；禁止虐待老人。《婚姻法》第二十一条规定：子女对父母有赡养扶助的义务；子女不履行赡养义务时，无劳动能力的或生活困难的父母，有要求子女付给赡养费的权利。《老年人权益保障法》规定：老年人养老主要依靠家庭，家庭成员应当关心和照料老年人；禁止歧视、侮辱、虐待或者遗弃老年人。

赡养是指子女对父母的供养，即在物质上和经济上为父母提供必要的生活条件。扶助是指子女对父母在精神上和生活上的关心、帮助和照料。赡养扶助的义务主体一般是指有独立生活能力的成年子女。有独立生活能力的成年子女对父母的赡养是法定义务，不得附加任何条件。赡养人不得以放弃继承权或者其他理由，拒绝履行赡养义务。根据我国《老年人权益保障法》的规定，赡养义务的具体内容包括：①赡养人应当履行对老年人经济上供养、生活上照料和精神上慰藉的义务，照顾老年人的特殊需要。②赡养人对患病的老年人应当提供医疗费用和护理。③赡养人应当妥善安排老年人的住房，不得强迫老年人迁居条件低劣的房屋。老年人自有的或者承租的住房，子女或者其他亲属不得侵占、擅自改变产权关系或者租赁关系。老年人自有的住房，赡养人有维修的义务。④赡养人有义务耕种老年人承包的田地，照管老年人的林木和牲畜等，收益归老年人所有。⑤家庭成员应当关心老年人的精神需求，不得忽视、冷落老年人；与老年人分开居住的家庭成员，应当经常看望或者问候老年人。赡养的方式既可以是与父母共同生活直接履行赡养义务，也可以采用经常联系、探望并提供生活条件及费用的方式。有多名子女的，应该根据各子女的经济状况，共同承担对父母的经济扶助。赡养人之间可以就履行赡养义务签订协议，并征得老年人同意。居民委员会、村民委员会或者赡养人所在组织监督协议的履行。赡养人不履行赡养义务，老年人有要求赡养人付给赡养费的权利。赡养费的数额一般要兼顾赡养人的经济负担能力及父母的实际生活需要，应不低于子女本人或当地的平均生活水平。子女不履行赡养义务时，无劳动能力的或生活困难的父母，有要求子女付给赡养费的权利。对《婚姻法》第二十一条第三款规定“子女不履行赡养义务时，无劳动能力的或生活困难的父母，有要求子女付给赡养费的权利”的理解，我们不能单纯理解为“只有无劳动能力的或生活困难的父母才有要求子女付给赡养费的权利”，而应理解为“有独立生活能力的成年子女对父母都应当履行赡养义务，有劳动能力、生活并不困难的父母同样有要求子女履行赡养义务的权利”。因追索赡养费的纠纷，权利人可以要求家庭成员所在组织或者居民委员会、村民委员会调解，也可直接向人民法院提起诉讼。义务人有能力赡养而拒绝赡养，情节严重构成遗弃罪的，将依法追究其刑事责任。

2. 子女应当尊重父母的婚姻权利

婚姻自由是我国婚姻制度的最基本的要求。在现实生活中，对于父母再婚特别是老年人再婚问题，依然会面临来自社会和家庭的双重阻力。在社会上将老年人再婚看作“老不正经”，在家庭中仍有很多子女对父母再婚持反对态度，从而使许多老年人因为害怕社会和家庭带来的压力，而无法再次成婚。为保障婚姻自由权利的实现，《婚姻法》第三十条强调，子女应当尊重父母的婚姻权利，不得干涉父母再婚以及婚后的生活。子女对父母的赡养义务，不因父母的婚姻关系变化而终止。该条强调子女应当尊重父母的婚姻自由权利，特别是尊重父母的离婚、再婚自主权，且无论父母的婚姻关系如何，子女都必须尽赡养义务。该法条的设置就是为避免父母因再婚而受到子女的虐待或遗弃，从而保障父母的婚姻自主及再婚后的生活条件，子女不得因父母再婚而不履行其赡养父母的义务。

法条链接

《老年人权益保障法》第四十七条：暴力干涉老年人婚姻自由或者对老年人负有赡养义务、扶养义务而拒绝赡养、扶养，情节严重构成犯罪的，依法追究刑事责任。

《刑法》第二百五十七条：以暴力干涉他人婚姻自由的，处2年以下有期徒刑或者拘役。犯前款罪，致使被害人死亡的，处2年以上7年以下有期徒刑。第一款罪，告诉的才处理。

（三）父母子女之间有相互继承遗产的权利

《婚姻法》第二十四条第二款规定："父母和子女有相互继承遗产的权利。"父母子女间的继承权是基于双方为"最近的直系血亲"这一身份而产生的。依照《继承法》的规定，父母、子女为第一顺序的法定继承人，相互享有继承遗产的权利。父母包括生父母、养父母和有抚养关系的继父母，子女包括婚生子女、非婚生子女、养子女和有抚养关系的继子女。父母和子女的遗产继承权是平等的，不受性别、年龄、长幼、结婚与否的限制。子女先于父母死亡的，由子女的晚辈直系血亲代位继承。代位继承人一般只能继承他的父亲或者母亲有权继承的遗产份额。丧偶儿媳对公、婆，丧偶女婿对岳父、岳母，尽了主要赡养义务的，可作为第一顺序继承人。被继承人死亡时尚未出生的胎儿，应依法保留其继承份额，应当为胎儿保留的遗产份额没有保留的应从继承人所继承的遗产中扣回。为胎儿保留的遗产份额，如胎儿出生后死亡的，由其继承人继承；如胎儿出生时就是死体的，由被继承人的继承人继承。

七、其他家庭成员关系

（一）祖孙关系

祖孙关系是（外）祖父母与（外）孙子女间的权利义务关系。根据《婚姻法》及有关法律的规定，在祖孙关系中，祖父母、外祖父母包括：自然血亲的（外）祖父母、养（外）祖父母、形成抚养关系的继（外）祖父母。（外）孙子女包括：自然血亲的（外）孙子女、养（外）孙子女、形成抚养关系的继（外）孙子女。

需要注意的是，继父母与继子女间形成抚养关系后，其拟制效力仅及于继父母与其抚养教育的继子女之间，不当然地及于继父母的近亲属。只有在继（外）祖父母对继（外）孙子女实际进行了抚养，形成抚养关系后，相互间才适用《婚姻法》中的祖孙关系的规定。养父母子女关系形成后，养子女与养父母的父母产生祖孙间的权利义务关系。

（二）兄弟姐妹关系

兄弟姐妹关系是兄弟姐妹间的权利义务关系，是血缘最密切的同辈旁系血亲。根据《婚姻法》及有关法律的规定，兄弟姐妹关系包括自然血亲的兄弟姐妹和拟制血亲的兄弟姐妹，具体包括：同胞兄弟姐妹、同父异母兄弟姐妹、同母异父兄弟姐妹、养兄弟姐妹和与形成抚养关系的继父母的子女形成的继兄弟姐妹。

应当注意的是，继父母与继子女间形成抚养关系后，其拟制效力仅及于继父母与其抚养教育的继子女之间，不当然地及于继兄弟姐妹之间。只有在继子女与继父母的抚养关系形成后，继兄弟姐妹间实际进行了扶养，形成扶养关系后，相互间才适用

《婚姻法》中的兄弟姐妹关系的规定。养父母子女关系形成后，养子女与养父母的其他子女产生养兄弟姐妹间的权利义务关系。

【案例分析】

本案的借腹生子协议是丙有偿为甲生子的协议，虽然是甲丙真实意思的产物，但因其采用婚外性生活的方式来借腹生子，一违背性道德，二违反公序良俗原则，三协议内容变相限制丙的人身自由，侵犯丙之基本人权。故该协议本身属无效协议。

由于受到传统伦理道德的影响，目前我国法律并未对代孕进行开放，从卫生部2001年颁布的《人类辅助生殖技术管理办法》的规定可以看出，我国对于代孕的态度是禁止的。现各国一般都立法禁止以营利为目的的代孕行为。另外需注意区别对待本案中的“借腹生子”和采用人工生育技术的代孕，两者有本质的区别。此借腹生子与通奸在很大程度上相吻合，采用此方式生育子女可能引发较为严重的伦理道德问题，甚至会成为破坏家庭关系的导火索。

若仅就亲子关系而言，根据婚姻法的相关规定，丙是孩子生物学上的母亲，此关系不会因一纸协议而灭失，但代孕母丙在实践中并不会承担法律上有关亲权的权利义务；甲为孩子的父亲，适用亲权的法律规定，乙对孩子的婚生性享有否认权。

【拓展阅读】

人工生育

20世纪以前，人类繁衍后代的方式一直是始于男女自然性交，终于母亲分娩。但随着人类科学技术的不断发展及现代医学技术、生物遗传工程理论日新月异的进步，不断地冲击着人类传统的生育方式。人工生殖技术的广泛运用，强烈地冲击了人类业已形成的观念和制度，生育子女的方式已不局限于传统的育龄夫妇自己生育，“人工生育子女”方式已被越来越多的人接纳，最常见的运用是通过医学、生物遗传手段，使无法生育或不想生育的夫妇有可能获得自己的子女。人工生育子女是指采用人工方法取出精子或卵子，然后用人工方法将精子或受精卵胚胎注入妇女子宫内，使其受孕所生育的子女。在现代科学技术条件下，人工生育主要有以下几种方式：

1. 同质人工授精

同质人工授精是指采用不同形式、方法使丈夫的精子和妻子的卵子经医疗技术手段，实施人工授精，由妻子怀孕分娩生育子女。

2. 异质人工授精

异质人工授精是指用丈夫以外的第三人提供的精子（供精）与妻子的卵子，或用丈夫的精子与妻子以外的第三人提供的卵子（供卵），或同时使用供精和供卵，实施人工授精，由妻子怀孕分娩生育子女。对子女而言，实际上有两个父亲或母亲，一是生物学上的父亲或母亲——供精者或供卵者，一是社会学上的父亲或母亲——生母之夫或生父之妻。

3. 代孕

代孕是指用现代医疗技术将丈夫的精子注入自愿代孕者的体内受精，或将受精卵细胞或胚胎植入代孕母亲体内，由代孕母亲替他人完成怀孕和分娩，生育后的子女由丈夫、妻子以亲生父母的身份抚养。

目前，大多数国家对人工生育子女尚无明确的法律规定。由于受到传统伦理道德的影响，我国法律还未对代孕进行开放，代孕只能在法律之外存在。人工生育子女虽然在一定程度上能解决不育夫妇无子女的难题，但与此同时也对传统法律制度提出挑战。特别是由此引发的婚姻家庭继承法上的问题，一般集中于代孕与生育权的关系上以及其带来的亲子关系认定难题上。我国最高人民法院《关于夫妻关系存续期间以人工授精所生子女的法律地位的复函》中指出："在夫妻关系存续期间，双方一致同意人工授精，所生子女应视为夫妻双方的婚生子女，父母子女间权利义务关系，适用婚姻法的有关规定。"适用该复函的前提是供精者须为匿名者，也就是只要夫妻双方协议一致同意使用匿名供精者的精子受孕的，不论所生子女是否与父母具有血缘关系，均应视为夫妻双方的婚生子女。2001 年卫生部颁发的《人类辅助生殖技术管理办法》第三条第二款规定："医疗机构和医务人员不得实施任何形式的代孕技术。"这意味着我国立法对有偿代孕和有偿供卵一律持否定态度。

但上述规定并不能解决生活中所出现的全部问题，法律的禁止并不能阻止有偿供卵、代孕的发生，如何确定人工生育子女的法律父母，为子女找到合适的抚养人，如何确定人工生育子女的亲子身份等问题，便成为法律依然要面临的难题。

无资质医院开展试管婴儿技术、代孕黑市火爆等问题已经引起国家层面的关注。据悉，卫生部已召集专家就"代孕"问题征集意见。一旦代孕的相关法律法规通过并公布，我国实现一定条件下的合法代孕将变成现实，但专家表示代孕能够合法开展最快恐怕也要 5 年到 10 年，① 即最快可能也要到 2018 年至 2023 年才能实现。

【思考与练习】

1. 亲子关系的种类有哪些？

2. 如果我国要确定婚生子女的推定与否认、非婚生子女的认领制度，应该如何作规定？亲子鉴定在亲子诉讼中起到什么作用？

3. 继父母与继子女抚养关系的形成条件是什么？继父母子女关系解除的原因和后果是什么？

4. 我国法律规定的父母子女间的权利和义务有哪些？

实训四　亲子关系的认定

【情景设计】

林某和周某没有登记结婚，但于 2003 年共同生育一女小雯，之后双方因性格不合，经常发生争吵，故分开生活，小雯一直由林某抚养。2012 年 3 月，失去工作的林某在支付女儿的生活费用上感到非常困难，便以女儿的名义请求法院要求周某支付女儿的抚养费。在法庭上，周某拒绝了支付抚养费的要求，并声称林某私生活混乱，小雯并非自己亲生。于是林某请求进行亲子鉴定，并提供知晓两人当年关系的共同朋友所作的证词。

---

① http://epaper.jinghua.cn/html/2013-03/12/content_1973929.htm.

对此，周某表示反对，但是又无法提供相反证据，并且拒绝进行亲子鉴定。

【工作任务】

1. 周某与小雯是什么关系？为什么？

2. 法院对于周某拒绝进行亲子鉴定而又无法提供相应证据的情况将如何作出判决？为什么？

3. 周某是否需要向小雯支付抚养费？为什么？抚养费的支付标准应据何判定？

【训练方法】

1. 学生分组进行讨论，分析各种亲子关系的形成条件，明确拒绝进行亲子鉴定的法律后果。

2. 完成【工作任务】中的各项内容，并找出相对应的法条作为理据。

3. 将上述问题所体现的知识点整理分析，每组进行口头汇报。

【考核标准】

1. 能准确分析各种亲子关系的形成条件。

2. 能准确找到相对应的法条以解决亲子关系问题。

3. 能准确分析案情，做到知识点理解透彻，阐述过程条理清晰。

项目四　扶养制度

【案例导入1】

小文和小明大学毕业后均在广州工作，因为已到结婚年龄，经朋友介绍，两人相识后潇洒地成为闪婚一族。婚后，两人约定实行夫妻分别财产制，婚前财产归各自所有，婚后收入也归各自所有，对于家庭的共同开支，则采取AA制。

结婚两年后，小文被确诊患尿毒症，需要进行透析治疗，但只有找到合适肾源，进行换肾手术，才有可能痊愈。无论是透析费用还是手术费用，对于刚出来工作没几年的两人来说，都过于沉重。两人商量，考虑到积蓄不多，且两家经济状况都很紧张，就决定放弃正规医院的治疗，找非法黑透析点进行透析。半年后，小文再次急救入院，此时小文病情已危重，需要及时进行换肾手术。所幸肾源已找到，但昂贵的手术费用小文及娘家都无法支付。小文便问丈夫是否能将其积蓄取出支付医疗费。不料小明竟然以双方签订的夫妻分别财产制协议为由，拒绝了小文的要求，认为自己没有义务支付妻子的医疗费，并且开始懈于照顾妻子。双方沟通无果，小文无奈之下只能向人民法院起诉丈夫，要求其支付医疗费用。

【问题】

小明是否有义务支付妻子的医疗费用？是否有义务照顾生病的妻子？小文、小明约定的财产分别制协议是否能对抗夫妻间的扶养义务？若小明拒不履行人民法院的裁判，人民法院可采取什么措施？

【案例导入2】

姜熙和宋智1986年结婚，于1988年生下儿子姜健孝。由于姜熙和宋智无固定收入，姜健孝基本上都是由姥爷、姥姥看护。后来夫妻两人外出打工，每年回家一次，姜健孝则跟姥爷、姥姥住，而生活费由父母分月寄送。2007年姜熙和宋智分别因车祸和癌症先后去世，姜健孝完全靠姥爷、姥姥的抚养直至完成研究生学业，毕业后便找到收入可观的稳定工作。此时姥爷姥姥年事已高，生活无法自理，由姜健孝的3个舅舅姨妈赡养。2012年，姜健孝将姥爷姥姥接到自己家过年，后来舅舅姨妈们便以各种理由推脱，不愿接二老回家，并向姜健孝表明，因各自家庭条件一般，承担老人家的赡养费较为吃力，而姜健孝从小由二老抚养长大，现在出息了，应当由他来赡养老人。姜健孝与舅舅姑姑等人交涉无果，遂向人民法院起诉要求舅舅姨妈承担赡养二老的义务。

【问题】

舅舅姨妈是否有义务承担赡养二老的义务？姜健孝是否有赡养姥爷、姥姥的义务？

【基本原理】

一、扶养的概念

扶养是指特定亲属间一方对另一方承担生活供养义务的法律关系。提供扶养的人即扶养人为义务人，接受扶养的人即受扶养人为权利人。扶养的概念有广义和狭义之分，这里所指的扶养是广义的扶养。广义的扶养是指一定范围内的亲属间相互供养和扶助的法定权利义务关系。广义的扶养没有亲属身份、辈分的区别，是平辈间的扶养、长辈对晚辈的抚养、晚辈对长辈的赡养的统称。我国《婚姻法》将扶养分为扶养、抚养、赡养三个概念，而《继承法》、《民法通则》、《刑法》等则统称为扶养。

除了基于法律强制性规定的扶养外，还有基于遗嘱规定及合同产生的扶养关系，也就是遗嘱扶养和协议扶养。如《继承法》第二十一条规定："遗嘱继承或者遗赠附有义务的，继承人或者受遗赠人应当履行义务。没有正当理由不履行义务的，经有关单位或者个人请求，人民法院可以取消他接受遗产的权利。"第三十一条规定："公民可以与扶养人签订遗赠扶养协议。按照协议，扶养人承担该公民生养死葬的义务，享有受遗赠的权利。公民可以与集体所有制组织签订遗赠扶养协议。按照协议，集体所有制组织承担该公民生养死葬的义务，享有受遗赠的权利。"这些都是"基于法律行为的扶养"，与婚姻家庭法中基于亲属身份关系的法定扶养有所不同。

二、扶养的特征

（一）扶养具有身份属性

婚姻家庭法上的扶养是一定亲属间形成的私法上的法定义务，以法律规定的一定范围的亲属身份关系为前提，它与国家和社会的扶助有本质的区别。《婚姻法》规定夫妻、父母子女、祖孙、兄弟姐妹等近亲属之间形成扶养关系。

（二）扶养请求权具有人身专属性

扶养义务虽然以财产给付为内容，但扶养请求权具有人身专属性，它是扶养人和受扶养人的专属权利义务，亲属之间互负扶养义务，不得继承、转让、抵押、抵消。若一方未尽法定的扶养义务，只有对方能享有扶养请求权，同时也只能向有法定扶养义务的扶养人提出履行要求。

（三）扶养权利义务的关联性

扶养权利与义务是相互的，即亲属间均相互承担扶养的权利、义务，但扶养权利义务并不具有对价关系，不是利益交换关系，也无法对权利义务作出严格的区分。义务的履行和权利的行使具有统一性，如父母对未成年子女的抚养教育和保护，既是父母的权利，也是父母的义务。

（四）扶养无时效性

扶养请求权没有时间限制，受扶养人不要求已到期的扶养费的支付并不意味着放弃权利，如果扶养关系一直存在，那么哪怕一直未向扶养义务人提出扶养要求，也不会使其扶养请求权消灭。只有当亲属关系消灭或扶养要件丧失时，受抚养权才随之消灭。

三、我国现行的扶养制度

我国现行的扶养制度体现在《婚姻法》及其司法解释以及《刑法》等其他相关法律法规中。扶养制度的内容主要包括夫妻间的扶养、父母子女间的扶养、祖孙间的扶养和兄弟姐妹间的扶养。

依据是否需要扶养义务人付出全部代价为标准，亲属间的扶养义务分为要求扶养义务人作出较大自我牺牲的"生活保持义务"和不要求扶养义务人作出较大自我牺牲的"生活扶助义务"两种立法主义。两者的区别在于：生活保持义务是无条件的义务，要求义务人作出自我牺牲，使亲属间的生活质量、生活水平相等，即所谓的"即使是最后的一片肉、一粒米也要分而食之"。[①] 而生活扶助义务是偶然的、例外的、有条件的义务，是在不牺牲自己、与地位相当的生活限度内履行义务，给付必要的生活费。[②] 虽然法律并未明文区分两种义务，但根据我国《婚姻法》及相关司法解释可知，对于夫妻间、父母子女间的扶养义务是无条件的、要作出较大自我牺牲的生活保持义务；对于祖孙间、兄弟姐妹间的扶养义务则是有条件的、不要求作出较大自我牺牲的生活扶助义务。

（一）夫妻间的扶养

夫妻是家庭组成的核心，应当互相扶持，相互扶养，夫妻双方所负的义务对于对方来说也是一种权利。

我国《婚姻法》第二十条规定："夫妻有互相扶养的义务。"一方不履行扶养义务时，需要扶养的一方，有要求对方付给扶养费的权利。

夫妻间的扶养权利和义务，是夫妻身份关系所致的必然结果。夫妻间的扶养权利和义务是相互平等的，任何一方不得只强调自己应享有接受扶养的权利而拒绝承担扶养对方的义务。

---

① 杨大文．亲属法（第三版）．北京：法律出版社，2003．293．

② 史尚宽．亲属法论．北京：中国政法大学出版社，2000．753．

夫妻间接受扶养的权利和履行扶养对方的义务是以夫妻合法身份关系的存在为前提的，夫妻间的扶养权利和义务始于婚姻缔结之日，消灭于婚姻终止之日。也就是说，夫妻婚姻关系存续期间，不论婚姻实际情况和夫妻的感情状态如何，都不影响夫妻间履行相互扶养的义务。

夫妻间的扶养义务，一般应当偏重于保护弱者的权益。内容主要包括夫妻之间相互为对方提供经济上的供养和生活上的扶助，以此维系婚姻家庭日常生活的正常进行，比如不能因为房屋属于一方的婚前个人财产而不允许对方居住等。

夫妻间的扶养义务属于民法上的强行性义务，夫妻间不得以约定形式改变该义务。比如，在夫妻双方约定实行夫妻分别财产制时，可以约定婚前及婚后所得财产的归属，但是对夫妻财产的约定无法对抗夫妻间互相扶养的法定义务，无论如何约定财产归属，都不能免除法定的夫妻间的扶养义务。

法律规定，违反夫妻间的扶养义务需要承担相应的法律后果。当夫妻一方没有固定收入和缺乏生活来源，或者无独立生活能力或生活困难，或因患病、年老等因素需要扶养，而另一方不履行扶养义务时，需要扶养的一方有权要求对方给付扶养费以维持其生活。当夫妻间因履行扶养义务问题发生争议时，需要扶养的一方有权向人民调解组织提出调解申请；也可向人民法院提起追索扶养费的民事诉讼，通过民事诉讼程序强制有扶养义务的一方履行扶养义务。

如果夫妻一方不履行扶养义务，情节恶劣、后果严重，构成遗弃罪的，将承担刑事责任。

法条链接

《刑法》第二百六十一条：对于年老、年幼、患病或者其他没有独立生活能力的人，负有扶养义务而拒绝扶养，情节恶劣的，处五年以下有期徒刑、拘役或者管制。

（二）父母子女间的扶养（参见项目三　父母与子女的权利义务）

《婚姻法》第二十一条规定的是父母子女间的权利和义务，对于此条规定，应结合其他法律法规的相关内容，来理解父母子女间的扶养问题。

（1）对子女的抚养教育义务，是夫妻双方的义务，即使夫妻双方离婚，子女随一方生活，另一方也不得以子女不随其生活为由不履行抚养教育义务。

法条链接

《婚姻法》第三十六条：父母与子女间的关系，不因父母离婚而消除。离婚后，子女无论由父或母直接抚养，仍是父母双方的子女。

离婚后，父母对于子女仍有抚养和教育的权利和义务。

离婚后，哺乳期内的子女，以随哺乳的母亲抚养为原则。哺乳期后的子女，如双方因抚养问题发生争执不能达成协议时，由人民法院根据子女的权益和双方的具体情况判决。

（2）父母对未成年子女的抚养是生活保持义务。对于未成年或无独立生活能力的子女，无论子女是否婚生、父母婚姻关系是否存在，父母对子女的抚养义务都是无条件的。从子女出生开始，到成年且具独立生活能力为止，父母均应承担抚养义务，保障子女的生存所需，使子女身心健康成长，此外还应提供子女所必需的一切生活费用，包括抚养费、教育费等各种经济保障。

（3）父母对成年子女的抚养是生活扶助义务。在我国，对于具有完全民事行为能力且独立生活的成年子女，父母无须再履行抚养义务。当然，如果父母自愿给予子女以经济上的帮助，法律也不会干涉。但如果成年子女不具有独立生活能力或出于某种原因不能维持生活，比如完全或部分丧失劳动能力或者尚在学校就读，确无独立生活能力和条件的，父母也要根据需要和可能，在具备负担能力的前提下，负担子女的生活费用或给予一定的帮助。

（4）成年子女对父母的赡养是生活扶助义务。如果父母与成年子女一起生活，子女自然应当承担赡养父母的义务；若不在一起生活，则应当根据当地物价等因素给父母一定的生活费，一般不低于子女本人或当地的平均生活水平。子女对父母的赡养，可以分为生活物质上的扶助供养和精神身心上的关心慰藉。对于前者，可视父母的真实生活情况和成年子女的给付能力而确定赡养生活费用的负担；对于后者，则主要是道德上的义务，但我国《老年人权益保障法》也以法律的形式明文规定，家庭成员应当关心老年人的精神需求，不得忽视、冷落老年人；与老年人分开居住的家庭成员，应当经常看望或者问候老年人。

（5）发生父母不履行抚养义务或子女不履行赡养义务的情况时，依照法律相关规定，权利人均可向有关部门提出并进行调解或向人民法院提出追索扶养费的诉讼。人民法院应当根据实际情况确定扶养费的数额、给付方式等，对于拒不履行扶养义务，情节严重构成遗弃罪、虐待罪的，还应根据《刑法》追究其刑事责任。

（三）祖孙间的扶养

祖孙关系是一种隔代亲属关系，包括自然血亲和拟制血亲的祖孙关系，祖父母与孙子女、外祖父母与外孙子女之间，是二亲等的直系血亲。一般情况下，子女由父母抚养，父母由子女赡养，祖孙间不发生扶养关系。当有特殊的情况出现，父母子女间无法直接履行抚养、赡养的权利义务时，（外）祖父母与（外）孙子女间便产生一定的扶养关系。

我国《婚姻法》第二十八条规定：“有负担能力的祖父母、外祖父母，对于父母已经死亡或父母无力抚养的未成年的孙子女、外孙子女，有抚养的义务。有负担能力的孙子女、外孙子女，对于子女已经死亡或子女无力赡养的祖父母、外祖父母，有赡养的义务。”可见，祖孙间履行扶养义务是有条件的，具体包括：

（1）（外）祖父母抚养（外）孙子女须具备以下条件：

①（外）祖父母有负担能力。有负担能力的（外）祖父母是指以自己的劳动收入和其他收入满足其第一顺序扶养权人（即需要扶养的配偶、子女、父母）的合理生活、教育、医疗等需要后仍有剩余的（外）祖父母。若祖父母或外祖父母中数人均有负担能力，则应根据他们的经济情况共同负担。

②（外）孙子女的父母已经死亡或父母无力抚养。死亡包括自然死亡和宣告死亡。

父母无力抚养是指以自己的收入不能满足子女的合理的生活、教育、医疗等需要。

③（外）孙子女为未成年人。若（外）孙子女已满 18 周岁而不能独立生活，即使父母已经死亡或父母无力抚养，有负担能力的（外）祖父母也没有抚养的义务。

(2)（外）孙子女赡养（外）祖父母须具备以下条件：

①（外）孙子女有负担能力。有负担能力的（外）孙子女是指以自己的劳动收入和其他收入满足其第一顺序扶养权人（即需要扶养的配偶、子女、父母）的合理生活、教育、医疗等需要后仍有剩余的（外）孙子女。若孙子女或外孙子女中数人均有负担能力，则应根据他们的经济情况共同负担。如果孙子女和外孙子女已经结婚，则应将其配偶的收入综合考虑在内，以夫妻共同财产履行扶养义务。即使夫妻间约定实行分别财产制，生活费用的负担也不得违反扶养的有关规定。

②（外）祖父母的子女已经死亡或子女无力抚养。这里的死亡亦包括自然死亡和宣告死亡。子女无力抚养是指子女不能以自己的收入满足父母的合理的生活、教育、医疗等需要。

(3) 祖孙间的继承权。

根据《继承法》的规定，祖父母、外祖父母是第二顺序法定继承人，没有第一顺序法定继承人或第一顺序法定继承人均放弃或丧失继承权时，祖父母、外祖父母可继承孙子女、外孙子女的遗产。（外）孙子女在其父母先于（外）祖父母死亡时，可以代位继承（外）祖父母的遗产。

需要特别指出的是继父母与继子女间的扶养关系形成后，其拟制效力仅及于继父母与其抚养教育的继子女之间，不必然地及于继父母的近亲属。只有在继祖父母、继外祖父母对继孙子女、继外孙子女进行了生活上的照料和物质上的帮助的情况下，双方的扶养关系才能发生。

(四) 兄弟姐妹间的扶养

兄弟姐妹是最亲近的旁系血亲，包括同胞兄弟姐妹、同父异母兄弟姐妹、同母异父兄弟姐妹、养兄弟姐妹和有扶养关系的继兄弟姐妹。有扶养关系的继兄弟姐妹是指继兄弟姐妹间因发生事实上的扶养关系而产生的一种拟制血亲，若没有发生扶养关系的事实出现，则继兄弟姐妹间只是一种姻亲关系，相互间不产生扶养义务。

我国《婚姻法》第二十九条规定："有负担能力的兄、姐，对于父母已经死亡或父母无力抚养的未成年的弟、妹，有扶养的义务。由兄、姐扶养长大的有负担能力的弟、妹，对于缺乏劳动能力又缺乏生活来源的兄、姐，有扶养的义务。"也就是说，在一般情况下，兄弟姐妹均由父母抚养，但因发生某种客观事实导致父母不能或无力履行抚养义务时，兄弟姐妹间才会产生扶养义务。所以，兄弟姐妹间履行扶养义务是有条件的，具体包括：

(1) 兄、姐扶养弟、妹须具备以下条件：

①兄、姐有负担能力。有负担能力是指以自己的劳动收入和其他收入满足其第一顺序扶养权人（即需要扶养的配偶、子女、父母）的合理生活、教育、医疗等需要后仍有剩余。兄、姐包括有血缘关系的亲兄姐（包括同父母、同父异母、同母异父的兄、姐）和拟制血亲的兄、姐（包括养兄、姐，有扶养关系的继兄、姐）。如果兄、姐中数人均有负担能力，则应根据他们的经济情况共同负担。

②父母已经死亡或无力抚养。这里的死亡包括自然死亡和宣告死亡。父母无力抚

养是指父母以自己的收入不能满足子女的合理的生活、教育、医疗等需要。

③弟、妹未成年。若弟、妹已满18周岁而不能独立生活，即使父母已经死亡或父母无力抚养，有负担能力的兄、姐也没有扶养的义务。如果某一未成年人既有有负担能力的（外）祖父母，又有有负担能力的兄、姐，则他们处于同等的地位，应由他们根据自己的经济情况共同负担扶养义务。

（2）弟、妹扶养兄、姐须具备以下条件：

①弟、妹由兄、姐扶养长大。由兄、姐扶养长大的弟、妹是指长期依靠兄、姐提供全部或主要扶养费用直到以自己的收入作为主要生活来源的弟、妹。

②弟、妹有负担能力。有负担能力是指以自己的劳动收入、配偶收入和其他收入满足自己及其第一顺序扶养权人（即需要扶养的配偶、子女、父母）的合理生活、教育、医疗等需要后仍有剩余。

③兄、姐缺乏劳动能力又缺乏生活来源。缺乏劳动能力是指劳动能力不足或丧失劳动能力。缺乏生活来源是指维持生存所必需的生活费用和生活用品不足，当然也包括丧失生活来源的情况。兄、姐只有同时具备这两个条件，弟、妹对其才可能有扶养义务。

（3）兄弟姐妹间的继承权。

根据《继承法》的规定，兄弟姐妹是第二顺序法定继承人，没有第一顺序法定继承人或第一顺序法定继承人均放弃或丧失继承权时，被继承人的兄弟姐妹可以继承遗产。

需要特别指出的是，对于继兄弟姐妹之间是否形成扶养关系，关键在于继兄姐是否对与其父母形成抚养关系的继弟妹进行了生活上的照料和物质上的帮助，只有如此，才可认定继兄弟姐妹间形成了扶养关系。

祖孙之间、兄弟姐妹之间的扶养义务是补充性的义务，均以不严重恶化自己的生活为前提。

【案例分析1】

夫妻互相扶养是我国《婚姻法》规定的法定义务，本案中，虽然小文和小明约定实行夫妻分别财产制，但这并不是对抗《婚姻法》规定的法定义务的抗辩理由，所以，小明有义务共同支付小文的医疗费用。对拒不执行有关扶养费等判决或裁定的，由人民法院依法强制执行。有关个人和单位应负协助执行的责任。另外，无论是在法律上还是道德上来说，照顾生病的配偶是其义务和责任；若构成遗弃或虐待，行为人还应承担相应的刑事责任。

【案例分析2】

根据《婚姻法》的规定，姜健孝的舅舅姨妈们是二老的子女，有义务赡养二老，子女对父母的赡养义务是无条件的，不能以任何理由进行推脱，舅舅姨妈们必须承担赡养老人的义务。虽然姜健孝的父母已去世，自己也是由姥爷姥姥抚养成人的，但根据《婚姻法》第二十八条可知，（外）孙子女对（外）祖父母负赡养义务，是在祖父母的子女已死亡或子女无力赡养时才承担的。所以在本案中，虽然舅舅姨妈家庭条件一般，但是还是能够承担父母的赡养费的，因此姜健孝并无赡养姥爷姥姥的义务，当然姜健孝出于对二老的感激，愿意承担老人一部分生活费的话，法律是不会禁止的。

【拓展阅读】

遗赠扶养协议

遗赠扶养协议是指受扶养的公民和扶养人之间关于扶养人承担受扶养人的生养死葬的义务，受扶养人将财产遗赠给扶养人的协议。遗赠扶养协议是我国《继承法》确立的一项新的法律制度，是我国立法上的独创，是继承制度的新发展。

《继承法》第三十一条规定："公民可以与扶养人签订遗赠扶养协议。按照协议，扶养人承担该公民生养死葬的义务，享有受遗赠的权利。公民可以与集体所有制组织签订遗赠扶养协议。按照协议，集体所有制组织承担该公民生养死葬的义务，享有受遗赠的权利。"最高人民法院《关于贯彻执行〈中华人民共和国继承法〉若干问题的意见》规定："集体组织对'五保户'实行'五保'时，双方有扶养协议的，按协议处理；没有扶养协议，死者有遗嘱继承人或法定继承人要求继承的，按遗嘱继承或法定继承处理，但集体组织有权要求扣回'五保'费用。""扶养人或集体组织与公民订有遗赠扶养协议，扶养人或集体组织无正当理由不履行，致协议解除的，不能享有受遗赠的权利，其支付的供养费用一般不予补偿；遗赠人无正当理由不履行，致协议解除的，则应偿还扶养人或集体组织已支付的供养费用。"

遗赠扶养协议是双方法律行为，只有在遗赠方和扶养方双方自愿协商一致的基础上才能成立。凡不违反国家法律规定、不损害公共利益、不违反社会主义道德准则的遗赠扶养协议即具有法律约束力，双方均必须遵守，切实履行。任何一方都不能随意变更或解除。如果一方要变更或解除，必须取得另一方的同意。遗嘱是遗嘱人单方的法律行为，不需要他人的同意即可发生法律效力。遗嘱人不仅可以单方面订立遗嘱，而且还可以随时变更遗嘱的内容，或者撤销原遗嘱，另立新遗嘱。

遗赠扶养协议是双方有偿的法律行为，它体现了权利义务相一致的原则，其与继承、遗赠等单方无偿的法律行为不同。在继承、遗赠中，继承人、被遗赠人取得遗产并不要求以对被继承人生前履行一定的义务为前提。遗赠是财产所有人生前以遗嘱的方式将其财产遗赠给国家、集体或个人的行为，它不以受遗赠人为其尽扶养义务为条件。

遗赠扶养协议不仅有遗赠财产的内容，而且还包括扶养的内容；而遗赠只是遗赠财产，没有扶养的内容。遗赠扶养协议从协议成立之日起开始发生法律效力，而遗赠是从遗赠人死亡之日起发生法律效力。

被继承人生前与他人订有遗赠扶养协议，同时又立有遗嘱的，继承开始后，如果遗赠扶养协议与遗嘱有抵触，按协议处理，与协议抵触的遗嘱全部或部分无效。

遗赠扶养协议有利于老年人、生活无法自理的人得到家庭扶养，有利于中华民族敬老、尊老、爱老传统美德的发扬，有利于家庭的稳定、社会的安定团结，有利于减轻、减少国家和社会的负担，具有十分重大的存在意义。但其至今在我国立法上还尚显简单、概括和抽象，仍需要不断地完善与改进。

【思考与练习】

1. 如何理解夫妻间的扶养义务？

2. 父母子女间的权利义务有哪些？相互间实现权利和履行义务时的强制和限制规定有哪些？

3. 祖孙间在什么条件下产生权利和义务关系？

4. 兄弟姐妹间在什么条件下产生权利和义务关系？

项目五　收养制度

【案例导入】

王某和李某于1980年结婚，婚后李某一直未孕，后来两人去医院检查发现王某先天不孕。1984年，王某父母做主，将王某远房堂兄弟的儿子抱来作为王某的儿子，取名王继祖。在收养王继祖之后，王某夫妇对他疼爱有加，非常细心地将王继祖抚养成人。王继祖一直都不知道自己的身世。2009年，王继祖与李某非常不满意的张丽结婚，之后李某与张丽经常因为家庭琐事而吵架。李某一气之下说出王继祖的身世，随后王继祖和张丽搬出单独居住。王某夫妇求和无果，双方只能达成协议，解除收养关系，但协议并未提及对王某夫妇的赡养问题。

2011年，王某因病去世。由于李某没有退休金，家庭无固定生活来源，加之李某身体欠佳，无法通过劳动获得收入，李某只好向王继祖夫妇请求支付赡养费。王继祖夫妇则以收养关系已经解除为由不肯支付赡养费。于是，李某向人民法院提起诉讼。

【问题】

王继祖与王某夫妇是否可以解除收养关系？本案是以什么方式解除收养关系的？王继祖是否应该支付李某的生活费用？

【基本原理】

收养制度是我国婚姻家庭制度的重要组成部分。收养是一种重要的民事法律行为，旨在引起亲属关系的变更，使没有血缘关系的人之间产生法律上的拟制血亲关系。

一、收养制度概述

（一）收养的概念

通常在不同的两种意义上使用“收养”一词：一是指收养行为，二是指收养关系。在婚姻家庭亲属法中，一般是从行为即法律事实的角度来表述收养概念的。收养是指公民依照法律规定的条件和程序，收养他人的子女作为自己的子女，从而使没有父母子女关系的当事人之间产生法律拟制的父母子女关系的民事法律行为。在收养行为中，当事人是被收养人、收养人、送养人。

收养关系是基于收养行为的法律效力而发生的民事法律关系。在收养关系中，当事人是被收养人和收养人，前者为养父母，后者为养子女。作为收养关系的主体，相互间具有法定的权利义务。送养人虽然以其行为促成了收养关系的发生，但并非收养关系的主体。

（二）收养的特征

收养既然是一种民事法律行为，当然具有民事法律行为的共同特征。与此同时，收养还具有自身的、不同于其他民事法律行为的特征。

1. 收养行为的身份性

收养是一种身份法上的行为，是用来创设特定的身份关系的。收养关系只能发生在非直系血亲的自然人之间，并且只能限于长辈对晚辈。

收养是一种变更亲属关系及其权利义务的行为。通过收养，收养人和被收养人之间发生法律拟制的亲子关系，双方具有与自然血亲的父母子女相同的权利和义务。同时，养子女和生父母间的权利义务，则因收养的成立而消除，但基于血缘联系而发生的自然血亲关系仍然存在，仍受与自然血亲有关的法律规定所规制，比如对直系血亲和三代以内旁系血亲禁止结婚等规定依旧适用。

收养既是养父母与养子女权利义务借以发生的法律事实，也是生父母与生子女权利义务得以终止的法律事实。并且，收养变更亲属关系及其权利义务的效力还依法及于父母子女以外的其他亲属。

2. 收养关系的可变性

收养行为创设的是拟制血亲的亲子关系，因而是可以依法解除的。基于收养的效力而发生的养父母子女关系，既可在符合法定条件时依照法定程序而成立，亦可在出现法定缘由时通过法定方式解除。这既是由收养行为的性质决定的，也是与自然血亲的亲子关系相区别的重要特征。

3. 收养与国家收容、养育孤儿、弃婴和儿童的区别

收养是一种特定的民事行为，须经有关当事人协议，依法成立。国家收容、养育孤儿、弃婴和儿童是一种行政法上的行为，是由有关机构依法实施的。在外国，这些机构由各地民政部门主管。另外，收养会变更亲属身份，收养人和被收养人之间产生父母子女的权利义务关系。而国家对孤儿、弃婴和儿童的收容、养育不会变更亲属身份，收容、养育机构和被收容人、被养育人间不产生父母子女的权利义务关系。

4. 收养与寄养的区别

寄养，是指父母出于某些特殊情形，不能与子女共同生活，无法直接履行抚养义务，因而委托他人代其抚养子女的行为。受托人和被寄养人间并不产生法律拟制的父母子女关系，亲属身份并未变更，权利义务亦未转移。此外，我国《收养法》第十七条规定：“孤儿或者生父母无力抚养的子女，可以由生父母的亲属、朋友抚养。抚养人与被抚养人的关系不适用收养关系。”可见，收养与抚养也是不同的。

（三）我国《收养法》的基本原则

我国《收养法》第二条规定：“收养应当有利于被收养的未成年人的抚养、成长，保障被收养人和收养人的合法权益，遵循平等自愿的原则，并不得违背社会公德。”第三条规定：“收养不得违背计划生育的法律、法规。”据此，收养法的基本原则可以概括如下：

1. 有利于被收养的未成年人的抚养、成长原则

我国建立收养制度的首要目的就是保护儿童的合法权益，为了保障未成年人的健康成长。通过收养的设立，使被收养人重获在温暖的家庭生活中得到养父母的抚养教育、健康成长的机会。《收养法》中关于收养人和被收养人条件的规定和收养关系解除

的规定等，都体现了这一原则的要求。

2. 保障被收养人和收养人的合法权益原则

成立收养关系便使收养人和被收养人之间形成了拟制血亲的父母子女关系，必会涉及双方的利益，因此，《收养法》同时保障收养人和被收养人双方的合法权益的实现。比如《收养法》中关于收养人和被收养人的年龄、能力等规定都体现了这一原则的要求。

3. 平等自愿原则

收养关系是民事法律关系，应当遵循民事法律关系的基本准则——平等自愿原则。平等指收养关系双方的法律地位平等，权利义务平等；自愿指收养关系的成立或解除，必须是双方当事人的合意且意思表示真实；双方指具有完全民事行为能力的送养方和收养方，如果被收养人年满10周岁，除送养方和收养方达成合意外，还须征得被收养人的同意。

4. 不得违背社会公德原则

收养行为关系着当事人的个人利益和社会的公共利益，因此，确立收养不得违背社会公德的原则非常必要。比如《收养法》规定的无配偶男性收养女性，双方年龄应相差40周岁以上；收养孤儿、残疾儿童或者社会福利机构抚养的查找不到生父母的弃婴和儿童，可以不受收养人无子女和收养一名的限制；收养人不履行抚养义务，有虐待、遗弃等侵害未成年养子女合法权益行为的，送养人有权要求解除养父母与养子女间的收养关系等规定，都反映了不得违背伦理和社会公德的原则要求。

5. 不得违背计划生育的法律、法规

计划生育政策是国策，姑且不讨论该政策的优劣，目前实行计划生育依旧是我国的基本国策。我国《收养法》规定："收养人应当具备的条件之一是无子女。除了收养孤儿、残疾儿童或者社会福利机构抚养的查找不到生父母的弃婴和儿童，可以不受收养人无子女和收养一名的限制外，收养人只能收养一名子女；送养人不得以送养子女为理由违反计划生育的规定再生育子女。"以上各项规定都体现了这一原则的要求。

二、收养制度的历史沿革

（一）收养制度的演变过程

收养制度由来已久，早在原始社会就已经存在收养现象。进入阶级社会以后，随着法律制度的出现，收养制度也成为亲属法律制度中不可缺少的组成部分。收养作为一项法律制度，受到经济、政治等诸多因素的影响和制约。

从世界范围来看，设立收养制度的目的，依时代、国家的不同而有所不同，经历了长期的发展演变过程。从收养的历史发展来看，先后经历了"为族的收养、为家的收养、为亲的收养、为子女的收养"几个阶段。

原始社会的收养，是为族的收养。在原始社会，收养制度相当盛行。恩格斯谈到："氏族可以收养外人入族"，"男子可以提议收养外人为兄弟或姊妹；女子可以提议收养外人为自己的孩子"。[1] 为了确认收养关系，必须举行入族典礼。这时的收养带有朴素的色彩，收养完全是为了本氏族的利益。

---

① 马克思恩格斯选集（4）. 北京：人民出版社，1972. 83～84.

到了奴隶社会特别是封建社会，由于受宗法制度的影响，收养制度主要是由于财产继承的需要而产生，为了宗祧继承的需要而设置的。收养制度基于家族法上的血统继承原理而发生，在实际生活中难免有缺乏血缘继承的现象发生。于是，罗马法率先创设了收养制度，唯家长有收养权。这个时期的收养，主要是为了家长制家庭的利益而进行，所以被称作“为家的收养”。

随着资本主义的产生和发展，宗法家族制度走向解体，人们的利益追求走向个体化。“为家的收养”已失去实际意义，逐渐转变成为个人的利益需要而收养。收养的目的主要是自己年老后有人赡养和财产有后人继承。由于这种关系拟制成为父母子女型亲属关系，所以这种收养被称作“为亲的收养”。如1804年法国、1896年德国的《民法典》，均设立有严格的收养制度。由于收养的主动权多在收养人一边，收养人为了自己的利益，往往出现损害被收养人权益的现象。

以两次世界大战为契机，人们的收养目的发生了变化，出现了为救济战争孤儿、非婚生子女，向这些不幸儿童提供家庭温暖的“为子女的收养”。当今，强调为儿童的利益而收养，已成为世界各国亲属立法的共同趋势。

（二）中国封建时代的收养制度

在我国古代宗法制度下，实行以男性为中心的宗祧制度。其收养制度亦分为“立嗣”和“乞养”两类。

立嗣，指男子无子，允许立同宗辈分相当的他人之子为嗣子。立嗣又称“过继”或“过房”。在中国古代的宗法制度下，立嗣是收养的一种特殊形式，也是一种主要的形式。立嗣的特殊性主要表现在：立嗣的目的是继承宗祧，按照封建礼、法的规定，只有男子无子才可立嗣，以便承继宗祧；只能立同宗辈分相当的男性成员为嗣子，立嗣的人员一般为侄子。《唐律疏议》指出：“依户令，无子者听养同宗于昭穆相当者。”《明律》、《清律》进一步规定：“按先亲后疏、先近后远的原则排列了立嗣的顺序。不得立女子为嗣，也不得立异姓子乱宗，可以‘兼祧’，可以‘继绝’。”兼祧——按《清律》规定，如果被立为嗣子的人是独子，又排在立嗣顺序的最前面，只要两家同意，又经族人证明，可以同时作为两家的继承人。两家可各为其娶妻，以传宗接代。继绝——是无子的男子生前未立嗣的，死后可由其妻子或其父母等长辈代其立嗣。嗣子与嗣父母之间的关系允许被解除，称为“退继”。虽说继嗣是继承死者的祭祀权，实际上是继承死者财产，故不为后世所取。

乞养指非亲属性质的收养。唐律称收养，明清律称乞养。中国早期封建法律严禁收养异姓男子为嗣，但允许在特殊情况下的收养。《唐律·户律》中始为规定：“其遗弃小儿，年3岁以下，虽异姓，听收养，即从其姓。”《唐律疏议》中的解释是：“三岁以下小儿，受本生父母遗弃，若不听收养，即性命将绝，故作为例外，虽异姓，听收养，而改其姓。”乞养主要基于怜悯之心，与立嗣不同。无论同姓异姓，不分男女，均可收养。乞养的对象，法律规定为3岁以下的弃儿，实际不受此限。收养人称为义父母，被收养人称为义子女。义子与义父之间不得发生宗祧和财产继承关系，也不得以无子为由将义子立为嗣子，但允许酌情分给一定的财产。可见，立嗣的效力高于乞养，嗣子的地位高于义子女。

立嗣制度一直延续到半殖民地半封建的旧中国。国民党政府的民法虽未规定立嗣制度，实际生活中仍然盛行立嗣习俗。1930年的国民党《民法·亲属编》在法律形式上实现了收养制度的近代化，但有关规定中仍有歧视养子女的内容。比如，关于养子女的继承问题，在顺序上虽与婚生子女相同，但继承份额仅为婚生子女的一半。

（三）新中国的收养制度

新中国成立后，收养制度也随着中国社会政治、经济制度的变革而发生了深刻的变化。但这种变化是在新中国成立以后的40多年实践中逐步实现的。这一变化过程，经历了以下几个阶段：

1. 收养制度萌芽阶段：新中国成立初期—1970年代

1950年《婚姻法》虽然承认和保护了合法的收养关系，但对于收养关系的成立、效力、终止等问题缺乏具体的规定。综合新中国成立初期最高人民法院在收养、亲属、继承等有关问题的批复中关于收养关系的规定，可概括为以下几个方面：废除封建宗法的立嗣制度、承认事实上的收养关系；收养应由收养一方和送养一方根据自愿原则，订立收养契约；收养关系一经成立，不能单方任意取消，只能由双方协议或经法院判决解除。

2. 收养制度的发展提高阶段：1970年代末—1980年代末

其间，主要有以下政策、法律调整收养法律行为：1979年2月最高人民法院《关于贯彻执行民事政策法律的意见》规定了收养的条件、程序；规定了因养父母或生父母一方反悔、养父母与成年养子女关系恶化，而要求解除收养的处理原则。1980年《婚姻法》第二十条，以立法形式明确了收养成立的效力。1984年最高人民法院《关于贯彻执行民事政策法律若干问题的意见》，对1979年《意见》对收养问题的规定进行了修订，并增加了下述新内容：承认事实收养和养祖孙关系；补充规定了解除收养的条件及其经济、人身方面的法律后果。此外，地方性法规也对收养条件作了相应规定。

3. 收养制度的完备的阶段：1990年代初至今

1991年12月29日，第七届全国人民代表大会常务委员会第23次会议通过了《中华人民共和国收养法》，该法自1992年4月1日起施行。至此，新中国的收养制度终于以法律形式固定下来。我国的收养制度进入健全、系统、完备的阶段。1998年11月4日，第九届全国人民代表大会第5次会议通过了《关于修改〈中华人民共和国收养法〉的决定》，修改后的《收养法》自1999年4月1日起施行。该法共六章，计三十四条，分别规定了总则、收养关系的成立、收养的效力、收养关系的解除、法律责任和附则。修改的内容主要涉及两个方面：一是收养条件适当放宽，从而改变了事实收养增多的现象；二是进一步完善了收养程序，国内收养与涉外收养，由民政部门统一登记办理。

新中国的收养制度，概括起来，主要有以下几个特点：一是以保护未成年人的利益为目的和职能；二是收养的实质要件向有利于孤儿、弃儿、残疾儿、非婚生子女的方向发展；三是为了保证收养目的的实现，国家对收养方式实施监督和干预政策。

在我国，立嗣制度已被彻底废除。收养制度在家庭生活和社会生活中起着不可或缺的作用。我国的收养既是为子女的，也是为亲的。

三、收养关系的成立

收养行为是民事法律行为的特定种类，收养的成立既要符合民法中有关民事法律行为的一般规定，又要符合《收养法》中关于收养行为的专门规定。收养关系的成立，必须符合法律规定的条件和程序。收养关系成立应具备的法定条件，可称为收养关系成立的实质要件；收养关系成立应履行的法定程序，可称为收养关系成立的形式要件。

（一）收养关系成立的实质要件

1. 被收养人的条件

我国《收养法》第四条规定，下列不满14周岁的未成年人可以被收养：

（1）丧失父母的孤儿。根据民政部《关于办理收养登记中严格区分孤儿与查找不到生父母的弃婴的通知》（1992年8月11日）中所作的解释，孤儿是指其父母死亡或人民法院宣告其父母死亡的不满14周岁的未成年人。

（2）查找不到生父母的弃婴和儿童。弃婴和儿童，是指被父母遗弃的初生儿和其他未满14周岁的未成年人。遗弃婴儿和儿童的，一般为生父母，也可能是养父母。作为被收养人则应以查找不到其父母为必要条件。

（3）生父母有特殊困难无力抚养的子女。生父母是否有特殊困难无力抚养子女，应根据当事人的具体情况来认定。一般来说，如父母出于经济负担能力、患有严重疾病、丧失民事行为能力等，以致无法或不宜抚育子女，均可视为有特殊困难无力抚养。

2. 送养人的条件

我国《收养法》第五条规定，下列公民、组织可以作送养人：

（1）孤儿的监护人。此处的监护人是指父母以外的对该未成年人有监护责任的人。我国《民法通则》第十六条规定："孤儿监护人的选定，应该是具有监护能力的祖父母、外祖父母、兄、姐；或者是关系密切的其他亲属、愿意承担监护责任的父母生前的朋友，但以本人自愿和有关单位同意为限。没有上述监护人的，由未成年人的父、母的所在单位或者未成年人住所地的居民委员会、村民委员会或者民政部门担任监护人。"

监护人送养受其监护的孤儿须受我国《收养法》第十三条规定的限制，即"监护人送养未成年孤儿的，须征得有抚养义务的人同意。有抚养义务的人不同意送养、监护人不愿意继续履行监护职责的，应当依照《中华人民共和国民法通则》的规定变更监护人"。此处"有抚养义务的人"是指我国《婚姻法》第二十八、二十九条中所说的有负担能力的祖父母、外祖父母、兄、姐。

（2）社会福利机构。社会福利机构，主要指各地民政部门主管的收容、养育孤儿和查找不到生父母的弃婴和儿童的社会福利院。这些机构实际履行监护孤儿、弃婴和儿童的职责，所以可以成为送养人。

（3）有特殊困难无力抚养子女的生父母。生父母作为送养人，应符合以下基本条件：

①《收养法》第十条第一款规定："生父母送养子女，须双方共同送养。生父母一方不明或者查找不到的可以单方送养。"变更亲子法律关系事关重大，自然应要求父母双方均同意才可。单方送养只有在生父母一方死亡、生父母一方失踪或非婚生子女的生父不明等情况下才为法律所允许，但须受《收养法》第十八条规定的限制。

②《收养法》第十八条规定："配偶一方死亡，另一方送养未成年子女的，死亡一方的父母有优先抚养的权利。""死亡一方的父母"是指被送养人的祖父母、外祖父母。根据《婚姻法》第二十八条可知，祖父母、外祖父母为第二顺序的抚养义务人，如果

祖父母、外祖父母确有抚养孙子女、外孙子女的意愿和能力，自然应赋予其优先抚养权。这一权利的行使是对生存父或母一方送养子女的法定障碍。

③《收养法》第十二条规定：“未成年人的父母均不具备完全民事行为能力的，该未成年人的监护人不得将其送养，但父母对该未成年人有严重危害可能的除外。”这是对除父母外的监护人送养的限制，是出于保护父母权益的需要。一般情况下，父母丧失民事行为能力，变更亲子关系对父母是不利的，因为子女被收养后，便失去了可期待的受子女赡养扶助的权利。但出于对子女权益的保护，若父母对该未成年人有严重危害可能的，为避免子女受严重危害则可以送养。

3．收养人的条件

我国《收养法》第六条规定，收养人应当同时具备下列条件：

（1）无子女。无子女包括未婚者无子女、已婚者尚无子女和因欠缺生育能力而不可能有子女、有生育能力而不愿生育等各种情形。子女包括婚生子女、非婚生子女和养子女。收养人只能收养一名子女，所以，已有养子女者是不能再为收养的。

（2）有抚养教育被收养人的能力。衡量收养人是否有抚养教育被收养人的能力，应从各方面进行综合考量，既要考虑收养人的经济负担能力，又要考虑其思想品德、健康等方面的问题。比如，行为人具有品德恶劣、行为不端、患精神病等不利于被收养人健康成长情形的，均应被认为欠缺抚养教育能力。

（3）未患有在医学上认为不应当收养子女的疾病。如果养父母身患传染病，极易危害养子女的身体健康；如果养父母身患重疾，生活不能自理，便无法履行抚养教育养子女的义务。这项规定既是为了保障养子女的身心健康成长，也是收养人可以抚育养子女的前提。

（4）年满30周岁。这是法律规定的获得收养人资格的最低年龄。因为不满30周岁的人，生育子女的机会较多，不必急于收养。到一定年龄再收养子女，能够更好地承担父母的职责。

（5）其他规定。

①出于伦理道德的考虑和保护被收养人的需要，《收养法》第九条规定：“无配偶的男性收养女性的，收养人与被收养人的年龄应当相差四十周岁以上。”

②《收养法》第十条第二款规定：“有配偶者收养子女，须夫妻共同收养，即夫妻双方若有一方拒绝收养的，另一方不得收养。”

③《收养法》第八条第一款规定：“收养人只能收养一名子女。”这是为了保证收养人有足够的抚养教育条件。当然亦有法定的放宽情形，在“收养条件的特别规定”中将详细阐述。

4．当事人的收养合意

收养关系的成立，以有关当事人的意思表示一致为必要条件。根据《收养法》第十一条的规定，收养合意须满足以下要求：一是收养人收养与送养人送养，须双方自愿。即双方须在平等自愿的基础上，达成有关成立收养的协议。有配偶者送养或收养子女，须夫妻共同送养或共同收养。收养社会福利机构抚养的孤儿、弃婴和儿童，应当征得社会福利机构的同意。二是收养年满10周岁未成年人的，应当征得被收养人的同意。10周岁以上未成年人已具有部分民事行为能力，有自己独立的思想及一定的判断和识别能力，所以完全有必要征得其本人同意。

5. 收养条件的特别规定

我国《收养法》除了规定一般收养条件外，还规定了在若干具体情形下可适当放宽收养的条件。

(1)《收养法》第七条第一款规定："收养三代以内同辈旁系血亲的子女，可以不受本法第四条第三项、第五条第三项、第九条和被收养人不满 14 周岁的限制。"据此，在收养兄弟姐妹、堂兄弟姐妹、表兄弟姐妹的子女时，条件可放宽：①生父母无特殊困难、有能力扶养子女，其子女仍可为被收养人；②生父母无特殊困难、有能力扶养子女的，也可为送养人；③无配偶的男性收养女性，不受收养人与被收养人年龄相差 40 周岁以上的限制；④可以收养年满 14 周岁的被收养人。

对于《收养法》规定的，收养三代以内同辈旁系血亲的子女可以不受"被收养人不满 14 周岁的限制"，学者的理解是存在分歧的。有的学者认为被收养人应理解为 14 周岁以上、18 周岁以下的未成年人，即成年人不能成为被收养人；有的学者认为应理解为被收养人可以超过 18 周岁，即成年人可以被收养。从我国的收养实践来看，收养三代以内同辈旁系血亲的子女时，如果包括收养 18 周岁以上的成年人，会更符合当事人双方的合法利益，也更符合我国的国情，同时，也尊重了我国长期以来民间存在的"过继"的传统。承认长期维持照顾关系的成年照料人和被照料人之间可成立收养关系，适用收养关系的权利和义务，有利于对照料人行为的肯定，符合社会道德准则，有利于保障双方当事人的合法权益。

《收养法》第七条第二款规定："华侨收养三代以内同辈旁系血亲的子女，还可以不受收养人无子女的限制。"也就是说，如果收养人是华侨，除了适用本条第 1 款的规定外，还可不受是否有子女的限制，即使已有 1 名或数名子女，仍可收养三代以内同辈旁系血亲的子女。

(2)《收养法》第八条第二款规定："收养孤儿、残疾儿童或者社会福利机构抚养的查找不到生父母的弃婴和儿童，可以不受收养人无子女和收养一名的限制。"即有子女的公民亦可收养 1 名或多名孤儿、残疾儿童或者社会福利机构抚养的查找不到生父母的弃婴和儿童。

(3)《收养法》第十四条规定，继父或者继母经继子女的生父母同意，可以收养继子女。继子女成为被收养人，可以不受"不满 14 周岁的未成年人"、"生父母有特殊困难无力抚养"的限制。继父母作为收养人，可以不受"无子女"、"有抚养教育被收养人的能力"、"未患有在医学上认为不应当收养子女的疾病"、"年满 30 周岁"、"只能收养一名子女"的限制。继父母收养继子女，作为送养人的生父母可以不受"有特殊困难无力抚养子女"的限制。

(4) 隔代收养，即收养养孙，由于收养人与被收养人年龄过于悬殊或不同辈分，依伦理习惯，不宜将被收养人视为养子女，而应将其视为养孙子女。我国《收养法》未作明文规定，但最高人民法院 1984 年《关于贯彻执行民事政策法律若干问题的意见》规定："收养人收养他人为孙子女，确已形成养祖父母与养孙子女关系的，应予承认。解决收养纠纷或有关权益纠纷时，可依照《婚姻法》关于养父母与养子女的有关规定，合情合理地处理。"可见，隔代收养与养父母子女关系只是称谓不同，其他都适用养父母与养子女的有关规定。

（二）收养关系成立的形式要件

收养成立的形式要件即收养关系成立的程序，是指收养关系成立应当履行的手续。变更亲子关系事关重大，故各国法律均认为收养为要式法律行为，只有符合法定形式，收养关系才能成立，收养的法律效力才能产生。我国《收养法》规定成立收养关系的法定程序是收养登记，同时以收养协议及收养公证为补充。

1. 收养登记的程序

《收养法》第十五条第一、二款规定："收养应当向县级以上人民政府民政部门登记。收养关系自登记之日起成立。收养查找不到生父母的弃婴和儿童的，办理登记的民政部门应当在登记前予以公告。"

（1）办理收养登记的机关。办理收养登记的法定机关是县级以上人民政府民政部门。根据《中国公民收养子女登记办法》的规定，收养登记的管辖因被收养人情况不同可分为：①收养社会福利机构抚养的查找不到生父母的弃婴、儿童和孤儿的，在社会福利机构所在地的收养登记机关办理登记。②收养非社会福利机构抚养的查找不到生父母的弃婴和儿童的，在弃婴和儿童发现地的收养登记机关办理登记。③收养生父母有特殊困难无力抚养的子女或者由监护人监护的孤儿的，在被收养人生父母或者监护人常住户口所在地（组织作监护人的，在该组织所在地）的收养登记机关办理登记。④收养三代以内同辈旁系血亲的子女，以及继父或者继母收养继子女的，在被收养人生父或者生母常住户口所在地的收养登记机关办理登记。

（2）收养登记的具体程序。收养登记的具体程序可分为申请、审查和登记三个步骤。

①申请。办理收养登记时，收养关系当事人应当亲自到收养登记机关办理成立收养关系的登记手续，即当事人必须亲自到场，直接向收养登记机关工作人员作出收养的意思表示。首先，夫妻共同收养子女的，应当共同到收养登记机关办理登记手续；一方因故不能亲自前往的，应当书面委托另一方办理登记手续，委托书应当经过村民委员会或者居民委员会证明或者经过公证。其次，送养人是公民的，须送养人亲自到收养登记机关作出送养子女的意思表示；送养人是社会福利机构的，须由负责人或委托代理人到收养登记机关作出同意送养的意思表示。最后，被收养人如果已年满10周岁，应当亲自到收养登记机关作出愿意被收养的意思表示。

申请收养登记时，收养人应当向收养登记机关提交收养申请书。收养申请书应包括以下内容：收养人基本情况、送养人基本情况、被收养人基本情况、收养的目的、收养人作出的不虐待、不遗弃被收养人和抚育被收养人健康成长的保证。

申请办理收养登记时，收养人和送养人应当提供相应的证件和证明材料。

收养人应当提交收养申请书和下列证件、证明材料：收养人的居民户口簿和居民身份证；由收养人所在单位或者村民委员会、居民委员会出具的本人婚姻状况、有无子女和抚养教育被收养人的能力等情况的证明；县级以上医疗机构出具的未患有在医学上认为不应当收养子女的疾病的身体健康检查证明。收养查找不到生父母的弃婴、儿童的，应当提交收养人经常居住地计划生育部门出具的收养人生育情况证明；其中收养非社会福利机构抚养的查找不到生父母的弃婴、儿童的，收养人还应当提交下列证明材料：收养人经常居住地计划生育部门出具的收养人无子女的证明；公安机关出具的捡拾弃婴、儿童报案的证明。收养继子女时，可以只提交居民户口簿、居民身份证和收养人与被收养人生父或者生母结婚的证明。

送养人应当提交下列证件和证明材料：送养人的居民户口簿和居民身份证（组织作监护人的，提交其负责人的身份证件）；《收养法》规定送养时应当征得其他有抚养义务的人同意的，并提交其他有抚养义务的人同意送养的书面意见。社会福利机构为送养人的，还应当提交弃婴、儿童进入社会福利机构的原始记录，公安机关出具的捡拾弃婴、儿童报案的证明，或者孤儿的生父母死亡或者宣告死亡的证明。监护人为送养人的，应当提交实际承担监护责任的证明，孤儿的父母死亡或者宣告死亡的证明，或者被收养人生父母无完全民事行为能力并对被收养人有严重危害的证明。生父母为送养人的，应当提交与当地计划生育部门签订的不违反计划生育规定的协议；有特殊困难无力抚养子女的，还应当提交其所在单位或者村民委员会、居民委员会出具的送养人有特殊困难的证明。其中，因丧偶或者一方下落不明由单方送养的，还应当提交配偶死亡或者下落不明的证明；子女由三代以内同辈旁系血亲收养的，还应当提交公安机关出具的或者经过公证的与收养人有亲属关系的证明。被收养人是残疾儿童的，还应当提交县级以上医疗机构出具的该儿童的残疾证明。

②审查。收养登记机关收到收养登记申请书及有关材料后，应当自次日起30日内进行审查。审查的主要内容包括：收养申请人是否符合《收养法》所规定的收养人条件和其收养目的是否正当；被收养人、送养人是否符合《收养法》所规定的被收养人、送养人条件；证明材料是否真实有效；当事人申请收养的意思表示是否真实等。

③公告。收养查找不到生父母的弃婴、儿童的，收养登记机关应当在登记前公告查找其生父母；自公告之日起满60日，弃婴、儿童的生父母或者其他监护人未认领的，视为查找不到生父母的弃婴、儿童。公告期间不计算在登记办理期限内。

④登记。经审查后，收养登记机关对申请人证件齐全有效、符合《收养法》规定条件的，应当为当事人办理收养登记，发给收养登记证，收养关系自登记之日起成立；对不符合收养法规定条件的，不予登记，并对当事人说明理由。

收养关系成立后，需要为被收养人办理户口登记或者迁移手续的，由收养人持收养登记证到户口登记机关按照国家有关规定办理。

2. 收养协议

《收养法》第十五条第三款规定："收养关系当事人愿意订立收养协议的，可以订立收养协议。"

收养协议是指收养关系当事人之间依照法律规定的条件订立的，关于同意成立收养关系的协议。订立收养协议应当符合下列各项要求：①订立收养协议的当事人，即收养人、被收养人、送养人均符合法律规定的收养成立的条件；②收养协议的主要条款应当包括收养人、送养人、被收养人的基本情况、收养的目的、收养人作出的不虐待、不遗弃被收养人和抚育被收养人健康成长的保证，及其他双方要求订立的内容；③收养协议的形式应当为书面协议。

收养协议自收养关系当事人正式签订之日起生效，但当事人约定收养关系自协议生效之日起成立，而不办理收养登记的，收养关系不成立。由此可见，收养登记是成立收养关系的必经法定程序。

3. 收养公证

《收养法》第十五条第四款规定："收养关系当事人各方或者一方要求办理收养公

证的，应当办理收养公证。”

收养公证是根据收养关系当事人各方或者一方的要求，由公证机关对其订立的收养协议依法作出的公证证明。收养公证须明确下列问题：①收养公证的办理并不是成立收养关系的必经法律程序，只有在收养关系当事人要求办理收养公证的情况下，才依法予以办理；②办理收养公证时，公证机关应当对申请收养公证的当事人的条件和收养协议的内容的合法性进行审查。经审查后，认为收养人、被收养人、送养人均符合法律规定的条件，收养协议的内容合法有效的，才能予以办理公证证明。但办理收养公证后未办理收养登记的，收养关系不成立；③公证机关对收养公证的文件应当妥善保管。

（三）与收养关系成立相关的其他规定

(1)《收养法》第十五条规定：“孤儿或者生父母无力抚养的子女，可以由生父母的亲属、朋友抚养。抚养人与被抚养人的关系不适用收养关系。”即子女可由生父母亲朋代为抚养但不适用收养关系的法律规定。这种抚养，并不具有收养的性质，不变更亲子关系，抚养人和被抚养人之间不发生养父母子女关系的权利和义务。

(2)《收养法》第十九条规定：“送养人不得以送养子女为理由违反计划生育的规定再生育子女。”这是符合我国当前计划生育的基本国策的规定。如果没有此项规定，势必会让一部分人为了再生育而去送养子女。

(3)《收养法》第二十条规定：“严禁买卖儿童或者借收养名义买卖儿童。”这是为了更好地保护儿童的合法权益的规定，借收养名义拐卖儿童或出卖亲生子女，构成犯罪的，将依法追究其刑事责任。

(4)《收养法》第二十二条规定：“收养人、送养人要求保守收养秘密的，其他人应当尊重其意愿，不得泄露。”收养人、送养人有权要求保守收养秘密，其他任何人不得泄露该收养秘密。这是基于保护公民隐私权的规定，有利于稳定收养关系，使收养家庭能跟自然家庭一样健康和睦，保持收养人和被收养人的家庭幸福。

四、收养的效力

收养关系的法律效力，是指收养关系成立所引起的法律后果。

我国《婚姻法》第二十六条规定：“国家保护合法的收养关系。养父母和养子女间的权利和义务，适用本法对父母子女关系的有关规定。养子女和生父母间的权利和义务，因收养关系的成立而消除。”

《收养法》第二十三条规定：“自收养关系成立之日起，养父母与养子女间的权利义务关系，适用法律关于父母子女关系的规定；养子女与养父母的近亲属间的权利义务关系，适用法律关于子女与父母的近亲属关系的规定。养子女与生父母及其他近亲属间的权利义务关系，因收养关系的成立而消除。”根据该条规定，可将收养的效力分为拟制效力和解销效力。另外，《收养法》也对无效收养行为及其法律后果作了明确的规定。

（一）收养的拟制效力

收养的拟制效力，又称收养的积极效力，是指收养依法创设新的亲属关系及权利义务的效力。按照我国《收养法》的规定，收养的拟制效力不仅及于养父母与养子女，也及于养子女与养父母的近亲属。

1. 养父母与养子女间形成法律拟制的父母子女关系

《收养法》第二十三条第一款规定：“自收养关系成立之日起，养父母与养子女间的权利义务关系，适用法律关于父母子女关系的规定。”也就是基于收养的拟制效力，养父母子女关系与自然血亲的父母子女关系具有同等的法律地位，在亲子间的权利义务是完全相同的。自然血亲的父母子女间的抚养教育、赡养扶助、继承问题、姓氏问题等，都同样适用于养父母与养子女之间。

法条链接

《收养法》第二十四条：养子女可以随养父或者养母的姓，经当事人协商一致，也可以保留原姓。

《婚姻法》第二十二条：子女可以随父姓，可以随母姓。

2. 养子女与养父母的近亲属间形成相应的拟制血亲关系

《收养法》第二十三条第一款规定：“养子女与养父母的近亲属间的权利义务关系，适用法律关于子女与父母的近亲属关系的规定。”也就是收养关系成立后，养子女与养父母的父母间，可形成祖孙间的权利义务关系；养子女与养父母的子女间，可形成兄弟姐妹间的权利义务关系。养子女与养父母的近亲属间形成相应的拟制血亲关系，适用《婚姻法》第二十八、二十九条，《继承法》第十条等相关规定。也就是说，在一定的条件下，养子女与养父母的近亲属有相互扶养的义务及继承遗产的权利。

法条链接

《继承法》第十条：遗产按照下列顺序继承：

第一顺序：配偶、子女、父母。

第二顺序：兄弟姐妹、祖父母、外祖父母。

继承开始后，由第一顺序继承人继承，第二顺序继承人不继承。没有第一顺序继承人继承的，由第二顺序继承人继承。

本法所说的子女，包括婚生子女、非婚生子女、养子女和有扶养关系的继子女。

本法所说的父母，包括生父母、养父母和有扶养关系的继父母。

本法所说的兄弟姐妹，包括同父母的兄弟姐妹、同父异母或者同母异父的兄弟姐妹、养兄弟姐妹、有扶养关系的继兄弟姐妹。

（二）收养的解销效力

收养的解销效力，又称收养的消极效力，是指收养依法终止原有的亲属关系及其权利义务的效力，可分为完全收养情况的解销和不完全收养情况的解销两种形式。在完全收养情况下，养子女与生父母及其他近亲属间的权利义务关系基于收养的效力而消除；在不完全收养情况下，养子女与生父母及其他近亲属间仍保有法定的权利义务关系，不会因为收养关系的成立而消除。

按照我国《收养法》的规定，我国的收养属于完全收养，收养的解销效力及于养子女与生父母，同时也及于养子女与生父母以外的其他近亲属。

1．养子女与生父母间的权利义务关系消除

《婚姻法》第二十六条第二款规定："养子女和生父母间的权利和义务，因收养关系的成立而消除。"由该条可知，收养的解销效力消除的仅为法律意义上的父母子女关系，即相互间的权利义务，并不消除自然血亲的父母子女关系。生父母子女间的直系血缘关系不会因任何行为而改变。所以，法律关于禁婚亲的规定同样适用于养子女与生父母。

2．养子女与生父母以外的其他近亲属间的权利义务关系消除

《收养法》第二十三条第二款规定："养子女与生父母及其他近亲属间的权利义务关系，因收养关系的成立而消除。"也就是说，子女被他人收养后，其与生父母的父母不再具有祖孙间的权利义务关系；与生父母的子女不再具有兄弟姐妹间的权利义务关系。当然，消除的也仅是法律上的权利和义务，相互间的自然血亲关系依旧存在。我国《婚姻法》等法律关于禁止直系血亲和三代以内旁系血亲结婚的规定同样适用于养子女与生父母以外的其他近亲属。

（三）无效收养行为

无效收养行为是欠缺收养成立的法定实质要件、形式要件的收养行为。因欠缺法定要件，使收养行为不具有收养的法律效力，而成为一种无效民事行为。

《收养法》第二十五条第一款规定："违反《中华人民共和国民法通则》第五十五条和本法规定的收养行为无法律效力。"也就是说，判断收养行为有效与否，应以《民法通则》有关民事法律行为要件的规定和《收养法》有关收养关系成立要件的规定为依据。

1．无效收养的原因

根据《收养法》的规定，下列收养行为无效：①收养人、送养人不具有完全民事行为能力；②当事人即收养人、被收养人、送养人不符合法律规定的收养条件；③当事人欠缺收养的合意或非其真实意愿；④不符合法律规定的形式要件；⑤违反法律规定的收养条件和社会公共利益。

我国《收养法》对欠缺法定要件的收养行为采用单一的无效制。

2．确认收养无效的程序

根据《收养法》及相关法律法规的规定，确认收养无效的程序有两种，即人民法院依诉讼程序确认收养无效和收养登记机关依行政程序确认收养无效。

（1）依诉讼程序。依诉讼程序确认收养无效有以下两种情形：①当事人或利害关系人提出请求确认收养无效之诉，由人民法院依法判决收养行为无效；②人民法院在审理有关案件（如赡养、抚养、监护、法定继承等纠纷）的过程中，发现无效收养行为，主动确认收养无效。

（2）依行政程序。根据《中国公民收养子女登记办法》第十二条的规定，收养关系当事人弄虚作假骗取收养登记的，收养关系无效，由收养登记机关撤销登记，收缴收养登记证。

3．收养无效的法律后果

《收养法》第二十五条第二款规定："收养行为被人民法院确认无效的，从行为开

始时起就没有法律效力。”当然，收养行为被收养登记机关依行政程序确认无效的，亦是从行为开始时起就没有法律效力。收养无效具有溯及既往的效力，这是关于确认收养无效和收养关系解除的重要区别。

无效收养不发生收养的法律后果，当事人预期的目的不能实现。根据不同情况，除了产生无效民事行为后果，无效收养行为主体有违法、犯罪的情形时，还会产生行政法和刑法上的后果，当事人应当相应地承担无效收养的民事、行政、刑事责任。

五、收养关系的解除

收养关系的解除，是指收养关系成立后，根据当事人的合意或法定的理由，将已经存在的收养关系加以解除的法律行为。

收养关系的解除与收养关系的终止不是同一概念。收养关系的终止的原因有两方面：一是因收养人或被收养人死亡而终止；二是通过法律手段人为解除而终止。可见，收养关系的解除是狭义的概念，收养关系的终止是广义的概念。

收养关系的解除与收养关系的无效的区别在于，收养关系的解除是以收养的有效存在为前提的，一旦依法解除，从解除之日起即失去法律效力；而收养关系的无效，是指收养成立时，因缺乏收养成立的有效要件而导致收养关系自始无效的制度。

根据我国《收养法》的规定，收养关系的解除有两种形式：一是依当事人的协议而解除；二是依当事人一方的要求而解除。

（一）收养关系的解除方式

1. 协议解除

协议解除，是指收养关系当事人通过协商达成解除收养关系的合意。《收养法》第二十六条第一款规定：“收养人在被收养人成年以前，不得解除收养关系，但收养人、送养人双方协议解除的除外；养子女年满10周岁的，应当征得本人同意。”第二十七条规定：“养父母与成年养子女关系恶化、无法共同生活的，可以协议解除收养关系。”由此可见，收养关系当事人可以协议解除收养关系，但必须符合法律规定的条件和程序，同时也应当尊重当事人的共同意愿。

（1）协议解除的条件。①在被收养人成年以前，解除收养关系须收养人、送养人双方同意，达成一致的意思表示；养子女年满10周岁的，应当征得本人同意。②在被收养人成年后，解除收养关系须征得收养人、被收养人双方同意，意思表示须一致。③协议解除收养关系的，当事人应就解除后的财产和生活问题一并达成协议。

（2）协议解除的程序。《收养法》第二十八条规定：“当事人协议解除收养关系的，应当到民政部门办理解除收养关系的登记。”收养关系当事人协议解除收养关系的，应当持居民户口簿、居民身份证、收养登记证和解除收养关系的书面协议，共同到被收养人常住户口所在地的收养登记机关办理解除收养关系登记。收养登记机关收到解除收养关系登记申请书及有关材料后，应当自次日起30日内进行审查；对符合《收养法》规定的，应当为当事人办理解除收养关系的登记，收回收养登记证，并发给解除收养关系证明。

2. 诉讼解除

诉讼解除，是指当事人不能达成解除收养关系协议的，一方可向人民法院提出诉讼，通过诉讼程序解除收养关系。《收养法》第二十六条第二款规定：“收养人不履行抚养义务，有虐待、遗弃等侵害未成年养子女合法权益行为的，送养人有权要求解除养父母与养子女间的收养关系。送养人、收养人不能达成解除收养关系协议的，可以向人民法院起诉。”第二十七条规定：“养父母与成年养子女关系恶化、无法共同生活的，可以协议解除收养关系。不能达成协议的，可以向人民法院起诉。”据此，收养人、送养人和成年养子女均可在具有法定理由的情形下，向人民法院提出解除收养关系的诉讼请求。

（1）诉讼解除的条件。①在养子女成年前，收养人不履行抚养义务，有虐待、遗弃等侵害未成年养子女合法权益的行为。只有出现这种情况且送养人与收养人间无法达成解除协议时，送养人才有权要求通过诉讼方式解除养父母与养子女间的收养关系。这里只有送养人有权提出，收养人是无权向人民法院提起诉讼的。②在养子女成年后，养父母与养子女关系恶化、无法共同生活的，可以协议解除收养关系。不能达成协议的，双方均可向人民法院起诉解除收养关系。

（2）诉讼解除的程序。当事人一方要求解除收养关系的，应当依诉讼程序办理。人民法院在受理解除收养关系的案件时，应当查明有关事实，以保护当事人特别是未成年人和老人的合法权益为出发点进行考量，首先应对纠纷进行调解；调解无效时，依法作出准予或不准予解除收养关系的判决。依诉讼程序解除收养关系的，收养关系自准予解除收养的调解书或判决书生效之日起解除。

（二）解除收养关系的法律后果

1. 有关当事人的身份及权利义务的变更

《收养法》第二十九条规定：“收养关系解除后，未成年养子女与养父母及其他近亲属间的权利义务关系即行消除，与生父母及其他近亲属间的权利义务关系自行恢复，但成年养子女与生父母及其他近亲属间的权利义务关系是否恢复，可以协商确定。”

由此可知，解除收养关系的直接法律后果是养父母子女关系及养子女与养父母的近亲属关系的终止，不再具有相互间的权利义务关系。同时，未成年的被收养人与生父母及其他近亲属间的权利义务关系自行恢复。如果被收养人已成年，可与生父母协商确定是否恢复相互间的权利义务关系。若恢复，则该子女与其他近亲属间的权利义务关系亦随之恢复。

2. 解除收养关系后的财产问题的处理

《收养法》第三十条规定：“收养关系解除后，经养父母抚养的成年养子女，对缺乏劳动能力又缺乏生活来源的养父母，应当给付生活费。因养子女成年后虐待、遗弃养父母而解除收养关系的，养父母可以要求养子女补偿收养期间支出的生活费和教育费。生父母要求解除收养关系的，养父母可以要求生父母适当补偿收养期间支出的生活费和教育费，但因养父母虐待、遗弃养子女而解除收养关系的除外。”

由该条规定可知，第一，成年养子女对抚养自己成人且缺乏劳动能力又缺乏生活来源的养父母，即使解除了收养关系仍有给付生活费的义务。关于生活费的数额，应就养父母的实际生活需要和成年养子女的负担能力而定，并且不低于当地居民平均的生活费用标准。第二，养父母的补偿请求权要分情形对待，向成年养子女主张，须出现养子女成年后虐待、遗弃养父母而解除收养关系的情况；向生父母主张，前提是生父母要求解除收养关系，但因养父母虐待、遗弃养子女而解除收养关系的，养父母丧失补偿请求权。

【案例分析】

王继祖与王某夫妇可以解除收养关系。本案以协议方式解除收养关系。尽管王继祖与李某已解除了收养关系，但是根据《收养法》第三十条的规定，收养关系解除后，经养父母抚养的成年养子女，对缺乏劳动能力又缺乏生活来源的养父母，应当给付生活费。王继祖从小就被王某和李某收养并抚养成人，因此，王继祖应当按月支付李某生活费。

【拓展阅读】

夫妇私自收养婴儿　两年心血白费被判收养无效

武穴市梅川镇某村村民乐某夫妇，为享受天伦之乐，私自收养他人送养的婴儿。不料两年后，婴儿父母反悔，将乐某夫妇诉至法院。2013 年 3 月 14 日，武穴市人民法院依法确认乐某夫妇与婴儿的收养关系无效。

2010 年 11 月，湖北省武穴市女子吴某与广西籍男子倪某在外务工同居时生下儿子倪某海。后因双方发生争吵分居，吴某遂将倪某海带回武穴市娘家抚养。2011 年 3 月，吴某在家庭和经济的双重压力下，未征得倪某同意，单方将孩子倪某海送给乐某夫妇收养。2012 年 10 月，吴某与倪某重新和好并准备结婚，要求乐某夫妇交还倪某海，遭乐某夫妇拒绝，吴某遂将乐某夫妇告上法院。

法院认为，根据《中华人民共和国收养法》的规定，被收养人、送养人、收养人以及送养条件都必须符合相应的法律规定，并应当在县级以上人民政府的民政部门进行登记。吴某送养倪某海时，未经倪某同意，违反了《收养法》第十条第一款的规定，因此依法确认乐某夫妇与倪某海的收养关系无效。①

【思考与练习】

1. 收养关系成立的实质要件有哪些？
2. 收养关系成立的法定程序有哪些？
3. 收养关系的成立有何法律效力？
4. 简述无效收养的原因及后果。
5. 收养关系解除的条件和程序是什么？

实训五　收养的效力、收养关系的成立与解除

【情景设计】

周某出身农村，但通过自己的努力，毕业后很快成为一家公司的项目经理。1997 年与岳某结婚，婚后生有一子，取名周州。后来周某多次利用工作之便侵吞公司钱款，合计人民币 35 万元。在 1999 年 12 月的审计检查中被发现，周某被判处有期徒刑 10

---

① http://hb.people.com.cn/n/2013/0320/c337099-18326721.html.

年。岳某因长期受此事折磨，于2000年7月精神失常，被送进精神病院；又因岳某的父母患有严重的心脏病，周州（送幼儿园全托）周末便由邻居刘某（女，26岁）代为照看。刘某后因忙于结婚，在未征得岳某及其父母的同意、又没有通知周某的情况下，将3岁的周州送给了非常喜爱孩子且无子女的李某夫妇（两人均已超过45周岁）收养。周某的父母得知孙子被送养后，马上找到李某夫妇，要求将周州领回。李某坚决不同意，并出示了收养协议书（但未办理收养登记）。周某的父母无奈之下，起诉到法院，要求解除李某夫妇与周州的收养关系，由自己履行对周州的抚养义务。

【工作任务】

分析讨论下列问题：

1. 刘某是否有权送养周州？
2. 李某的收养协议是否有效？为什么？
3. 收养关系成立的要件有哪些？本案中关于收养关系成立的要件有何欠缺？
4. 周州应由谁抚养？为什么？
5. 拟定一份收养协议。
6. 本案法院应如何裁判？

【训练方法】

1. 学生分组进行，收养协议要形成书面材料。
2. 结合所学，对上述问题进行充分的讨论。
3. 结合案例完成详细的案例分析报告，并口头进行阐述。

【考核标准】

1. 能全面准确、详尽分析问题，各知识点掌握透彻。
2. 表述逻辑清晰，具有条理性。
3. 收养协议格式正确，内容完备。

单元四 附论

【知识目标】

1. 了解我国法律在处理涉外婚姻、区际婚姻、民族婚姻方面的一般性规定
2. 了解涉外婚姻与区际婚姻的特殊性规定

【能力目标】

1. 能对涉外婚姻、区际婚姻纠纷作出基本的判断
2. 能判断涉外收养的条件及程序

项目一 涉外婚姻家庭关系

【案例导入】

2006年6月，湖北巴东籍女子庄某经他人介绍，与日本大阪籍男子森川某某相识并恋爱。同年9月8日，日本大阪法务局签署证明书，证实森川某某的婚姻状况，中国驻大阪总领事馆予以认证。同年9月15日，庄某与森川某某在湖北省民政厅办理结婚登记手续，但尚未同居生活。领取结婚手续不到1个月，森川某某以回日本为庄某办理出国手续为由离境回国，自此再未与庄某联系，庄某也联系不到森川某某。基于此，庄某于2007年11月27日向巴东县人民法院提起诉讼，要求与森川某某离婚。法院受理庄某的离婚诉讼后，报请湖北省高级人民法院按涉外程序规定送达相应诉讼文书，湖北高院又将相应材料报司法部，司法部将材料翻译成日文后按涉外文书送达条约规定转交日本相关部门。2008年6月16日，日本大阪地方裁判所向中方出具无法送达的证明书。通过外交途径无法送达相应文书后，巴东县人民法院遂依据最高人民法院关于涉外送达的司法解释，于同年10月6日采用公告送达方式，为日本大阪籍男子森川某某送达诉讼文书。在按法定程序完善相关送达手续后，巴东县人民法院于2009年5月18日公开开庭对案件进行了审理。森川某某未到庭参加诉讼。

【问题】

请问法院可以判决庄某与日籍男子森川某某离婚吗？

【基本原理】

涉外婚姻家庭关系指的是一国公民与外国人在缔结婚姻后产生的一切和婚姻、家

庭有关的人身财产关系。中华人民共和国公民和外国人结婚，适用婚姻缔结地法律；离婚适用受理案件的法院所在地法律；收养的条件和手续，适用收养人和被收养人经常居所地法律。

一、涉外婚姻家庭关系概述及法律适用问题

涉外婚姻，指的是一国公民同外国人（包括无国籍人）的婚姻，包括涉外结婚、离婚和复婚。

涉外婚姻家庭关系需要解决的基本问题就是在适用法律时需要解决不同国家的婚姻家庭法的冲突问题。我国现行的《婚姻法》没有对此作出专门的规定。1983 年 8 月 26 日民政部颁布实施的《中国公民与外国人办理结婚登记的几项规定》仅对我国境内发生的涉外结婚、离婚问题作了规定，但未全面规定涉外婚姻家庭关系的法律适用问题；1987 年 1 月 1 日实施的《民法通则》第八章规定了涉外民事法律关系的法律适用；2003 年 10 月 1 日施行的《婚姻登记条例》也对涉外婚姻关系作了相关规定。自 2011 年 4 月 1 日起施行的《中华人民共和国涉外民事关系法律适用法》对于涉外婚姻的法律适用进行了新的规定。

根据以上法律法规，我国涉外婚姻家庭关系的法律适用原则为：我国公民和外国人结婚适用婚姻缔结地法律，离婚适用受理案件的法院所在地的法律。凡涉外婚姻当事人在我国境内结婚或离婚的，都必须按照我国法律的规定办理。

二、涉外结婚

（一）结婚条件与结婚手续

根据“结婚适用婚姻缔结地法律”的原则，《中华人民共和国涉外民事关系法律适用法》第二十一条对结婚条件作出如下规定：“适用当事人共同经常居所地法律；没有共同经常居所地的，适用共同国籍国法律；没有共同国籍，在一方当事人经常居所地或者国籍国缔结婚姻的，适用婚姻缔结地法律。”

（二）涉外结婚登记程序

对于结婚手续，《中华人民共和国涉外民事关系法律适用法》第二十二条规定：“符合婚姻缔结地法律、一方当事人经常居所地法律或者国籍国法律的，均为有效。”所以说，在中国境内进行结婚登记的涉外婚姻，应遵守中国相关法律法规的规定，符合《婚姻法》的基本原则，遵循一定的法律程序，遵守相关限制性规定，婚姻即有效成立。

对于在中国境内进行结婚登记的涉外婚姻，程序上有以下限制：

1. 结婚主体

民政部《中国公民与外国人办理结婚登记的几项规定》第四条对涉外婚姻中的中国公民作出了限制：凡我国的现役军人、外交人员、公安人员、机要人员和其他掌握重大机密的人员以及正在劳动教养和服刑的人员，不准与外国人结婚。对其他人与外国人结婚未作限制。

2. 登记机关

在我国，中国公民与外国公民在中国境内自愿办理结婚登记的，应共同到中国公民常住户口所在地的婚姻登记机关办理结婚登记。办理涉外婚姻的登记机关为省、自

治区、直辖市人民政府民政部门或者省、自治区、直辖市人民政府民政部门确定的机关。

3. 办理结婚登记应出具的证件和证明材料

办理结婚登记的内地居民应当出具下列证件和证明材料：①本人的户口簿、身份证；②本人无配偶以及与对方当事人没有直系血亲和三代以内旁系血亲关系的签字声明。

办理结婚登记的外国人应当出具下列证件和证明材料：①本人的有效护照或者其他有效的国际旅行证件；②所在国公证机构或者有权机关出具的、经中华人民共和国驻该国使（领）馆认证或者该国驻华使（领）馆认证的本人无配偶的证明，或者所在国驻华使（领）馆出具的本人无配偶的证明。如果是再婚的，再婚者须出具离婚证件或配偶死亡证明。通常，离婚证件须经我国驻该国使（领）馆认证，或由该国使领馆直接认证。

一般来说，我国对于外国留学生中的中专、大专和本科学生在校学习期间向民政部门申请登记结婚的，一般不得办理。其他学生如进修生、研究生等要求与中国公民结婚的，除持有上述证明外，还须持有所在院校的学业证明。

涉外婚姻中的复婚程序，按结婚程序来办理。

三、涉外离婚

（一）离婚登记

我国法律规定：涉外婚姻双方自愿协议离婚的，当事人可以协议选择适用一方当事人经常居所地法律或者国籍国法律。根据《婚姻登记条例》第十、十一条的规定："中国公民同外国人在中国内地自愿离婚的，男女双方应当共同到内地居民常住户口所在地的婚姻登记机关办理离婚登记。"

双方都需要提供的材料有：

（1）本人的结婚证；

（2）双方当事人共同签署的离婚协议书。

此外，内地居民须提供本人的户口簿、身份证；外国人需要出具本人的有效护照或者其他有效国际旅行证件。

法条链接

《中华人民共和国涉外民事关系法律适用法》第二十六条：协议离婚，当事人可以协议选择适用一方当事人经常居所地法律或者国籍国法律。当事人没有选择的，适用共同经常居所地法律；没有共同经常居所地的，适用共同国籍国法律；没有共同国籍的，适用办理离婚手续机构所在地法律。

还需要注意的是，涉外协议离婚的双方当事人必须具有完全民事行为能力，一方或者双方当事人为限制民事行为能力人或者无民事行为能力人的，不适用涉外协议离婚，而应当诉讼离婚。

（二）离婚诉讼

1. 关于涉外离婚的法院管辖问题

在我国，《中华人民共和国涉外民事关系法律适用法》明确规定了诉讼离婚，适用法院地法。涉外婚姻无论是因为当事人双方无法就离婚协议达成一致而在我国境内诉讼离婚，还是一方要求离婚的，应向内地居民常住户口所在地的人民法院进行起诉。人民法院应依法进行调解，调解不成的，依法判决。

对国外一方在居住国法院起诉，国内一方向人民法院起诉的情况，我国人民法院都有权受理。判决后，国外法院申请或者当事人请求我国法院承认和执行外国法院对本案作出的判决、裁定的，不予准许。但双方所在国共同参加或签订的国际条约另有规定的除外。

2. 关于涉外离婚的委托律师行为

在国内的一方提出离婚诉讼，须按我国《民事诉讼法》及相关法律进行委托。

在国外的一方，可以不回国，直接委托律师在国内办理离婚。

离婚案件中的一方或双方，可以在不回国的情况下，委托律师代为办理离婚案件。但当事人必须向法院出具委托书和意见书，委托书和意见书须经当地公证机关公证、我国驻外使领馆认证，亦可由我国驻外使领馆直接公证。意见书包括同意离婚或不同意离婚的书面意见，要求离婚或同意离婚的，还要出具公证后的对有关财产的分割、子女抚养等的书面处理意见。

3. 处理涉外离婚还应注意的问题

人民法院审理涉外离婚案件，应根据我国《婚姻法》第三十二条和有关规定判决。对于因离婚而引起的子女抚养费用的负担、夫妻共同财产的分割、债务的清偿、一方对他方的经济帮助、离婚的损害赔偿等问题，也应按我国《婚姻法》的规定一并处理。

中国公民与外国人的涉外离婚，子女的抚养、经济帮助、损害赔偿等费用，如果是外国人一方负有给付的义务，应当一次性给付。这是因为我国目前与多数国家尚未签订司法协助协议，为保护我国公民及其子女的合法权益，防止判决执行不便，采取这种方法是很有必要的。

四、涉外收养

在我国，涉外收养有广义和狭义之分。广义的涉外收养，是指含有涉外因素的收养，即在收养人与被收养人之间至少有一方为外国人。狭义的涉外收养，是指外国人或无国籍人在中华人民共和国境内收养中国公民的子女。我国《收养法》第二十一条规定："外国人依照本法可以在中华人民共和国收养子女。"对外国人在中华人民共和国收养子女，我国法律要求：除应当符合中国收养法的有关规定外，还应当符合收养人所在国的有关收养法。因收养人所在国法律的规定与中国法律的规定不一致而产生的问题，由两国政府有关部门协商处理。

> **法条链接**
>
> 《中华人民共和国涉外民事关系法律适用法》第二十八条：收养的条件和手续，适用收养人和被收养人经常居所地法律。收养的效力，适用收养时收养人经常居所地法律。收养关系的解除，适用收养时被收养人经常居所地法律或者法院地法律。

（一）涉外收养的法律适用

涉外收养所适用的法律除了《中华人民共和国收养法》外，还有《外国人在中华人民共和国收养子女登记办法》以及《中华人民共和国涉外民事关系法律适用法》等。

（二）涉外收养的条件

《中华人民共和国涉外民事关系法律适用法》第二十八条规定："收养的条件和手续，适用收养人和被收养人经常居所地法律。"也就是说，外国人在华收养子女，既要满足我国有关收养法律的规定，又要满足收养人所在国家有关收养法律的规定。如果两个法律规定有不一致的，由两国政府相关部门协商处理。

（三）涉外收养的程序

1. 外国收养人应遵循的程序与进行收养需要满足的条件

外国人在华收养子女，应当通过所在国政府或者政府委托的收养组织（以下简称外国收养组织）向中国政府委托的收养组织（以下简称中国收养组织）转交收养申请并提交收养人的家庭情况报告和证明。

外国收养人的收养申请、家庭情况报告和证明，是指由其所在国有权机构出具，经其所在国外交机关或者外交机关授权的机构认证，并经中华人民共和国驻该国使馆或者领馆认证的下列文件：

（1）跨国收养申请书；

（2）出生证明；

（3）婚姻状况证明；

（4）职业、经济收入和财产状况证明；

（5）身体健康证明；

（6）有无受过刑事处罚的证明；

（7）收养人所在国主管机关同意其跨国收养子女的证明；

（8）家庭情况报告，包括收养人身份、收养的合理性和适当性、家庭状况和病史、收养动机以及适合于照顾儿童的特点等。

在华工作或者学习连续居住一年以上的外国人在华收养子女，应当提交前款规定的除身体健康检查证明以外的文件，并应当提交在华所在单位或者有关部门出具的婚姻状况证明，职业、经济收入或者财产状况证明，有无受过刑事处罚证明以及县级以上医疗机构出具的身体健康检查证明。

2. 送养人应遵循的程序与送养需要满足的条件

送养人应当向省、自治区、直辖市人民政府民政部门提交本人的居民户口簿和居民身份证（社会福利机构作送养人的，应当提交其负责人的身份证件），被收养人的户籍证明等情况证明，并根据不同情况提交下列有关证明材料：

（1）被收养人的生父母（包括已经离婚的）为送养人的，应当提交生父母有特殊困难无力抚养的证明和生父母双方同意送养的书面意见。其中，被收养人的生父或者生母因丧偶或者一方下落不明，由单方送养的，应当提交配偶死亡或者下落不明的证明以及死亡的或者下落不明的配偶的父母不行使优先抚养权的书面声明。

（2）被收养人的父母均不具备完全民事行为能力，由被收养人的其他监护人作送养人的，应当提交被收养人的父母不具备完全民事行为能力且对被收养人有严重危害的证明以及监护人有监护权的证明。

（3）被收养人的父母均已死亡，由被收养人的监护人作送养人的，应当提交其生父母的死亡证明、监护人实际承担监护责任的证明，以及其他有抚养义务的人同意送养的书面意见。

（4）社会福利机构作送养人的，应当提交弃婴、儿童被遗弃和发现的情况证明以及查找其父母或者其他监护人的情况证明；被收养人是孤儿的，应当提交孤儿父母的死亡或者宣告死亡证明，以及有抚养孤儿义务的其他人同意送养的书面意见。

（5）送养残疾儿童的，还应当提交县级以上医疗机构出具的该儿童的残疾证明。

3. 相关政府机关对送养人的审查

省、自治区、直辖市人民政府民政部门应当对送养人提交的证件和证明材料进行审查，为查找不到生父母的弃婴和儿童公告查找其生父母。认为被收养人、送养人符合《收养法》规定条件的，将符合《收养法》规定的被收养人、送养人名单通知中国收养组织，同时转交下列证件和证明材料：

（1）送养人的居民户口簿和居民身份证（社会福利机构作送养人的，为其负责人的身份证件）复印件；

（2）被收养人是弃婴或者孤儿的证明、户籍证明、成长情况报告和身体健康检查证明的复印件及照片。

省、自治区、直辖市人民政府民政部门查找弃婴或者儿童生父母的公告应当在省级地方报纸上刊登。自公告刊登之日起满60日，弃婴和儿童的生父母或者其他监护人未认领的，视为查找不到生父母的弃婴和儿童。

4. 涉外收养的批准与通知

中国收养组织对外国收养人的收养申请和有关证明进行审查后，应当在省、自治区、直辖市人民政府民政部门报送的符合《收养法》规定条件的被收养人中，参照外国收养人的意愿，选择适当的被收养人，并将该被收养人及其送养人的有关情况通过外国政府或者外国收养组织送交外国收养人。外国收养人同意收养的，中国收养组织向其发出来华收养子女通知书，同时通知有关的省、自治区、直辖市人民政府民政部门向送养人发出被收养人已被同意收养的通知。

5. 涉外收养登记

根据我国法律，进行涉外收养的登记还应注意以下事项：

（1）外国收养人应当亲自办理收养登记。外国人来华收养子女，应当亲自来华办理登记手续。夫妻共同收养的，应当共同来华办理收养手续；一方因故不能来华的，应当书面委托另一方。委托书应当经所在国公证和认证。

（2）收养人与送养人应当订立收养协议。外国人来华收养子女，应当与送养人订立书面收养协议。协议一式三份，收养人、送养人各执一份，办理收养登记手续时收养登记机关收存一份。

（3）涉外收养登记的机关。书面协议订立后，收养关系当事人应当共同到被收养人常住户口所在地的省、自治区、直辖市人民政府民政部门办理收养登记。

（4）办理涉外收养登记应当提交的材料。收养关系当事人办理收养登记时，应当填写外国人来华收养子女登记申请书并提交收养协议，同时分别提供有关材料。收养人应当提供中国收养组织发出的来华收养子女通知书及收养人的身份证件和照片。送养人应当提供省、自治区、直辖市人民政府民政部门发出的被收养人已被同意收养的通知及送养人的居民户口簿和居民身份证（社会福利机构作送养人的，为其负责人的身份证件）、被收养人的照片。

（5）涉外收养审查与登记。收养登记机关收到外国人来华收养子女登记申请书和收养人、被收养人及其送养人的有关材料后，应当自次日起 7 日内进行审查，对符合收养法和外国人在中华人民共和国收养子女登记办法的，为当事人办理收养登记，发给收养登记证书。收养关系自登记之日起成立。收养登记机关将登记结果通知中国收养组织。

（6）收养关系当事人办理收养登记后，各方或者一方要求办理收养公证的，应当到收养登记地的具有办理涉外公证资格的公证机构办理收养公证。

【案例分析】

只要夫妻感情确已破裂或未建立感情，法院就可以判决离婚。法院审理后认为，庄某与森川某某短时间相识后即确立恋爱关系，且登记结婚后，一直未在一起生活，双方未建立起真正的夫妻感情。森川某某离境回国后，未再与庄某联系，双方夫妻关系的现状名存实亡，无和好可能。由于森川某某下落不明，法院已采取公告送达方式来完成对被告的通知义务，公告送达60 日的公告期一满，即便被告不出庭，法院亦可缺席判决。据此，法院依据《婚姻法》的相关规定，一审判决准予庄某与森川某某离婚。

【拓展阅读】

1. 齐湘泉．涉外民事关系法律适用法：婚姻、家庭、继承论．北京：法律出版社，2005．

2. 刘懿彤．涉外离婚管辖权研究．北京：法律出版社，2013．

【思考与练习】

1. 如何处理涉外离婚问题？

2. 外国人在我国收养子女应办理哪些手续？

项目二　区际婚姻家庭关系

【案例导入】

原告贺某某（湖南隆回人）与被告陈某（台北人）经人介绍相识，很快确立恋爱关系，并于2006年11月6日在湖南省民政厅登记结婚。但被告在与贺某某交往期间，隐瞒了一个重要事实：2006年3月，被告陈某因犯罪被取保候审。两人在陈某取保候审期间登记结婚。陈某在登记结婚后不久回到台湾，因涉嫌犯罪于2007年1月16日被收押，同年4月经当地法院判处有期徒刑8年零2个月，现在在台湾省花莲监狱服刑。贺某某得知真相后，遂向人民法院起诉要求离婚。被告陈某出具书面意见，表示同意无条件与原告贺某某离婚。另查明，原、被告在婚姻关系存续期间，没有生育子女，也无共同财产和共同债务。

【问题】

请问，法院能否判决贺某某与陈某离婚?

【基本原理】

区际婚姻家庭关系是指一个主权国家内部，在不同地区之间因为存在不同法域从而造成相互之间通婚后产生的一切和婚姻、家庭有关的人身财产关系。在处理区际婚姻家庭关系上，我国法律的基本原则是参照涉外婚姻家庭关系适用的法律来处理。

一、区际婚姻家庭关系概述

（一）区际法律冲突与我国区际婚姻家庭法律冲突

区际法律冲突，是指在一个主权国家的范围内不同地区法律制度之间在同一层面上的冲突。在我国，存在着四个相对独立的法律领域。在“一国两制”的基本国策的管辖下，内地、港、澳、台在社会制度和法制建设实践中存在一定差异，由于两岸三地沟通日益频繁，发生区际法律冲突的情况也越发多见。

中国成为较为复杂的区际法律冲突国家，既是由国内社会特定的历史条件和社会格局所决定，又是国家社会结构历史发展的客观走向。有学者认为，在一国内部，区际法律冲突的产生须具备以下条件：第一，在一国内部，存在着数个具有不同的法律制度的法域；第二，各法域人民之间的民事交往导致产生众多的区际民事法律关系；第三，各法域相互承认外法域的自然人和法人在本法域的民事法律地位；第四，各法域相互承认外法域的法律在本法域内的域外效力。在这种情况下，区际法律冲突不可避免，采取适当的措施来面对和合理解决区际法律冲突，对于促进我国两岸三地之间的交流，稳定社会秩序，有效保护各法律领域的居民的合法权益具有十分重要的意义。

近年来，中国内地、香港、澳门、台湾地区居民来往日益频繁，在两岸三地之间缔结婚姻家庭关系也越来越平常。但是，在四个不同法律领域中，婚姻家庭法的相关规定既有相同之处又存在差异，区际婚姻家庭法律冲突的产生也是不可避免的。我国的区际婚姻家庭冲突是单一制国家主体和特别行政区享有高度自治权的法律冲突，也是在不同社会制度下发生的冲突，主要表现为两大法系之间的冲突。

二、内地涉及华侨、港澳台地区居民的婚姻家庭关系

（一）结婚

1. 华侨在中国境外结婚登记

对于华侨在中国境外结婚，我国政府一贯的原则是支持鼓励的，华侨可按居住国的法律在当地办理结婚登记程序，只要结婚时所适用的法律不违反我国《婚姻法》的基本原则，国家均承认其效力。如果华侨居住国政府承认外国使馆办理结婚登记的，只要结婚双方都是中国华侨，便可到我国的使（领）馆申请结婚，按我国法律办理结婚手续。

2. 涉侨、涉港澳台居民在中国境内结婚登记

内地居民与华侨、港澳台居民在内地结婚，其基本原则和程序完全适用我国法律的相关规定，仅在手续上有某些特殊规定。

（1）婚姻登记机关

《婚姻登记条例》第二条第二款明确规定："中国公民同外国人，内地居民同香港特别行政区居民（以下简称香港居民）、澳门特别行政区居民（以下简称澳门居民）、台湾地区居民（以下简称台湾居民）、华侨办理婚姻登记的机关是省、自治区、直辖市人民政府民政部门或者省、自治区、直辖市人民政府民政部门确定的机关。"

（2）办理结婚登记应出具的证件和证明材料

办理结婚登记的华侨应当出具下列证件和证明材料：①本人的有效护照；②居住国公证机构或者有权机关出具的、经中华人民共和国驻该国使（领）馆认证的本人无配偶以及与对方当事人没有直系血亲和三代以内旁系血亲关系的证明，或者中华人民共和国驻该国使（领）馆出具的本人无配偶以及与对方当事人没有直系血亲和三代以内旁系血亲关系的证明。

办理结婚登记的香港居民、澳门居民、台湾居民应当出具下列证件和证明材料：①本人的有效通行证、身份证；②经居住地公证机构公证的本人无配偶以及与对方当事人没有直系血亲和三代以内旁系血亲关系的声明。

涉侨、涉港澳台的复婚登记，适用结婚登记程序。

（二）离婚

1. 离婚登记

我国《婚姻登记条例》第十条第二款明确规定："内地居民同香港居民、澳门居民、台湾居民、华侨在中国内地自愿离婚的，男女双方应当共同到内地居民常住户口所在地的婚姻登记机关办理离婚登记。"

双方都须提供的材料有：

（1）本人的结婚证；

（2）双方当事人共同签署的离婚协议书。

此外，内地居民须提供本人的户口簿、身份证；港澳台居民须出具本人有效的通行证、身份证；华侨应出具本人的有效护照或者其他有效国际旅行证件。

法条链接

《婚姻登记条例》第十一条：办理离婚登记的内地居民应当出具下列证件和证明材料：

（一）本人的户口簿、身份证；

（二）本人的结婚证；

（三）双方当事人共同签署的离婚协议书。

办理离婚登记的香港居民、澳门居民、台湾居民、华侨、外国人除应当出具前款第（二）项、第（三）项规定的证件、证明材料外，香港居民、澳门居民、台湾居民还应当出具本人的有效通行证、身份证，华侨、外国人还应当出具本人的有效护照或者其他有效国际旅行证件。

离婚协议书应当载明双方当事人自愿离婚的意思表示以及对子女抚养、财产及债务处理等事项协商一致的意见。

2. 离婚诉讼

涉侨、涉港澳台婚姻的离婚问题，如果一方不能到婚姻登记机关申请离婚的，或者其中一方要求离婚的，又或者当事人双方无法就子女抚养、财产及债务处理等事项协商一致的，可由相关部门进行调解或者直接向内地居民一方住所地或者经常居住地的人民法院提起离婚诉讼。

（三）收养

根据民政办1999年5月20日发布的《华侨及居住在香港、澳门、台湾地区的中国公民办理收养登记的管辖以及所需要出具的证件和证明材料的规定》，华侨、港澳台同胞在内地收养子女的应遵循以下规定：

1. 收养机关

华侨以及住在香港、澳门、台湾地区的中国公民在内地收养子女的，应当到被收养人常住户口所在地的直辖市、设区的市、自治州人民政府民政部门或者地区（盟）行政公署民政部门申请办理收养登记。

2. 收养人应出具的证件、证明材料

（1）居住在已与中国建立外交关系的国家的华侨申请办理成立收养关系的登记时，应当提交收养申请书和下列证件、证明材料：①护照；②收养人居住国有权机构出具的收养人的年龄、婚姻、有无子女、职业、财产、健康、有无受过刑事处罚等状况的证明材料，该证明材料应当经居住国外交机关或者外交机关授权的机构认证，并经中国驻该国使领馆认证。

（2）居住在未与中国建立外交关系的国家的华侨申请办理成立收养关系的登记时，应当提交收养申请书和下列证件、证明材料：①护照；②收养人居住国有权机构出具的收养人的年龄、婚姻、有无子女、职业、财产、健康、有无受过刑事处罚等状况的证明材料，该证明材料应当经其居住国外交机关或者外交机关授权的机构认证，并经已与中国建立外交关系的国家驻该国使领馆认证。

（3）香港居民中的中国公民申请办理成立收养关系的登记时，应当提交收养申请书和下列证件、证明材料：①香港居民身份证、香港居民来往内地通行证或者香港同胞回乡证；②经国家主管机关委托的香港公证人证明的收养人的年龄、婚姻、有无子女、职业、财产、健康、有无受过刑事处罚等状况的证明材料。

(4) 澳门居民中的中国公民申请办理成立收养关系的登记时，应当提交收养申请书和下列证件、证明材料：①澳门居民身份证、澳门居民来往内地通行证或者澳门同胞回乡证；②澳门地区有权机构出具的收养人的年龄、婚姻、有无子女、职业、财产、健康、有无受过刑事处罚等状况的证明材料。

(5) 台湾居民申请办理成立收养关系的登记时，应当提交收养申请书和下列证件、证明材料：①在台湾地区居住的有效证明；②中华人民共和国主管机关签发或签注的有效期内的旅行证件；③经台湾地区公证机构公证的收养人的年龄、婚姻、有无子女、职业、财产、健康、有无受过刑事处罚等状况的证明材料。

【案例分析】

在本案中，原告贺某某与被告陈某婚前感情基础较差，且陈某在婚前还隐瞒了重要事实，婚后双方共同生活时间较短，而且目前双方均同意离婚，法院遂作出准予离婚的判决。

【拓展阅读】

1. 程维荣，袁奇钧．婚姻家庭法律制度比较研究．北京：法律出版社，2011.
2. 白红平．中澳婚姻家庭法律制度比较研究．北京：法律出版社，2012.

【思考与练习】

1. 内地居民与华侨、港澳台居民在内地结婚，在办理结婚登记时有哪些特殊规定？
2. 华侨、港澳台同胞在内地收养子女的应遵循哪些规定？

项目三　民族婚姻家庭关系

【案例导入】

甲男和乙女是贵州南部望谟县布依族的一对恋人，2001 年刚到结婚年龄的甲男和乙女按照当地的习俗举行了结婚仪式。由于居住在边远山区，交通极为不便，当地大多数人都不办理结婚登记手续。甲男与乙女也没有去民政部门办理结婚登记。婚后，二人育有两个女儿，后因家庭琐事两人感情渐渐淡漠。甲男向乙女提出离婚，乙女不同意。甲男遂向法院起诉要求离婚。

【问题】

请问法院应当如何处理？

【基本原理】

一、民族婚姻的含义

民族婚姻在我国婚姻法中主要指的是我国少数民族中各民族内部，不同的民族之间以及少数民族与汉族男女之间的结婚、离婚、复婚等婚姻法管辖的行为关系。

二、民族婚姻在婚姻法中的原则和变通

在我国，婚姻法规定的婚姻自由、男女平等、一夫一妻的婚姻制度，保护妇女、儿童和老人等弱势群体的合法权益，禁止重婚，禁止家庭暴力，禁止家庭成员间的虐待和遗弃等基本原则以及其他有关规定是正确的，也是符合我国各族人民的根本利益的，在各民族自治地方同样适用。

我国《宪法》和《民族区域自治法》均规定，各民族“都有保持或者改革自己的风俗习惯的自由”，婚姻家庭方面也不例外。比如我国《婚姻法》对男女结婚年龄的规定：“结婚年龄，男不得早于22周岁，女不得早于20周岁。晚婚者应予以鼓励。”根据少数民族的婚姻习惯，尤其是生活在农村、牧区的少数民族，历来有早恋、早婚的习俗，因此，我国许多少数民族地区都规定：“（结婚）男不得早于20周岁，女不得早于18周岁。”总的来说，我国关于民族婚姻的变通主要表现在以下几点：

（一）法定婚龄与晚婚的规定

我国各自治地方一般都将婚龄定为男不得早于20周岁，女不得早于18周岁。但对于晚婚的规定各有不同：第一类是有明确提倡晚婚的，例如：1982年施行的《青海省黄南藏族自治州关于施行〈中华人民共和国婚姻法〉的补充规定》规定：“提倡晚婚，实行计划生育。”自1984年1月起试行的《紫云苗族布依族自治县执行〈中华人民共和国婚姻法〉变通规定》规定：“晚婚晚育应予鼓励。”1985年批准试行的贵州省《黔南布依族苗族自治州执行〈中华人民共和国婚姻法〉的变通规定（试行）》也规定：“提倡晚婚晚育。”第二类是未明确提倡晚婚，如1989年施行的《甘肃省甘南藏族自治州施行〈中华人民共和国婚姻法〉结婚年龄变通规定》就只规定了婚龄。第三类是没有规定晚婚，但明确禁止早婚，如《新疆维吾尔自治区执行〈中华人民共和国婚姻法〉的补充规定》规定：“少数民族公民的结婚年龄，男不得早于20周岁，女不得早于18周岁；禁止未达结婚年龄的男女预先订婚。”第四类是将少数民族和汉族的结婚年龄进行区别对待，如1988年修改过的《内蒙古自治区执行〈中华人民共和国婚姻法〉的补充规定》规定：“居住在内蒙古自治区的蒙古族和其他少数民族，结婚年龄，男不得早于20周岁，女不得早于18周岁。汉族男女同蒙古族和其他少数民族男女结婚的，汉族一方年龄按《中华人民共和国婚姻法》的规定执行。”

（二）关于禁止近亲结婚的规定

少数民族多居住在偏远的山区，人口稀少，交通不便，在族内通婚的情况并不少见，近亲结婚的情况容易发生，在少数民族婚姻法的变通规定中，多为鼓励提倡三代以内不得近亲结婚。如内蒙古自治区大力提倡三代以内的旁系血亲不结婚；宁夏回族自治区规定，禁止三代以内的旁系血亲结婚，回族推迟自1983年1月1日起执行。

（三）禁止宗教干涉婚姻的规定

我国宪法规定公民有宗教信仰自由，国家保护正常的宗教活动，但不得利用宗教力量对婚姻家庭进行非法干涉。大多数少数民族都信仰宗教。如藏族信仰喇嘛教、回族信仰伊斯兰教、傣族信仰佛教等。因此，一些民族自治地方专门制定禁止宗教干涉婚姻家庭的条例，如新疆、西藏等。

（四）少数民族婚嫁仪式中的规定

我国的少数民族的婚嫁仪式各具特色、丰富多彩，反映了各民族文化和历史的发展。如：傣族男女结婚要请寨中有威望的老人祝福，并在新郎、新娘手上拴线，以示吉祥；景颇族结婚时，男方先将姑娘“偷”回家中，然后再提亲、宴请宾客；有的民族男女双方自愿举行“抢婚”等。这些传统的仪式，大多数并不违背婚姻法的基本原则，应当予以尊重和保护。如西藏规定，对各少数民族传统的婚嫁仪式，在不妨碍婚姻自由的前提下，应予尊重。

（五）关于少数民族婚嫁习俗的规定

少数民族一直以来发展得比汉族慢，关于婚嫁有各种古时候流传下来不好的习俗，在婚姻法民族变通规定中对这些习俗有相当程度的改革。这些改革涉及婚姻家庭的许多方面，由于各民族自治地方的情况不同，许多规定各有其针对性。如西藏规定：“废除一夫多妻、一妻多夫等封建婚姻，对执行本条例之前形成的上述婚姻关系，凡不主动提出解除婚姻关系者，准予维持。对该条例实施后形成的一夫多妻或一妻多夫的结合，应按重婚论处。”此外，有些少数民族群众结婚不办理登记，离婚不经法定程序，致使婚姻的成立和解除得不到法律的保护，当事人特别是女方的权益得不到有效的保障，有的地方甚至存在“休妻”的离婚方式。因此，许多民族自治地方都强调结婚、离婚必须办理法律手续。如新疆规定，禁止一方用口头或文字通知对方的方法离婚。

（六）关于实行计划生育基本国策的规定

计划生育是我国婚姻法的基本原则之一，但由于少数民族地区的人口、经济、文化等情况的特殊性，国家对少数民族是否实行计划生育并没有强制规定。一般情况下是对少数民族的生育政策进行适当的放宽，即一对夫妻可以生育两胎，有特殊情况的可以生育三胎。有的民族地区侧重宣传生命科学知识，做好妇幼保健工作，不作生育数量要求。

（七）不同民族通婚的规定

关于不同民族之间通婚的问题，我国《婚姻法》并没有作出限制性的规定。一些自治地方对此作了补充，明确规定不同民族之间可以通婚。如宁夏规定，回族同其他民族的男女自愿结婚，任何人不得干涉。有些民族自治地方的规定还涉及保护寡妇的婚姻自由、非婚生子女的保护以及子女的姓氏问题等内容。

法条链接

《婚姻法》第五十条：民族自治地方的人民代表大会有权结合当地民族婚姻家庭的具体情况，制定变通规定。自治州、自治县制定的变通规定，报省、自治区、直辖市人民代表大会常务委员会批准后生效。自治区制定的变通规定，报全国人民代表大会常务委员会批准后生效。

【案例分析】

甲男和乙女因未办理结婚登记手续，不属于合法有效的婚姻。但该地很多少数民族结婚只按民族习惯举行婚礼，不进行结婚登记。依据我国《婚姻法》及相关司法解释的态度，对此不主动干预，也不承认其效力。一般法院在审理这类案件的过程中，亦不认可其婚姻的合法性与有效性，但是为免产生抵触情绪，仍参照有效婚姻的处理原则处理子女抚养及财产分割问题。通常为了避免在裁判文书中认定其婚姻无效，法院对该类案件会加大调解力度。在本案中，法官大力促成双方的调解，最终甲男和乙女在子女及财产问题上达成一致意见，调解结案。如此，既照顾了当事人的情面，也不违背法律的规定。

【拓展阅读】

1. 雷明光．中国少数民族婚姻家庭法律制度研究．北京：中央民族大学出版社，2009.

2. 沈乾芳．社会变革时期的彝族婚姻形态研究．北京：民族出版社，2011.

【思考与练习】

1. 我国民族婚姻的变通规定主要有哪些?

2. 怎样促使民族婚姻的双方当事人进行结婚登记?

附录一

中华人民共和国婚姻法

1980 年 9 月 10 日第五届全国人民代表大会第三次会议通过
根据 2001 年 4 月 28 日第九届全国人民代表大会常务委员会第二十一次会议
《关于修改〈中华人民共和国婚姻法〉的决定》修正

第一章　总　则

第一条　本法是婚姻家庭关系的基本准则。

第二条　实行婚姻自由、一夫一妻、男女平等的婚姻制度。保护妇女、儿童和老人的合法权益。实行计划生育。

第三条　禁止包办、买卖婚姻和其他干涉婚姻自由的行为。禁止借婚姻索取财物。禁止重婚。禁止有配偶者与他人同居。禁止家庭暴力。禁止家庭成员间的虐待和遗弃。

第四条　夫妻应当互相忠实，互相尊重，家庭成员间应当敬老爱幼，互相帮助，维护平等、和睦、文明的婚姻家庭关系。

第二章　结　婚

第五条　结婚必须男女双方完全自愿，不允许任何一方对他方加以强迫或任何第三者加以干涉。

第六条　结婚年龄，男不得早于二十二周岁，女不得早于二十周岁。晚婚者应予以鼓励。

第七条　有以下情形之一的，禁止结婚：

（一）直系血亲和三代以内旁系血亲；

（二）患有医学上认为不应当结婚的疾病。

第八条　要求结婚的男女双方须亲自到婚姻登记机关进行结婚登记。符合本法规定的，予以登记，发给结婚证。取得结婚证，即确立夫妻关系。未办理结婚登记的，应当补办登记。

第九条　登记结婚后，根据男女双方约定，女方可以成为男方家庭的成员，男方可以成为女方家庭的成员。

第十条　有以下情形之一的，婚姻无效：

（一）重婚的；

（二）有禁止结婚的亲属关系的；

（三）婚前患有医学上认为不应当结婚的疾病，婚后尚未治愈的；

（四）未到法定婚龄的。

第十一条 因胁迫结婚的，受胁的一方可以向婚姻登记机关或人民法院请求撤销该婚姻。受胁迫的一方撤销婚姻的请求，应当自结婚登记之日起一年内提出。被非法限制人身自由的当事人请求撤销婚姻的，应当自恢复人身自由之日起一年内提出。

第十二条 无效或被撤销的婚姻，自始无效。当事人不具有夫妻的权利和义务。同居期间所得的财产，由当事人协议处理；协议不成时，由人民法院根据照顾无过错方的原则判决。对重婚导致的婚姻无效的财产处理，不得侵害合法婚姻当事人的财产权益。当事人所生的子女，适用本法有关父母子女的规定。

第三章 家庭关系

第十三条 夫妻在家庭中地位平等。

第十四条 夫妻双方都有各用自己姓名的权利。

第十五条 夫妻双方都有参加生产、工作、学习和社会活动的自由。一方不得对他方加以限制或干涉。

第十六条 夫妻双方都有实行计划生育的义务。

第十七条 夫妻在婚姻关系存续期间所得的以下财产，归夫妻共同所有：

（一）工资、奖金；

（二）生产、经营的收益；

（三）知识产权的收益；

（四）继承或赠与所得的财产，但本法第十八条第三项规定的除外；

（五）其他应当归共同所有的财产。夫妻对共同所有的财产有平等的处理权。

第十八条 有下列情形之一的，为夫妻一方的财产：

（一）一方的婚前财产；

（二）一方因身体受到伤害获得的医疗赔偿、残疾人生活补助等费用；

（三）遗嘱或赠与合同中确定只归夫或妻一方的财产；

（四）一方专用的生活用品；

（五）其他应当归一方的财产。

第十九条 夫妻可以约定婚姻关系存续期间所得的财产以及婚前财产归各自所有、共同所有或部分各自所有、共同所有。约定应当采用书面形式。没有约定或约定不明确的，适用本法第十七条、第十八条的规定。

夫妻对婚姻关系存续期间所得的财产以及婚前财产的约定，对双方具有约束力。

夫妻对婚姻关系存续期间所得的财产约定归各自所有的，夫或妻一方所负的债务，第三人知道该约定的，以夫或妻一方所有的财产清偿。

第二十条 夫妻有互相扶养的义务。

一方不履行扶养义务时，需要扶养的一方，有要求对方付给扶养费的权利。

第二十一条 父母对子女有抚养教育的义务；子女对父母有赡养扶助的义务。

父母不履行抚养义务时，未成年的或不能独立生活的子女，有要求父母付给抚养费的权利。

子女不履行赡养义务时，无劳动能力或者生活困难的父母，有要求子女付给赡养费的权利。

禁止溺婴、弃婴和其他残害婴儿的行为。

第二十二条 子女可以随父姓，可以随母姓。

第二十三条 父母有保护和教育未成年子女的权利和义务。在未成年子女对国家、集体或他人造成损害时，父母有承担民事责任的义务。

第二十四条 夫妻有相互继承遗产的权利。

父母和子女有相互继承遗产的权利。

第二十五条 非婚生子女享有与婚生子女同等的权利，任何人不得加以危害和歧视。

不直接抚养非婚生子女的生父或生母，应当负担子女的生活费和教育费，直至子女能独立生活为止。

第二十六条 国家保护合法的收养关系。养父母和养子女间的权利和义务，适用本法对父母子女关系的有关规定。

养子女和生父母间的权利和义务，因收养关系成立而消除。

第二十七条 继父母与继子女间，不得虐待和歧视。

继父或继母和受其抚养教育的继子女间的权利和义务，适用本法对父母子女关系的有关规定。

第二十八条 有负担能力的祖父母、外祖父母，对于父母已经死亡或者父母无力抚养的未成年的孙子女、外孙子女，有抚养的义务。有负担能力的孙子女、外孙子女，对于子女已经死亡或子女无力赡养的祖父母、外祖父母，有赡养的义务。

第二十九条 有负担能力的兄、姐，对于父母已经死亡或者父母无力抚养的未成年的弟、妹，有扶养的义务。由兄、姐扶养长大的有负担能力的弟、妹，对于缺乏劳动能力又缺乏生活来源的兄、姐，有扶养的义务。

第三十条 子女应当尊重父母的婚姻权利，不得干涉父母再婚以及婚后的生活。子女对父母的赡养义务，不因父母的婚姻关系变化而终止。

第四章 离 婚

第三十一条 男女双方自愿离婚的，准予离婚。双方必须到婚姻登记机关申请离婚。婚姻登记机关查明双方确实是自愿并对子女和财产问题已有适当处理时，发给离婚证。

第三十二条 男女一方要求离婚的，可由有关部门进行调解或直接向人民法院提出离婚诉讼。

人民法院审理离婚案件，应当进行调解；如感情破裂，调解无效，应准予离婚。

有以下情形之一，调解无效的，应准予离婚：

（一）重婚或有配偶者与他人同居的；

（二）实施家庭暴力或虐待、遗弃家庭成员的；

（三）有赌博、吸毒等恶习屡教不改的；

（四）因感情不和分居满二年的；

（五）其他导致夫妻感情破裂的情形。一方被宣告失踪，另一方提出离婚诉讼的，应准予离婚。

第三十三条 现役军人的配偶要求离婚，须得军人同意。但军人一方有重大过错除外。

第三十四条 女方在怀孕期间、分娩后一年内或中止妊娠后六个月内，男方不得提出离婚。女方提出离婚的，或人民法院认为确有必要受理男方离婚请求的，不在此限。

第三十五条 离婚后，男女双方自愿恢复夫妻关系的，必须到婚姻登记机关进行复婚登记。

第三十六条 父母与子女间的关系，不因父母离婚而消除。离婚后，子女无论由父或母直接抚养，仍是父母双方的子女。

离婚后，父母对于子女仍有抚养和教育的权利和义务。

离婚后，哺乳期内的子女，以随哺乳的母亲抚养为原则。哺乳期后的子女，如双方因抚养问题发生争执不能达成协议时，由人民法院根据子女的权益和双方的具体情况判决。

第三十七条 离婚后，一方抚养的子女，另一方应负担必要的生活费和教育费的一部或全部，负担费用的多少和期限的长短，由双方协议；协议不成时，由人民法院判决。

关于子女生活费和教育费的协议或判决，不妨碍子女在必要时向父母任何一方提出超过协议或判决原定数额的合理要求。

第三十八条 离婚后，不直接抚养子女的父或母，有探望子女的权利，另一方有协助的义务。

行使探望权利的方式、时间由当事人协议；协议不成时，由人民法院判决。

父或母探望子女，不利于子女身心健康的，由人民法院依法中止探望的权利；中止的事由消失后，应当恢复探望的权利。

第三十九条 离婚时，夫妻的共同财产由双方协议处理；协议不成时，由人民法院根据财产的具体情况，照顾子女和女方权益的原则判决。

夫或妻在家庭土地承包经营中享有的权益等，应当依法予以保护。

第四十条 夫妻书面约定婚姻关系存续期间所得的财产归各自所有，一方因抚育子女、照料老人、协助另一方工作等付出较多义务的，离婚时有权向另一方请求补偿，另一方应当予以补偿。

第四十一条 离婚时，原为夫妻共同生活所负的债务，应当共同偿还。共同财产不足清偿的，或财产归各自所有的，由双方协议清偿；协议不成时，由人民法院判决。

第四十二条 离婚时，如一方生活困难，另一方应从其住房等个人财产中给予适当帮助。具体办法由双方协议；协议不成时，由人民法院判决。

第五章　救助措施与法律责任

第四十三条 实施家庭暴力或虐待家庭成员，受害人有权利提出请求，居民委员会、村民委员会以及所在单位应当予以劝阻、调解。

对正在实施的家庭暴力，受害人有权提出请求，居民委员会、村民委员会应当予以劝阻；公安机关应当予以制止。

实施家庭暴力或虐待家庭成员，受害人提出请求的，公安机关应当依照治安管理处罚的法律规定予以行政处罚。

第四十四条 对遗弃家庭成员，受害人有权提出请求，居民委员会、村民委员会以及所在单位应当予以劝阻、调解。

对于遗弃家庭成员，受害人提出请求的，人民法院应当依法作出支付扶养费、抚养费、赡养费的判决。

第四十五条 对重婚的，对实施家庭暴力或虐待、遗弃家庭成员构成犯罪的，依法追究刑事责任。受害人可以依照刑事诉讼法的有关规定，向人民法院自诉；公安机关应当依法侦查，人民检察院应当依法提起公诉。

第四十六条 有下列情形之一，导致离婚的，无过错方有权请求损害赔偿：

（一）重婚的；

（二）有配偶者与他人同居的；

（三）实施家庭暴力的；

（四）虐待、遗弃家庭成员的。

第四十七条 离婚时，一方隐藏、转移、变卖、毁损夫妻共同财产，或伪造债务企图侵占另一方财产的，分割夫妻共同财产时，对隐藏、转移、变卖、毁损夫妻共同财产或伪造债务的一方，可以少分或不分。离婚后，另一方发现有上述行为的，可以向人民法院提起诉讼，请求再次分割夫妻共同财产。

人民法院对前款规定的妨害民事诉讼的行为，依照民事诉讼法的规定予以制裁。

第四十八条 对拒不执行有关扶养费、抚养费、赡养费、财产分割、遗产继承、探望子女等判决或裁定的，由人民法院依法强制执行。有关个人和单位应负协助执行的责任。

第四十九条 其他法律对有关婚姻家庭的违法行为和法律责任另有规定的，依照其规定。

第六章 附 则

第五十条 民族自治地方的人民代表大会有权结合当地民族婚姻家庭的具体情况，制定变通规定。自治州、自治县制定的变通规定，报省、自治区、直辖市人民代表大会常务委员会批准后生效。自治区制定的变通规定，报全国人民代表大会常务委员会批准后生效。

第五十一条 本法自1981年1月1日起施行。

1950年5月1日颁行的《中华人民共和国婚姻法》，自本法施行之日起废止。

附录二

中华人民共和国收养法

1991 年 12 月 29 日第七届全国人民代表大会常务委员会第二十三次会议通过
根据 1998 年 11 月 4 日第九届全国人民代表大会常务委员会第五次会议
《关于修改〈中华人民共和国收养法〉的决定》修正

第一章 总 则

第一条 为保护合法的收养关系，维护收养关系当事人的权利，制定本法。

第二条 收养应当有利于被收养的未成年人的抚养、成长，保障被收养人和收养人的合法权益，遵循平等自愿的原则，并不得违背社会公德。

第三条 收养不得违背计划生育的法律、法规。

第二章 收养关系的成立

第四条 下列不满十四周岁的未成年人可以被收养：

（一）丧失父母的孤儿；

（二）查找不到生父母的弃婴和儿童；

（三）生父母有特殊困难无力抚养的子女。

第五条 下列公民、组织可以作送养人：

（一）孤儿的监护人；

（二）社会福利机构；

（三）有特殊困难无力抚养子女的生父母。

第六条 收养人应当同时具备下列条件：

（一）无子女；

（二）有抚养教育被收养人的能力；

（三）未患有在医学上认为不应当收养子女的疾病；

（四）年满三十周岁。

第七条 收养三代以内同辈旁系血亲的子女，可以不受本法第四条第三项、第五条第三项、第九条和被收养人不满十四周岁的限制。

华侨收养三代以内同辈旁系血亲的子女，还可以不受收养人无子女的限制。

第八条 收养人只能收养一名子女。

收养孤儿、残疾儿童或者社会福利机构抚养的查找不到生父母的弃婴和儿童，可以不受收养人无子女和收养一名的限制。

第九条 无配偶的男性收养女性的，收养人与被收养人的年龄应当相差四十周岁以上。

第十条 生父母送养子女，须双方共同送养。生父母一方不明或者查找不到的可以单方送养。

有配偶者收养子女，须夫妻共同收养。

第十一条 收养人收养与送养人送养，须双方自愿。收养年满十周岁未成年人的，应当征得被收养人的同意。

第十二条 未成年人的父母均不具备完全民事行为能力的，该未成年人的监护人不得将其送养，但父母对该未成年人有严重危害可能的除外。

第十三条 监护人送养未成年孤儿的，须征得有抚养义务的人同意。有抚养义务的人不同意送养、监护人不愿意继续履行监护职责的，应当依照《中华人民共和国民法通则》的规定变更监护人。

第十四条 继父或者继母经继子女的生父母同意，可以收养继子女，并可以不受本法第四条第三项、第五条第三项、第六条和被收养人不满十四周岁以及收养一名的限制。

第十五条 收养应当向县级以上人民政府民政部门登记。收养关系自登记之日起成立。

收养查找不到生父母的弃婴和儿童的，办理登记的民政部门应当在登记前予以公告。

收养关系当事人愿意订立收养协议的，可以订立收养协议。

收养关系当事人各方或者一方要求办理收养公证的，应当办理收养公证。

第十六条 收养关系成立后，公安部门应当依照国家有关规定为被收养人办理户口登记。

第十七条 孤儿或者生父母无力抚养的子女，可以由生父母的亲属、朋友抚养。

抚养人与被抚养人的关系不适用收养关系。

第十八条 配偶一方死亡，另一方送养未成年子女的，死亡一方的父母有优先抚养的权利。

第十九条 送养人不得以送养子女为理由违反计划生育的规定再生育子女。

第二十条 严禁买卖儿童或者借收养名义买卖儿童。

第二十一条 外国人依照本法可以在中华人民共和国收养子女。

外国人在中华人民共和国收养子女，应当经其所在国主管机关依照该国法律审查同意。收养人应当提供由其所在国有权机构出具的有关收养人的年龄、婚姻、职业、财产、健康、有无受过刑事处罚等状况的证明材料，该证明材料应当经其所在国外交机关或者外交机关授权的机构认证，并经中华人民共和国驻该国使领馆认证。该收养人应当与送养人订立书面协议，亲自向省级人民政府民政部门登记。

收养关系当事人各方或者一方要求办理收养公证的，应当到国务院司法行政部门认定的具有办理涉外公证资格的公证机构办理收养公证。

第二十二条 收养人、送养人要求保守收养秘密的，其他人应当尊重其意愿，不得泄露。

第三章 收养的效力

第二十三条 自收养关系成立之日起，养父母与养子女间的权利义务关系，适用法律关于父母子女关系的规定；养子女与养父母的近亲属间的权利义务关系，适用法律关于子女与父母的近亲属关系的规定。

养子女与生父母及其他近亲属间的权利义务关系，因收养关系的成立而消除。

第二十四条 养子女可以随养父或者养母的姓，经当事人协商一致，也可以保留原姓。

第二十五条 违反《中华人民共和国民法通则》第五十五条和本法规定的收养行为无法律效力。

收养行为被人民法院确认无效的，从行为开始时起就没有法律效力。

第四章 收养关系的解除

第二十六条 收养人在被收养人成年以前，不得解除收养关系，但收养人、送养人双方协议解除的除外，养子女年满十周岁的，应当征得本人同意。

收养人不履行抚养义务，有虐待、遗弃等侵害未成年养子女合法权益行为的，送养人有权要求解除养父母与养子女间的收养关系。送养人、收养人不能达成解除收养关系协议的，可以向人民法院起诉。

第二十七条 养父母与成年养子女关系恶化、无法共同生活的，可以协议解除收养关系。不能达成协议的，可以向人民法院起诉。

第二十八条 当事人协议解除收养关系的，应当到民政部门办理解除收养关系的登记。

第二十九条 收养关系解除后，养子女与养父母及其他近亲属间的权利义务关系即行消除，与生父母及其他近亲属间的权利义务关系自行恢复，但成年养子女与生父母及其他近亲属间的权利义务关系是否恢复，可以协商确定。

第三十条 收养关系解除后，经养父母抚养的成年养子女，对缺乏劳动能力又缺乏生活来源的养父母，应当给付生活费。因养子女成年后虐待、遗弃养父母而解除收养关系的，养父母可以要求养子女补偿收养期间支出的生活费和教育费。

生父母要求解除收养关系的，养父母可以要求生父母适当补偿收养期间支出的生活费和教育费，但因养父母虐待、遗弃养子女而解除收养关系的除外。

第五章 法律责任

第三十一条 借收养名义拐卖儿童的，依法追究刑事责任。

遗弃婴儿的，由公安部门处以罚款；构成犯罪的，依法追究刑事责任。

出卖亲生子女的，由公安部门没收非法所得，并处以罚款；构成犯罪的，依法追究刑事责任。

第六章 附 则

第三十二条 民族自治地方的人民代表大会及其常务委员会可以根据本法的原则，结合当地情况，制定变通的或者补充的规定。自治区的规定，报全国人民代表大会常务委员会备案。自治州、自治县的规定，报省或者自治区的人民代表大会常务委员会批准后生效，并报全国人民代表大会常务委员会备案。

第三十三条 国务院可以根据本法制定实施办法。

第三十四条 本法自 1992 年 4 月 1 日起施行。

附录三

婚姻登记条例

2003年7月30日国务院第十六次常务会议通过
自2003年10月1日起施行

第一章　总　则

第一条　为了规范婚姻登记工作，保障婚姻自由、一夫一妻、男女平等的婚姻制度的实施，保护婚姻当事人的合法权益，根据《中华人民共和国婚姻法》（以下简称《婚姻法》），制定本条例。

第二条　内地居民办理婚姻登记的机关是县级人民政府民政部门或者乡（镇）人民政府，省、自治区、直辖市人民政府可以按照便民原则确定农村居民办理婚姻登记的具体机关。

中国公民同外国人，内地居民同香港特别行政区居民（以下简称香港居民）、澳门特别行政区居民（以下简称澳门居民）、台湾地区居民（以下简称台湾居民）、华侨办理婚姻登记的机关是省、自治区、直辖市人民政府民政部门或者省、自治区、直辖市人民政府民政部门确定的机关。

第三条　婚姻登记机关的婚姻登记员应当接受婚姻登记业务培训，经考核合格，方可从事婚姻登记工作。

婚姻登记机关办理婚姻登记，除按收费标准向当事人收取工本费外，不得收取其他费用或者附加其他义务。

第二章　结婚登记

第四条　内地居民结婚，男女双方应当共同到一方当事人常住户口所在地的婚姻登记机关办理结婚登记。

中国公民同外国人在中国内地结婚的，内地居民同香港居民、澳门居民、台湾居民、华侨在中国内地结婚的，男女双方应当共同到内地居民常住户口所在地的婚姻登记机关办理结婚登记。

第五条　办理结婚登记的内地居民应当出具下列证件和证明材料：

（一）本人的户口簿、身份证；

（二）本人无配偶以及与对方当事人没有直系血亲和三代以内旁系血亲关系的签字声明。

办理结婚登记的香港居民、澳门居民、台湾居民应当出具下列证件和证明材料：

（一）本人的有效通行证、身份证；

（二）经居住地公证机构公证的本人无配偶以及与对方当事人没有直系血亲和三代以内旁系血亲关系的声明。

办理结婚登记的华侨应当出具下列证件和证明材料：

（一）本人的有效护照；

（二）居住国公证机构或者有权机关出具的、经中华人民共和国驻该国使（领）馆认证的本人无配偶以及与对方当事人没有直系血亲和三代以内旁系血亲关系的证明，或者中华人民共和国驻该国使（领）馆出具的本人无配偶以及与对方当事人没有直系血亲和三代以内旁系血亲关系的证明。

办理结婚登记的外国人应当出具下列证件和证明材料：

（一）本人的有效护照或者其他有效的国际旅行证件；

（二）所在国公证机构或者有权机关出具的、经中华人民共和国驻该国使（领）馆认证或者该国驻华使（领）馆认证的本人无配偶的证明，或者所在国驻华使（领）馆出具的本人无配偶的证明。

第六条 办理结婚登记的当事人有下列情形之一的，婚姻登记机关不予登记：

（一）未到法定结婚年龄的；

（二）非双方自愿的；

（三）一方或者双方已有配偶的；

（四）属于直系血亲或者三代以内旁系血亲的；

（五）患有医学上认为不应当结婚的疾病的。

第七条 婚姻登记机关应当对结婚登记当事人出具的证件、证明材料进行审查并询问相关情况。对当事人符合结婚条件的，应当当场予以登记，发给结婚证；对当事人不符合结婚条件不予登记的，应当向当事人说明理由。

第八条 男女双方补办结婚登记的，适用本条例结婚登记的规定。

第九条 因胁迫结婚的，受胁迫的当事人依据《婚姻法》第十一条的规定向婚姻登记机关请求撤销其婚姻的，应当出具下列证明材料：

（一）本人的身份证、结婚证；

（二）能够证明受胁迫结婚的证明材料。

婚姻登记机关经审查认为受胁迫结婚的情况属实且不涉及子女抚养、财产及债务问题的，应当撤销该婚姻，宣告结婚证作废。

第三章 离婚登记

第十条 内地居民自愿离婚的，男女双方应当共同到一方当事人常住户口所在地的婚姻登记机关办理离婚登记。

中国公民同外国人在中国内地自愿离婚的，内地居民同香港居民、澳门居民、台湾居民、华侨在中国内地自愿离婚的，男女双方应当共同到内地居民常住户口所在地的婚姻登记机关办理离婚登记。

第十一条 办理离婚登记的内地居民应当出具下列证件和证明材料：

（一）本人的户口簿、身份证；

（二）本人的结婚证；

（三）双方当事人共同签署的离婚协议书。

办理离婚登记的香港居民、澳门居民、台湾居民、华侨、外国人除应当出具前款第（二）项、第（三）项规定的证件、证明材料外，香港居民、澳门居民、台湾居民还应当出具本人的有效通行证、身份证，华侨、外国人还应当出具本人的有效护照或者其他有效国际旅行证件。

离婚协议书应当载明双方当事人自愿离婚的意思表示以及对子女抚养、财产及债务处理等事项协商一致的意见。

第十二条 办理离婚登记的当事人有下列情形之一的，婚姻登记机关不予受理：

（一）未达成离婚协议的；

（二）属于无民事行为能力人或者限制民事行为能力人的；

（三）其结婚登记不是在中国内地办理的。

第十三条 婚姻登记机关应当对离婚登记当事人出具的证件、证明材料进行审查并询问相关情况。对当事人确属自愿离婚，并已对子女抚养、财产、债务等问题达成一致处理意见的，应当当场予以登记，发给离婚证。

第十四条 离婚的男女双方自愿恢复夫妻关系的，应当到婚姻登记机关办理复婚登记。复婚登记适用本条例结婚登记的规定。

第四章 婚姻登记档案和婚姻登记证

第十五条 婚姻登记机关应当建立婚姻登记档案。婚姻登记档案应当长期保管。具体管理办法由国务院民政部门会同国家档案管理部门规定。

第十六条 婚姻登记机关收到人民法院宣告婚姻无效或者撤销婚姻的判决书副本后，应当将该判决书副本收入当事人的婚姻登记档案。

第十七条 结婚证、离婚证遗失或者损毁的，当事人可以持户口簿、身份证向原办理婚姻登记的机关或者一方当事人常住户口所在地的婚姻登记机关申请补领。婚姻登记机关对当事人的婚姻登记档案进行查证，确认属实的，应当为当事人补发结婚证、离婚证。

第五章 罚 则

第十八条 婚姻登记机关及其婚姻登记员有下列行为之一的，对直接负责的主管人员和其他直接责任人员依法给予行政处分：

（一）为不符合婚姻登记条件的当事人办理婚姻登记的；

（二）玩忽职守造成婚姻登记档案损失的；

（三）办理婚姻登记或者补发结婚证、离婚证超过收费标准收取费用的。

违反前款第（三）项规定收取的费用，应当退还当事人。

第六章 附 则

第十九条 中华人民共和国驻外使（领）馆可以依照本条例的有关规定，为男女双方均居住于驻在国的中国公民办理婚姻登记。

第二十条 本条例规定的婚姻登记证由国务院民政部门规定式样并监制。

第二十一条 当事人办理婚姻登记或者补领结婚证、离婚证应当交纳工本费。工本费的收费标准由国务院价格主管部门会同国务院财政部门规定并公布。

第二十二条 本条例自2003年10月1日起施行。1994年1月12日国务院批准、1994年2月1日民政部发布的《婚姻登记管理条例》同时废止。

附录四

最高人民法院关于适用《中华人民共和国婚姻法》若干问题的解释（一）

2001年12月24日最高人民法院审判委员会第一千二百零二次会议通过
自2001年12月27日起施行
法释〔2001〕30号

为了正确审理婚姻家庭纠纷案件，根据《中华人民共和国婚姻法》（以下简称《婚姻法》）、《中华人民共和国民事诉讼法》等法律的规定，对人民法院适用婚姻法的有关问题作出如下解释：

第一条 《婚姻法》第三条、第三十二条、第四十三条、第四十五条、第四十六条所称的“家庭暴力”，是指行为人以殴打、捆绑、残害、强行限制人身自由或者其他手段，给其家庭成员的身体、精神等方面造成一定伤害后果的行为。持续性、经常性的家庭暴力，构成虐待。

第二条 《婚姻法》第三条、第三十二条、第四十六条规定的“有配偶者与他人同居”的情形，是指有配偶者与婚外异性，不以夫妻名义，持续、稳定地共同居住。

第三条 当事人仅以《婚姻法》第四条为依据提起诉讼的，人民法院不予受理；已经受理的，裁定驳回起诉。

第四条 男女双方根据《婚姻法》第八条规定补办结婚登记的，婚姻关系的效力从双方均符合《婚姻法》所规定的结婚的实质要件时起算。

第五条 未按《婚姻法》第八条规定办理结婚登记而以夫妻名义共同生活的男女，起诉到人民法院要求离婚的，应当区别对待：

（一）1994年2月1日民政部《婚姻登记管理条例》公布实施以前，男女双方已经符合结婚实质要件的，按事实婚姻处理；

（二）1994年2月1日民政部《婚姻登记管理条例》公布实施以后，男女双方符合结婚实质要件的，人民法院应当告知其在案件受理前补办结婚登记；未补办结婚登记的，按解除同居关系处理。

第六条 未按《婚姻法》第八条规定办理结婚登记而以夫妻名义共同生活的男女，一方死亡，另一方以配偶身份主张享有继承权的，按照本解释第五条的原则处理。

第七条 有权依据《婚姻法》第十条规定向人民法院就已办理结婚登记的婚姻申请宣告婚姻无效的主体，包括婚姻当事人及利害关系人。利害关系人包括：

（一）以重婚为由申请宣告婚姻无效的，为当事人的近亲属及基层组织。

（二）以未到法定婚龄为由申请宣告婚姻无效的，为未达法定婚龄者的近亲属。

（三）以有禁止结婚的亲属关系为由申请宣告婚姻无效的，为当事人的近亲属。

（四）以婚前患有医学上认为不应当结婚的疾病，婚后尚未治愈为由申请宣告婚姻无效的，为与患病者共同生活的近亲属。

第八条 当事人依据《婚姻法》第十条规定向人民法院申请宣告婚姻无效的，申请时，法定的无效婚姻情形已经消失的，人民法院不予支持。

第九条 人民法院审理宣告婚姻无效案件，对婚姻效力的审理不适用调解，应当依法作出判决；有关婚姻效力的判决一经作出，即发生法律效力。

涉及财产分割和子女抚养的，可以调解。调解达成协议的，另行制作调解书。对财产分割和子女抚养问题的判决不服的，当事人可以上诉。

第十条 《婚姻法》第十一条所称的“胁迫”，是指行为人以给另一方当事人或者其近亲属的生命、身体健康、名誉、财产等方面造成损害为要挟，迫使另一方当事人违背真实意愿结婚的情况。

因受胁迫而请求撤销婚姻的，只能是受胁迫一方的婚姻关系当事人本人。

第十一条 人民法院审理婚姻当事人因受胁迫而请求撤销婚姻的案件，应当适用简易程序或者普通程序。

第十二条 《婚姻法》第十一条规定的“一年”，不适用诉讼时效中止、中断或者延长的规定。

第十三条 《婚姻法》第十二条所规定的自始无效，是指无效或者可撤销婚姻在依法被宣告无效或被撤销时，才确定该婚姻自始不受法律保护。

第十四条 人民法院根据当事人的申请，依法宣告婚姻无效或者撤销婚姻的，应当收缴双方的结婚证书并将生效的判决书寄送当地婚姻登记管理机关。

第十五条 被宣告无效或被撤销的婚姻，当事人同居期间所得的财产，按共同共有处理。但有证据证明为当事人一方所有的除外。

第十六条 人民法院审理重婚导致的无效婚姻案件时，涉及财产处理的，应当准许合法婚姻当事人作为有独立请求权的第三人参加诉讼。

第十七条 《婚姻法》第十七条关于“夫或妻对夫妻共同所有的财产，有平等的处理权”的规定，应当理解为：

（一）夫或妻在处理夫妻共同财产上的权利是平等的。因日常生活需要而处理夫妻共同财产的，任何一方均有权决定。

（二）夫或妻非因日常生活需要对夫妻共同财产做重要处理决定，夫妻双方应当平等协商，取得一致意见。他人有理由相信其为夫妻双方共同意思表示的，另一方不得以不同意或不知道为由对抗善意第三人。

第十八条 《婚姻法》第十九条所称“第三人知道该约定的”，夫妻一方对此负有举证责任。

第十九条 《婚姻法》第十八条规定为夫妻一方所有的财产，不因婚姻关系的延续而转化为夫妻共同财产。但当事人另有约定的除外。

第二十条 《婚姻法》第二十一条规定的“不能独立生活的子女”，是指尚在校接受高中及其以下学历教育，或者丧失或未完全丧失劳动能力等非因主观原因而无法维持正常生活的成年子女。

第二十一条 《婚姻法》第二十一条所称“抚养费”，包括子女生活费、教育费、医疗费等费用。

第二十二条 人民法院审理离婚案件，符合第三十二条第二款规定“应准予离婚”情形的，不应当因当事人有过错而判决不准离婚。

第二十三条 《婚姻法》第三十三条所称的“军人一方有重大过错”，可以依据《婚姻法》第三十二条第二款前三项规定及军人有其他重大过错导致夫妻感情破裂的情形予以判断。

第二十四条 人民法院作出的生效的离婚判决中未涉及探望权，当事人就探望权问题单独提起诉讼的，人民法院应予受理。

第二十五条 当事人在履行生效判决、裁定或者调解书的过程中，请求中止行使探望权的，人民法院在征询双方当事人意见后，认为需要中止行使探望权的，依法作出裁定。中止探望的情形消失后，人民法院应当根据当事人的申请通知其恢复探望权的行使。

第二十六条 未成年子女、直接抚养子女的父或母及其他对未成年子女负担抚养、教育义务的法定监护人，有权向人民法院提出中止探望权的请求。

第二十七条 《婚姻法》第四十二条所称“一方生活困难”，是指依靠个人财产和离婚时分得的财产无法维持当地基本生活水平。

一方离婚后没有住处的，属于生活困难。

离婚时，一方以个人财产中的住房对生活困难者进行帮助的形式，可以是房屋的居住权或者房屋的所有权。

第二十八条 《婚姻法》第四十六条规定的“损害赔偿”，包括物质损害赔偿和精神损害赔偿。涉及精神损害赔偿的，适用最高人民法院《关于确定民事侵权精神损害赔偿责任若干问题的解释》的有关规定。

第二十九条 承担《婚姻法》第四十六条规定的损害赔偿责任的主体，为离婚诉讼当事人中无过错方的配偶。

人民法院判决不准离婚的案件，对于当事人基于《婚姻法》第四十六条提出的损害赔偿请求，不予支持。

在婚姻关系存续期间，当事人不起诉离婚而单独依据该条规定提起损害赔偿请求的，人民法院不予受理。

第三十条 人民法院受理离婚案件时，应当将《婚姻法》第四十六条等规定中当事人的有关权利义务，书面告知当事人。在适用《婚姻法》第四十六条时，应当区分以下不同情况：

（一）符合《婚姻法》第四十六条规定的无过错方作为原告基于该条规定向人民法院提起损害赔偿请求的，必须在离婚诉讼的同时提出。

（二）符合《婚姻法》第四十六条规定的无过错方作为被告的离婚诉讼案件，如果被告不同意离婚也不基于该条规定提起损害赔偿请求的，可以在离婚后一年内就此单独提起诉讼。

（三）无过错方作为被告的离婚诉讼案件，一审时被告未基于《婚姻法》第四十六条规定提出损害赔偿请求，二审期间提出的，人民法院应当进行调解，调解不成的，告知当事人在离婚后一年内另行起诉。

第三十一条 当事人依据《婚姻法》第四十七条的规定向人民法院提起诉讼，请求再次分割夫妻共同财产的诉讼时效为两年，从当事人发现之次日起计算。

第三十二条 《婚姻法》第四十八条关于对拒不执行有关探望子女等判决和裁定的，由人民法院依法强制执行的规定，是指对拒不履行协助另一方行使探望权的有关个人和单位采取拘留、罚款等强制措施，不能对子女的人身、探望行为进行强制执行。

第三十三条 《婚姻法》修改后正在审理的一、二审婚姻家庭纠纷案件，一律适用修改后的《婚姻法》。此前最高人民法院作出的相关司法解释如与本解释相抵触，以本解释为准。

第三十四条 本解释自公布之日起施行。

附录五

最高人民法院关于适用《中华人民共和国婚姻法》若干问题的解释（二）

2003 年 12 月 4 日最高人民法院审判委员会第一千二百九十九次会议通过
自 2004 年 4 月 1 日起施行
法释〔2003〕19 号

为正确审理婚姻家庭纠纷案件，根据《中华人民共和国婚姻法》（以下简称《婚姻法》）、《中华人民共和国民事诉讼法》等相关法律规定，对人民法院适用《婚姻法》的有关问题作出如下解释：

第一条 当事人起诉请求解除同居关系的，人民法院不予受理。但当事人请求解除的同居关系，属于《婚姻法》第三条、第三十二条、第四十六条规定的“有配偶者与他人同居”的，人民法院应当受理并依法予以解除。

当事人因同居期间财产分割或者子女抚养纠纷提起诉讼的，人民法院应当受理。

第二条 人民法院受理申请宣告婚姻无效案件后，经审查确属无效婚姻的，应当依法作出宣告婚姻无效的判决。原告申请撤诉的，不予准许。

第三条 人民法院受理离婚案件后，经审查确属无效婚姻的，应当将婚姻无效的情形告知当事人，并依法作出宣告婚姻无效的判决。

第四条 人民法院审理无效婚姻案件，涉及财产分割和子女抚养的，应当对婚姻效力的认定和其他纠纷的处理分别制作裁判文书。

第五条 夫妻一方或者双方死亡后一年内，生存一方或者利害关系人依据《婚姻法》第十条的规定申请宣告婚姻无效的，人民法院应当受理。

第六条 利害关系人依据《婚姻法》第十条的规定，申请人民法院宣告婚姻无效的，利害关系人为申请人，婚姻关系当事人双方为被申请人。

夫妻一方死亡的，生存一方为被申请人。

夫妻双方均已死亡的，不列被申请人。

第七条 人民法院就同一婚姻关系分别受理了离婚和申请宣告婚姻无效案件的，对于离婚案件的审理，应当待申请宣告婚姻无效案件作出判决后进行。

前款所指的婚姻关系被宣告无效后，涉及财产分割和子女抚养的，应当继续审理。

第八条 离婚协议中关于财产分割的条款或者当事人因离婚就财产分割达成的协议，对男女双方具有法律约束力。

当事人因履行上述财产分割协议发生纠纷提起诉讼的，人民法院应当受理。

第九条 男女双方协议离婚后一年内就财产分割问题反悔，请求变更或者撤销财产分割协议的，人民法院应当受理。

人民法院审理后，未发现订立财产分割协议时存在欺诈、胁迫等情形的，应当依法驳回当事人的诉讼请求。

第十条 当事人请求返还按照习俗给付的彩礼的，如果查明属于以下情形，人民法院应当予以支持：

（一）双方未办理结婚登记手续的；

（二）双方办理结婚登记手续但确未共同生活的；

（三）婚前给付并导致给付人生活困难的。

适用前款第（二）、（三）项的规定，应当以双方离婚为条件。

第十一条 婚姻关系存续期间，下列财产属于《婚姻法》第十七条规定的“其他应当归共同所有的财产”：

（一）一方以个人财产投资取得的收益；

（二）男女双方实际取得或者应当取得的住房补贴、住房公积金；

（三）男女双方实际取得或者应当取得的养老保险金、破产安置补偿费。

第十二条 《婚姻法》第十七条第三项规定的“知识产权的收益”，是指婚姻关系存续期间，实际取得或者已经明确可以取得的财产性收益。

第十三条 军人的伤亡保险金、伤残补助金、医药生活补助费属于个人财产。

第十四条 人民法院审理离婚案件，涉及分割发放到军人名下的复员费、自主择业费等一次性费用的，以夫妻婚姻关系存续年限乘以年平均值，所得数额为夫妻共同财产。

前款所称年平均值，是指将发放到军人名下的上述费用总额按具体年限均分得出的数额。其具体年限为人均寿命七十岁与军人入伍时实际年龄的差额。

第十五条 夫妻双方分割共同财产中的股票、债券、投资基金份额等有价证券以及未上市股份有限公司股份时，协商不成或者按市价分配有困难的，人民法院可以根据数量按比例分配。

第十六条 人民法院审理离婚案件，涉及分割夫妻共同财产中以一方名义在有限责任公司的出资额，另一方不是该公司股东的，按以下情形分别处理：

（一）夫妻双方协商一致将出资额部分或者全部转让给该股东的配偶，过半数股东同意、其他股东明确表示放弃优先购买权的，该股东的配偶可以成为该公司股东；

（二）夫妻双方就出资额转让份额和转让价格等事项协商一致后，过半数股东不同意转让，但愿意以同等价格购买该出资额的，人民法院可以对转让出资所得财产进行分割。过半数股东不同意转让，也不愿意以同等价格购买该出资额的，视为其同意转让，该股东的配偶可以成为该公司股东。

用于证明前款规定的过半数股东同意的证据，可以是股东会决议，也可以是当事人通过其他合法途径取得的股东的书面声明材料。

第十七条 人民法院审理离婚案件，涉及分割夫妻共同财产中以一方名义在合伙企业中的出资，另一方不是该企业合伙人的，当夫妻双方协商一致，将其合伙企业中的财产份额全部或者部分转让给对方时，按以下情形分别处理：

（一）其他合伙人一致同意的，该配偶依法取得合伙人地位；

（二）其他合伙人不同意转让，在同等条件下行使优先受让权的，可以对转让所得的财产进行分割；

（三）其他合伙人不同意转让，也不行使优先受让权，但同意该合伙人退伙或者退还部分财产份额的，可以对退还的财产进行分割；

（四）其他合伙人既不同意转让，也不行使优先受让权，又不同意该合伙人退伙或者退还部分财产份额的，视为全体合伙人同意转让，该配偶依法取得合伙人地位。

第十八条 夫妻以一方名义投资设立独资企业的，人民法院分割夫妻在该独资企业中的共同财产时，应当按照以下情形分别处理：

（一）一方主张经营该企业的，对企业资产进行评估后，由取得企业一方给予另一方相应的补偿；

（二）双方均主张经营该企业的，在双方竞价基础上，由取得企业的一方给予另一方相应的补偿；

（三）双方均不愿意经营该企业的，按照《中华人民共和国个人独资企业法》等有关规定办理。

第十九条 由一方婚前承租、婚后用共同财产购买的房屋，房屋权属证书登记在一方名下的，应当认定为夫妻共同财产。

第二十条 双方对夫妻共同财产中的房屋价值及归属无法达成协议时，人民法院按以下情形分别处理：

（一）双方均主张房屋所有权并且同意竞价取得的，应当准许；

（二）一方主张房屋所有权的，由评估机构按市场价格对房屋作出评估，取得房屋所有权的一方应当给予另一方相应的补偿；

（三）双方均不主张房屋所有权的，根据当事人的申请拍卖房屋，就所得价款进行分割。

第二十一条 离婚时双方对尚未取得所有权或者尚未取得完全所有权的房屋有争议且协商不成的，人民法院不宜判决房屋所有权的归属，应当根据实际情况判决由当事人使用。

当事人就前款规定的房屋取得完全所有权后，有争议的，可以另行向人民法院提起诉讼。

第二十二条 当事人结婚前，父母为双方购置房屋出资的，该出资应当认定为对自己子女的个人赠与，但父母明确表示赠与双方的除外。

当事人结婚后，父母为双方购置房屋出资的，该出资应当认定为对夫妻双方的赠与，但父母明确表示赠与一方的除外。

第二十三条 债权人就一方婚前所负个人债务向债务人的配偶主张权利的，人民法院不予支持。但债权人能够证明所负债务用于婚后家庭共同生活的除外。

第二十四条 债权人就婚姻关系存续期间夫妻一方以个人名义所负债务主张权利的，应当按夫妻共同债务处理。但夫妻一方能够证明债权人与债务人明确约定为个人债务的，或者能够证明属于婚姻法第十九条第三款规定情形的除外。

第二十五条 当事人的离婚协议或者人民法院的判决书、裁定书、调解书已经对夫妻财产分割问题作出处理的，债权人仍有权就夫妻共同债务向男女双方主张权利。

一方就共同债务承担连带清偿责任后，基于离婚协议或者人民法院的法律文书向另一方主张追偿的，人民法院应当支持。

第二十六条 夫或妻一方死亡的，生存一方应当对婚姻关系存续期间的共同债务承担连带清偿责任。

第二十七条 当事人在婚姻登记机关办理离婚登记手续后，以《婚姻法》第四十六条规定为由向人民法院提出损害赔偿请求的，人民法院应当受理。但当事人在协议离婚时已经明确表示放弃该项请求，或者在办理离婚登记手续一年后提出的，不予支持。

第二十八条 夫妻一方申请对配偶的个人财产或者夫妻共同财产采取保全措施的，人民法院可以在采取保全措施可能造成损失的范围内，根据实际情况，确定合理的财产担保数额。

第二十九条 本解释自 2004 年 4 月 1 日起施行。

本解释施行后，人民法院新受理的一审婚姻家庭纠纷案件，适用本解释。

本解释施行后，此前最高人民法院作出的相关司法解释与本解释相抵触的，以本解释为准。

附录六

最高人民法院关于适用《中华人民共和国婚姻法》若干问题的解释（三）

2011年7月4日由最高人民法院审判委员会第一千五百二十五次会议通过
自2011年8月13日起施行
法释〔2011〕18号

为正确审理婚姻家庭纠纷案件，根据《中华人民共和国婚姻法》（以下简称《婚姻法》）、《中华人民共和国民事诉讼法》等相关法律规定，对人民法院适用婚姻法的有关问题作出如下解释：

第一条 当事人以《婚姻法》第十条规定以外的情形申请宣告婚姻无效的，人民法院应当判决驳回当事人的申请。

当事人以结婚登记程序存在瑕疵为由提起民事诉讼，主张撤销结婚登记的，告知其可以依法申请行政复议或者提起行政诉讼。

第二条 夫妻一方向人民法院起诉请求确认亲子关系不存在，并已提供必要证据予以证明，另一方没有相反证据又拒绝做亲子鉴定的，人民法院可以推定请求确认亲子关系不存在一方的主张成立。

当事人一方起诉请求确认亲子关系，并提供必要证据予以证明，另一方没有相反证据又拒绝做亲子鉴定的，人民法院可以推定请求确认亲子关系一方的主张成立。

第三条 婚姻关系存续期间，父母双方或者一方拒不履行抚养子女义务，未成年或者不能独立生活的子女请求支付抚养费的，人民法院应予支持。

第四条 婚姻关系存续期间，夫妻一方请求分割共同财产的，人民法院不予支持，但有下列重大理由且不损害债权人利益的除外：

（一）一方有隐藏、转移、变卖、毁损、挥霍夫妻共同财产或者伪造夫妻共同债务等严重损害夫妻共同财产利益行为的；

（二）一方负有法定扶养义务的人患重大疾病需要医治，另一方不同意支付相关医疗费用的。

第五条 夫妻一方个人财产在婚后产生的收益，除孳息和自然增值外，应认定为夫妻共同财产。

第六条 婚前或者婚姻关系存续期间，当事人约定将一方所有的房产赠与另一方，赠与方在赠与房产变更登记之前撤销赠与，另一方请求判令继续履行的，人民法院可以按照《合同法》第一百八十六条的规定处理。

第七条 婚后由一方父母出资为子女购买的不动产，产权登记在出资人子女名下的，可按照《婚姻法》第十八条第（三）项的规定，视为只对自己子女一方的赠与，该不动产应认定为夫妻一方的个人财产。

由双方父母出资购买的不动产，产权登记在一方子女名下的，该不动产可认定为双方按照各自父母的出资份额按份共有，但当事人另有约定的除外。

第八条 无民事行为能力人的配偶有虐待、遗弃等严重损害无民事行为能力一方的人身权利或者财产权益行为，其他有监护资格的人可以依照特别程序要求变更监护关系；变更后的监护人代理无民事行为能力一方提起离婚诉讼的，人民法院应予受理。

第九条 夫以妻擅自中止妊娠侵犯其生育权为由请求损害赔偿的，人民法院不予支持；夫妻双方因是否生育发生纠纷，致使感情确已破裂，一方请求离婚的，人民法院经调解无效，应依照《婚姻法》第三十二条第三款第（五）项的规定处理。

第十条 夫妻一方婚前签订不动产买卖合同，以个人财产支付首付款并在银行贷款，婚后用夫妻共同财产还贷，不动产登记于首付款支付方名下的，离婚时该不动产由双方协议处理。

依前款规定不能达成协议的，人民法院可以判决该不动产归产权登记一方，尚未归还的贷款为产权登记一方的个人债务。双方婚后共同还贷支付的款项及其相对应财产增值部分，离婚时应根据《婚姻法》第三十九条第一款规定的原则，由产权登记一方对另一方进行补偿。

第十一条 一方未经另一方同意出售夫妻共同共有的房屋，第三人善意购买、支付合理对价并办理产权登记手续，另一方主张追回该房屋的，人民法院不予支持。

夫妻一方擅自处分共同共有的房屋造成另一方损失，离婚时另一方请求赔偿损失的，人民法院应予支持。

第十二条 婚姻关系存续期间，双方用夫妻共同财产出资购买以一方父母名义参加房改的房屋，产权登记在一方父母名下，离婚时另一方主张按照夫妻共同财产对该房屋进行分割的，人民法院不予支持。购买该房屋时的出资，可以作为债权处理。

第十三条 离婚时夫妻一方尚未退休、不符合领取养老保险金条件，另一方请求按照夫妻共同财产分割养老保险金的，人民法院不予支持；婚后以夫妻共同财产缴付养老保险费，离婚时一方主张将养老金账户中婚姻关系存续期间个人实际缴付部分作为夫妻共同财产分割的，人民法院应予支持。

第十四条 当事人达成的以登记离婚或者到人民法院协议离婚为条件的财产分割协议，如果双方协议离婚未成，一方在离婚诉讼中反悔的，人民法院应当认定该财产分割协议没有生效，并根据实际情况依法对夫妻共同财产进行分割。

第十五条 婚姻关系存续期间，夫妻一方作为继承人依法可以继承的遗产，在继承人之间尚未实际分割，起诉离婚时另一方请求分割的，人民法院应当告知当事人在继承人之间实际分割遗产后另行起诉。

第十六条 夫妻之间订立借款协议，以夫妻共同财产出借给一方从事个人经营活动或用于其他个人事务的，应视为双方约定处分夫妻共同财产的行为，离婚时可按照借款协议的约定处理。

第十七条 夫妻双方均有《婚姻法》第四十六条规定的过错情形，一方或者双方向对方提出离婚损害赔偿请求的，人民法院不予支持。

第十八条 离婚后，一方以尚有夫妻共同财产未处理为由向人民法院起诉请求分割的，经审查该财产确属离婚时未涉及的夫妻共同财产，人民法院应当依法予以分割。

第十九条 本解释施行后，最高人民法院此前作出的相关司法解释与本解释相抵触的，以本解释为准。

参考文献

1. 巫昌祯．婚姻与继承法学．北京：中国政法大学出版社，2007.

2. 巫昌祯．婚姻家庭法新论．北京：中国政法大学出版社，2002.

3. 马忆南．婚姻家庭法．北京：北京大学出版社，2012.

4. 杨大文，曹诗权．婚姻家庭法学（第三版）．北京：中国人民大学出版社，2006.

5. 曹诗权．婚姻家庭法．北京：中国政法大学出版社，2005.

6. 李明舜．婚姻法中的救助措施与法律责任．北京：法律出版社，2001.

7. 王洪．婚姻家庭法．北京：法律出版社，2003.

8. 陈爱萍，姬新江．婚姻家庭法学．北京：中国检察出版社，2006.

9. 史尚宽．亲属法论．北京：中国政法大学出版社，2000.

10. 杨大文．亲属法（第三版）．北京：法律出版社，2003.

11. 齐湘泉．涉外民事关系法律适用法：婚姻、家庭、继承论．北京：法律出版社，2005.

12. 刘懿彤．涉外离婚管辖权研究．北京：法律出版社，2013.

13. 程维荣，袁奇钧．婚姻家庭法律制度比较研究．北京：法律出版社，2011.

14. 白红平．中澳婚姻家庭法律制度比较研究．北京：法律出版社，2012.

15. 雷明光．中国少数民族婚姻家庭法律制度研究．北京：中央民族大学出版社，2009.

16. 沈乾芳．社会变革时期的彝族婚姻形态研究．北京：民族出版社，2011.

17. ［美］J. 罗斯·埃什尔曼．家庭导论．潘允康，张文宏等译．北京：中国社会科学出版社，1991.

18. 李志敏．比较家庭法．北京：北京大学出版社，1988.

19. 胡平．婚姻家庭继承法论．重庆：重庆大学出版社，2000.

20. 范李瑛．婚姻家庭继承法案例教程．北京：北京大学出版社，2004.

21. 王明霞．婚姻家庭法．北京：中国政法大学出版社，2008.

图书在版编目（CIP）数据

婚姻家庭法原理与实务/朱萍萍，袁志丽主编．—广州：暨南大学出版社，2013.9（2018.7重印）
（高等法律职业教育系列教材）
ISBN 978－7－5668－0733－5

Ⅰ.①婚…　Ⅱ.①朱…②袁　Ⅲ.①婚姻法—中国—高等职业教育—教材　Ⅳ.①D923.9

中国版本图书馆 CIP 数据核字(2013)第 200396 号

婚姻家庭法原理与实务
HUNYIN JIATINGFA YUANLI YU SHIWU
主　编：朱萍萍　袁志丽

出 版 人：徐义雄
责任编辑：张仲玲　李　珍
责任校对：周海燕　王嘉涵
责任印制：汤慧君　周一丹

出版发行：暨南大学出版社（510630）
电　　话：总编室（8620）85221601
　　　　　营销部（8620）85225284　85228291　85228292（邮购）
传　　真：（8620）85221583（办公室）　85223774（营销部）
网　　址：http：//www.jnupress.com
排　　版：广州市天河星辰文化发展部照排中心
印　　刷：湛江日报社印刷厂
开　　本：787mm×1092mm　1/16
印　　张：12.75
字　　数：300 千
版　　次：2013 年 9 月第 1 版
印　　次：2018 年 7 月第 6 次
定　　价：28.00 元